VERA WEIDENBACH

ADA LOVELACE

VISIONÄRIN UND GENIE

ROWOHLT

1. Auflage

Originalausgabe
Veröffentlicht im Rowohlt Verlag, Kirchenallee 19,
20099 Hamburg, August 2025

Redaktion Mathematik Carl Foth und Anna Siffert
Abbildung auf Seite 158/159: mauritius images/CBW/
Alamy Stock Photos

Satz aus der Eudald bei Pinkuin Satz und Datentechnik, Berlin
Druck und Bindung GGP Media GmbH, Pößneck
ISBN 978-3-498-00754-6

Kontaktadresse nach EU-Produktsicherheitsverordnung:
produktsicherheit@rowohlt.de

MIX
Papier | Fördert
gute Waldnutzung
FSC® C014496

Für alle Frauen, die wir waren
und die wir noch sein werden.

INHALT

That brain of mine is something more than merely mortal; as time will show.

— A. A. L.[1]

PROLOG

Es gibt keine Genies. Dieser Satz ist wahr, obwohl dieses Buch von einem erzählt. Es gibt keine Genies, wie viele von uns sie sich vorstellen: Männer in ihren Labors oder an ihren Schreibtischen, die ganz alleine, nur durch die Macht ihres Verstandes, Großartiges hervorgebracht haben. Ein Akt der Zeugung. Davon spricht auch der Ursprung des Wortes Genie: *Genien* hießen bei den Römern die Schutzgötter der männlichen Potenz. In diesem herkömmlichen Sinne sind Genies aber eine Erfindung des Patriarchats. Sie dienen anderen Männern als Vorbilder, wandelnde Versprechen, dass auch sie so weit und so hoch hinauskommen können, wenn sie sich nur anstrengen und alle Konkurrenten ausschalten. Denn ganz oben kann schließlich nur einer stehen.

Für Frauen war die Kopplung von Genie an Virilität und an als traditionell männlich geltende Eigenschaften wie Rationalität, Durchsetzungs- und Innovationskraft verhängnisvoll. Denn sie ermöglichte es, Kreativität und Schaffensdrang als etwas für Frauen Unanständiges und Unnormales zu deklarieren. Frauen müssen sich dann entscheiden, ob sie Teil der respektablen Gesellschaft bleiben wollen oder ihrer Leidenschaft nachgehen und schwerwiegende soziale Folgen in Kauf nehmen. Als traditionell weiblich galten Geduld, Emotionalität, Sensibilität, Kooperationsbereitschaft, Fürsorglichkeit und Empathie – Eigenschaften, die auf die Bedürfnisse eines Gegenübers ausgerichtet sind. Beides, Frau sein und Genie, wurde so fast unmöglich.

Das gilt auch für Ada Lovelace. Geboren in einer Zeit, in der eng geführte Geschlechterrollen das Leben von Frauen und Männern bestimmten – besonders in der Oberschicht –, war es für sie nicht vorgesehen, Mathematikerin zu werden. Wissenschaftliches Arbeiten wurde für Frauen im 19. Jahrhundert nur als Zeitvertreib toleriert. Und doch fand Ada Zugang zu einer Welt, die fast ausschließlich Männern vorbehalten war; in einer Zeit, in der das Leben der Menschen durch neue Entwicklungen in Wissenschaft und Technik umgekrempelt wurde, in der eine Erfindung die nächste jagte. Ada Lovelace hat daran geglaubt, dass sie zu Höherem bestimmt war. Man könnte das Größenwahn nennen, den sie von ihrem Vater, dem notorischen romantischen Dichter Lord Byron, geerbt hat. Einige Biografen haben das so gedeutet. Oder man erkennt darin eine Eigenschaft, die es braucht, um mutig einen eigenen Weg zu gehen, originelle und revolutionäre Ideen zu entwickeln und diese entschlossen umzusetzen, sie Wirklichkeit werden zu lassen. Ada fand in der Wissenschaft und der Mathematik eine Möglichkeit, ihre überbordende Energie und Schaffenskraft zu kanalisieren und auszudrücken. Sie fand darin einen Weg, der Enge ihrer Rolle in der Gesellschaft zu entkommen. Sie dachte weit über die Zahlen hinaus. Ihre größte Leistung liegt darin, dass sie in der Maschine, die der Erfinder Charles Babbage als bloße Rechenmaschine baute, das Potenzial erkannte, das eigentlich in einer rechnenden Maschine steckt: Man kann ihr fast alle Tätigkeiten beibringen. Sie verstand die Maschine besser als ihr Erfinder. Sie hat die Funktionsweise eines Computers und der Informatik so akkurat beschrieben wie niemand sonst vor ihr, und sie hat die wissenschaftlichen und metaphysischen Implikationen einer Technologie erkannt, hundert Jahre bevor diese Wirklichkeit wurde. Die erste Anwendung, die sie für diese rein theoretische Maschine schrieb, ist ein vollwertiges Programm. Ada Lovelace ist die erste Programmiererin der Geschichte, die Begründerin dieser Wissenschaft.

Dieses Buch ist ihre Biografie und noch ein bisschen mehr als das. Ich will das Leben von Ada Lovelace als ihre Geniewerdung erzählen und das herkömmliche Bild des (männlichen) Genies dekonstruieren. Ada Lovelace hatte eigentlich alles, was ein Genie ausmacht. Wäre sie ein Mann gewesen, hätten wir wahrscheinlich schon vor Jahrzehnten Postkarten von ihr kaufen können mit ihren klügsten Zitaten darauf. Aber weil sie eine Frau war, ist sie vielen noch immer unbekannt. Denn auf solchen Postkarten sind Genies abgebildet, wie sie das Patriarchat erfand: Männer mit weißen, wirren Haaren, die streng, aber auch ein bisschen gütig dreinschauen. Geniewerdung hängt zu achtzig Prozent von guter Vermarktung ab. Gäbe es das Foto von Albert Einstein nicht, auf dem er die Zunge herausstreckt, wäre er nur halb so bekannt, davon bin ich überzeugt. Ich hoffe, mit diesem Buch auch eine Art Ada-Lovelace-Kult zu begründen und sie in die Sphären der Popkultur zu erheben. Gute Zitate von ihr gibt es genug.

Bisher hat Ada außerhalb des englischsprachigen Raums nur in wenigen Kreisen die Bekanntheit erlangt, die sie verdient; ihr Einfluss, der bis in unsere Gegenwart und darüber hinaus reicht, wird erst langsam vollumfänglich anerkannt. In der deutschen Programmier- und Hackerszene war ihr Name gerade für Frauen ein wichtiger Bezugspunkt, um in der männerdominierten Szene einen Platz zu beanspruchen. So war sie im Chaos Computer Club (CCC), der größten Gemeinschaft von Hackern und Hackerinnen in Europa, eine Identifikationsfigur, erzählte mir die Digitalpolitikerin Anke

Domscheit-Berg. Die weiblichen Hacker sind im CCC unter dem Namen «Hacksen» organisiert und beziehen sich in Vorträgen und Aktionen immer wieder auf Ada. «Sie war so etwas wie ein Türöffner, um auch auf viele andere Frauen in der Computer- und Technikgeschichte aufmerksam zu machen», sagt Domscheit-Berg. Ada sei irgendwann in der Szene sehr bekannt geworden, und das habe auch das Bewusstsein geschärft für die Leistungen von Frauen wie Hedy Lamarr und Grace Hopper, die dann einen Platz in der Hacker-Community bekamen.

Für den Geniekult um Ada ist also noch Luft nach oben. Zur Wahrheit gehört, dass es kein Genie alleine schafft. Schaut man sich die Biografien von beliebigen Genies genauer an, wird schnell klar, dass sie nie alleine so weit gekommen wären. Die Voraussetzungen, um Leistungen zu erbringen, die unsere Welt revolutionieren, sind banal und oft struktureller Natur. Schnell wird klar, warum es im Patriarchat* eigentlich nur für Männer möglich war, ein Genie zu werden (abgesehen davon, dass Männer auch die Kategorien festlegen konnten, wer und was als Genie gelten durfte, aber das ist eine andere – unerzählte – Geschichte). Virginia Woolf benennt in ihrem Buch *«A Room of One's Own»* Voraussetzungen, die erfüllt sein müssen, damit Menschen ein Kunstwerk erschaffen können. Dazu gehören ganz praktisch Zeit und Geld und eben ein Raum, in dem man ungestört arbeiten kann. Genies brauchen also immer Menschen, die ihnen Arbeit abnehmen, sie beschützen und ihnen dabei helfen, an sich selbst zu glauben. Genies brauchen ein Supportsystem, sowohl emotional als auch materiell. Nur so bleibt genug

* Als Definition des Begriffs lege ich die von Laury Penny zugrunde: Das Patriarchat ist eine «Struktur ökonomischer und sexueller Unterdrückung, die jahrhundertealt ist und in der nur wenige Männer Macht haben».

Raum für die eigenen großen Gedanken. Und zu guter Letzt braucht ein Genie Vorbilder für die eigene Arbeit. Gedankliche Schultern, auf denen es stehen kann, einen Horizont, vor dem es die eigenen Ideen weiterentwickeln kann. Ein Genie braucht Vorbilder nicht nur, um ihnen nachzueifern, sondern auch, um sie abzulehnen und ihre Ideen zu verwerfen. Darin liegt Fortschritt. Warum das für Frauen ein Problem ist, hat Mithu Sanyal in ihrem Buch «Vulva – Die Enthüllung des unsichtbaren Geschlechts» beschrieben: Es sei für weibliche Künstler schwierig, gegen eine bestimmte Richtung aufzubegehren und Neues zu schaffen und sich weiterzuentwickeln. Die Autorin hebt damit auf fehlende weibliche Vorbilder ab, korrigiert sich aber gleich darauf selbst: «Korrekter müsste es heißen, dass es durchaus Traditionen gibt, dass diese jedoch ebenso traditionell blockiert und verleugnet werden, sodass es für Schriftstellerinnen, Künstlerinnen, Musikerinnen unglaublich schwer ist, darauf zurückzugreifen.»[1] Denn es gibt sie ja: weibliche Vorbilder – zuhauf sogar, aber ihre Namen und ihre Leistungen sind in vielen Fällen noch immer so unbekannt, wie Ada Lovelace es lange war.

Auch Ada hätte nicht erdenken können, was sie erdacht hat, ohne ihre Vorbilder, ihre Freunde und den Reichtum ihrer Familie, der ihr einen gewissen Bewegungsspielraum gewährte. Sie hatte Lehrer, Mary Somerville, Charles Babbage und Augustus De Morgan, die ihre Talente förderten. In diesem Ökosystem konnte sie arbeiten, und ihre Ideen konnten über die anderer hinauswachsen. Das, obwohl es Ada Lovelace gar nicht hätte geben dürfen. Frauen, die so intelligent waren wie Ada und die so gut rechnen konnten, waren im 19. Jahrhundert nicht vorgesehen.

Und fast wäre sie deshalb in Vergessenheit geraten. Ihr Hauptwerk wird heute meistens nur *«Notes»* genannt. Das sind Anmerkungen zu einer Übersetzung, die knapp dreimal so lang sind wie der Originaltext. Darin schreibt sie im Jahr 1843 das erste Computerprogramm. Ihr Text ist aber nicht mit ihrem Namen unterzeichnet, sondern nur mit ihren Initialen, die auch noch einen Druckfehler enthalten. A. L. L. steht da statt A. A. L.

Deshalb wird erst 1948, über hundert Jahre später, überhaupt bekannt, dass Ada Lovelace die Autorin der *«Notes»* ist. In Großbritannien ist sie lange vor allem als die Tochter Lord Byrons bekannt. Und noch immer kommen die meisten englischsprachigen Bücher über sie selten ohne den Namen des Vaters im Titel aus. Nachdem ihre Autorenschaft gesichert ist, passiert die nächsten hundert Jahre erst einmal, was im Patriarchat passiert, wenn Männer feststellen, dass eine Frau genauso großartige Dinge schaffen kann wie sie, obwohl sie keinen Penis hat. Menschen versuchen, sie auf ihren Platz zu verweisen. Eine Frau ein Genie? Das kann nicht sein. Danach reden sie ihre Leistungen klein. Lovelace wurde von Historikern zur Mitarbeiterin, zur Interpretin des Werks des großen Mannes Charles Babbage gemacht. Nur zögernd wurden diese Einschätzungen infrage gestellt, ihre Leistung anerkannt und sie zur ersten Programmiererin der Geschichte – nicht ohne herauszustellen, sie sei unnormal und unsympathisch und vielleicht auch psychisch krank gewesen. Eine ihrer Biografinnen verwendet im Anhang ihres Buches siebzehn Seiten darauf, Ada posthum eine manische Depression zu diagnostizieren.

Alle diese Mechanismen, die Werke von Frauen zu verleumden und kleinzureden, haben Feministen bereits erforscht. Sie sind über Jahrhunderte erprobt und zum großen Teil immer noch wirksam. Die Schriftstellerin Joanna Russ beschreibt sie in ihrem Buch *«How to suppress women's writing»*, das eigentlich Schullektüre sein sollte, aber nicht einmal in deutscher Übersetzung vorliegt. Die Werke von

Frauen aus dem Kontext zu reißen, ist eine beliebte Strategie, um kollektive und einzelne Leistungen zu schmälern – das alles gilt auch für die Werke anderer Gruppen, die nach der Meinung der herrschenden Klasse keine Kunst oder Erfindungen machen sollten; das betraf in der westlichen Kulturgeschichte vor allem People of Colour oder queere Menschen. Laut Russ werden solche Werke entweder ignoriert, oder sie werden von der Mehrheitsgesellschaft aus ihrer Tradition herausgerissen, sodass sie als «Einzelfälle» und «unnormal» klassifiziert werden können, eine Wertung, die dann auf den Autor ausgedehnt wird, um diesen persönlich anzugreifen. Eine Strategie, der nur schwer zu begegnen ist, sagt Russ, und die nicht nur im 19. Jahrhundert angewendet wurde.[2]

Dieses Vorgehen ist so wirksam, weil Relevanz auch an Einfluss gemessen wird, den eine Person durch ihre Arbeit auf nachfolgende Generationen hat. In der Geschichtsschreibung können wir in Bezug auf herausragende Werke von Frauen und Menschen aus anderen unterdrückten sozialen Gruppen oft beobachten, dass sie als Ausnahmen dargestellt werden statt als Teil eines Kanons. Das soll zum einen den Eindruck vermitteln, dass eine bestimmte Gruppe viel weniger Einfluss hatte, als das tatsächlich der Fall war. Und zum anderen soll es verhindern, wie Mithu Sanyal schreibt, dass Menschen dieser Gruppen auf Traditionen und Vorbilder zugreifen können. Wenig wirkt entmutigender, als den Eindruck zu haben, die erste Person sein zu müssen, die jemals einen bestimmen Weg einschlägt: die erste Person einer Gruppe, die Weltliteratur schreibt, die erste Person, die mit ihrer Erfindung die Welt verändert. Wie verrückt das klingt. Unweigerlich mag man sich denken: Wenn es vor mir niemand geschafft hat, warum sollte dann ausgerechnet ich es schaffen? Bin ich wirklich gut genug? Ich stelle die These auf, dass Frauen diesen Gedanken überdurchschnittlich häufiger haben als Männer. Das Patriarchat ist noch immer in unseren Köpfen. Und aus diesem Grund erzähle ich in diesem Buch nicht nur Adas Geschichte, sondern nehme Bezug auf viele, die vor ihr und die nach ihr kamen. Ich werde zeigen, dass Ada in der Mathematik und der Informatik kein einsames Genie ist. Sondern dass sie in einer Reihe mit Frauen steht, die vor ihr und nach ihr die Welt verändert haben.

Für Frauen sind diese Erzählungen wichtig, denn sie zeigen, dass Genies wie Ada nicht die Ausnahme von der Regel sind. Geniale Frauen sind so normal wie geniale Männer, und es gab sie schon immer, auch wenn die patriarchale Geschichtsschreibung dafür gesorgt hat, dass sie nicht die Anerkennung für ihre Leistungen bekamen, Männer ihnen diese Anerkennung klauen konnten oder sie übergangen wurden und wir ihre Namen deshalb heute meistens nicht kennen – und das gilt nicht nur für die Mathematik.

Wenn Ada die Wahl gehabt hätte, wäre sie sehr wahrscheinlich Mathematikerin geworden. Ihrem Stand gemäß wäre sie nach Cambridge gegangen wie ihr Vater und wie der Erfinder Charles Babbage, und vielleicht hätte sie Aufsätze über spezielle Probleme in der Logik oder der Algebra geschrieben, die heute niemanden mehr interessieren würden. Aber wie so viele vor und nach ihr hatte Ada diese Wahl nicht. Ada hat als Mathematikerin gearbeitet, drei Kinder bekommen und ihre Pflichten als Ehefrau erfüllt. Das war die Voraussetzung dafür, dass sie überhaupt wissenschaftlich arbeiten konnte, denn das Patriarchat hat Frauen nie nur eine Person sein lassen, nie nur Mathematikerin oder nur Dichterin. Frauen konnten ihre Zeit und ihre Energie anders als Männer nicht im gleichen Maß auf eine bestimmte Arbeit fokussieren. Eine Tatsache, an der sich kaum etwas geändert hat.

Die Supportsysteme von männlichen Genies bestehen ja meistens in der Ausbeutung der Energie von Ehefrauen und

Müttern oder Frauen (und zum Teil auch Männern), die für sehr wenig Geld für sie arbeiten, die ihnen die Arbeit in Familie und Haus abnehmen und dadurch Zeit und Raum für die Arbeit der Männer schaffen. Die Philosophin Iris Marion Young schreibt in ihrem Aufsatz *«Five Faces of Oppression»:* «Freiheit, Macht, Status und Selbstverwirklichung der Männer sind möglich, eben weil Frauen für sie arbeiten».[3]

Frauen sind deshalb meistens aus einem «Trotzdem» heraus zu Genies geworden, aus einem Trotzen gegen die Umstände, die sie umgeben haben. Und dieses «Trotzdem» prägt ihr Denken, macht sie kreativer als viele Männer, lässt sie Dinge außerhalb des üblichen Rahmens sehen. Es ist an der Zeit, diese Stärke zu feiern, die Frauen sich aus der Unterdrückung erkämpft haben. Denn Genie besteht oft darin, Zusammenhänge zwischen Disziplinen und Themen herzustellen, die bisher nicht existierten. Und oft leisten dies Menschen, die zu keiner bestehenden Ordnung dazugehören. Sie sind Außenseiter aufgrund ihres Geschlechts oder ihrer Hautfarbe oder ihrer Klasse. Sie sehen deshalb Zusammenhänge, die andere nicht sehen, lassen diese Erfahrungen in die eigene Arbeit einfließen und schaffen etwas Neues. Das Wesen von Wissen ist ein Netzwerk - sowohl im Kleinen im menschlichen Gehirn als auch innerhalb einer Disziplin oder im ganz Großen, auf der ganzen Welt. Ein Netzwerk aus Informationen und Verbindungen, die immer wieder neu geknüpft werden müssen. «Bahnbrechend» nennen wir oft Gedanken und Ideen, die solche neuen Verknüpfungen oder ganz neue Zweige in dem Netzwerk erschaffen. Sie entstehen aus den Verbindungen, die bereits existieren, und sind gleichzeitig etwas noch nicht Dagewesenes. Stellen wir uns Genie so vor, wird klar, warum es niemals komplett singulär und im leeren Raum wirken kann. Die bestehenden Verbindungen sind Gedanken und Ideen von anderen Menschen, mit denen das eigene Denken vernetzt ist. Das meine ich, wenn ich sage, niemand denkt für sich allein. Wir alle denken auf den Schultern oder in Verbindung mit anderen.

Zugegeben, die systematische Unterdrückung von Frauen über Jahrhunderte positiv umzudeuten, ist ein Risiko, ein zweischneidiges Schwert. Denn es ist nicht schönzureden, dass die Rahmenbedingungen für Frauen einen ganz praktischen Mangel an Zeit und Zugang zu Material und Wissen bedeuten, mit dem sie zu kämpfen hatten und noch immer haben. Es ist der Grund für die weniger großen Œuvres, die Frauen in der Geschichte insgesamt vorweisen können und die von Historikern immer wieder benutzt werden, um die Leistungen eines Mannes als bedeutender zu bewerten als die einer Frau.

So können wir zwar über die französische Kommunistin Flora Tristan sagen, dass sie fünf Jahre vor Karl Marx bereits ein Manifest verfasst hat, in dem sie die Arbeiter dazu aufrief, sich ihrer Situation bewusst zu werden und sich zu organisieren. In diesem Sinne müsste sie eigentlich als Begründerin des Kommunismus benannt werden. Aber wir können nicht auf ihre Tausende Seiten umfassende Analyse des kapitalistischen Wirtschaftssystems verweisen. Flora Tristan war zu sehr damit beschäftigt, vor ihrem Ehemann zu fliehen, der sie erschießen wollte, und dann damit, durch die Fabriken Frankreichs zu ziehen, um die Arbeiterinnen und Arbeiter über ihre Situation aufzuklären. Ihr Leben ist Teil ihres Werks, aber so werten es Historiker bisher nicht. Deshalb ist ihr Name nur sehr wenigen bekannt.

Und: Nicht jeder und jede schafft es, aus widrigen Umständen gestärkt hervorzugehen. Wir können das Leid, aus dem Großartiges entsteht, nicht glorifizieren, weil die herrschende Klasse dies zu einer Legitimation ihrer Handlungen umdeuten könnte und weil es einfach nicht so hart sein sollte, wie es für viele Menschen aufgrund der Zufälle, wo und wann sie geboren wurden, ist. Dass es viele Frauen trotzdem geschafft haben, ändert nichts daran, dass es Unterdrückung gab und gibt. Es verändert aber, wie Frauen auf die Geschichte und damit auf das eigene Leben und die eigenen Pläne schauen können. Es ist nicht der Blick eines Opfers, sondern der Blick eines Gewinners. Es ist kein Blick der Schwäche, sondern des Glaubens an die eigene Stärke.

Durch diese Brille schaue ich auf das Leben von Ada Lovelace. Ihr mathematisches Denken hätte sich nicht mit dem ihr eigenen praktischen Weitblick mischen können, wenn die Umstände sie nicht dazu gezwungen hätten, kreativ zu werden, um ihrer Leidenschaft nachzugehen. Ada Lovelace hat das sogar selbst als ihre eigene Stärke erkannt. Sie wusste um ihre Intelligenz, und sie wusste, dass eine ihrer Stärken darin lag, einen anderen Blick auf die Mathematik und die Analytische Maschine zu haben als ein Mathematiker, der nur ein Mathematiker ist. Diese Stärke ist es, der sich Frauen bewusst werden und die sie für sich nutzen müssen. Denn es ist eine verbindende Stärke – eine Erfahrung, die so viele Frauen teilen.

Es ist auch diese Stärke, die der Feminismus heute braucht, um aus dem Stillstand herauszukommen, in dem er gerade steckt. Stellen wir uns den Feminismus als ein Netzwerk aus Erfahrungen aus Wissen, aus Büchern und Aktivist*innen auf der ganzen Welt vor, ist dieses Netzwerk löchrig; an vielen Stellen fehlen Verbindungen. Dass es so schwerfällt, diese Löcher zu schließen, liegt daran, wie die anderen Verbindungen zustande kamen.

Feminismus ist nicht neutral. Rafia Zakaria beschreibt in ihrem Buch *«Against White Feminism»*, wie sich eine Deutungshoheit des weißen westlichen Feminismus durchgesetzt hat und dass imperialistische Sichtweisen darin bestehen geblieben sind und weißen Geschichten darin mehr Wert zugesprochen wird als denen von Frauen of Colour und Schwarzen Frauen.[4]

Feminismus leidet heute darunter, und immer wieder diskutieren Feministen, ob es einen Neuanfang braucht und der Feminismus abgeschafft gehört, weil so vieles fundamental falsch gelaufen ist, dass er nicht mehr erneuert werden kann. Weil das seinen Gegnern ermöglicht, ihn zu diskreditieren. So wie der Feminismus jetzt ist, kann er nicht bleiben, wenn er für alle Frauen Fortschritt bedeuten soll, das ist sicher. Und doch liegt trotz der vielen Fehler auch eine Stärke in der Größe des Netzwerks aus Wissen und Erfahrungen.

Ich glaube, der Weg, den eine feministische Bewegung gehen muss, liegt in der Öffnung. Darin, zu erkennen, dass die Mechanismen, die Frauen klein halten, auch auf andere Gruppen übertragbar sind. Sie müssen in den gemeinsamen Kampf gegen das Patriarchat integriert werden. Um das zu beweisen, hilft es, zu verstehen, wie Unterdrückung funktioniert, und den Blick nicht auf die Unterdrückung von Frauen zu verengen. Nach Iris Marion Young besteht eine Unterdrückung, wenn eine soziale Gruppe Ausbeutung, Marginalisierung, Machtlosigkeit, kulturellem Imperialismus oder Gewalt ausgesetzt ist. Eine der fünf Kategorien reiche aus, um von Unterdrückung zu sprechen.[5]

Während weiße Feministinnen Kategorien wie Ausbeutung und Marginalisierung bekämpft haben, konnten sie von anderen Kategorien wie *white supremacy* als ordnunggebendem Prinzip der Gesellschaft profitieren und haben damit die Machtverhältnisse sogar häufig gefestigt.

Ich habe mit dieser Biografie über Ada Lovelace zwischendurch gehadert, weil ich ein feministisches Buch schreiben wollte und weil es mir so erschien, als könnte man vieles, was der Feminismus heute an Geschichten bräuchte, und viele Fragen, die man heute an die Gesellschaft stellen müsste, anhand von Adas Leben nicht erzählen. Man könnte erwidern, dass eine Biografie in erster Linie doch das Leben einer Person nacherzählen sollte und die Ansprüche, die ich an dieses Buch und diese Person stelle, somit vielleicht übertrieben sind. Aber das stimmt nicht so ganz, denn: «Biographien spielen in der Zeit und Gesellschaft ihrer Entstehung. Nicht der Zeit des Biographierten»,[6] sagt die Autorin Angela Steidele in «Poetik der Biografie».

Dieses Buch über Ada Lovelace spielt also nicht im 19. Jahrhundert, sondern im Jahr 2024. Das Leben von Ada Lovelace muss sich heute von dieser Zeit und von dieser Autorin andere Fragen gefallen lassen als vielleicht noch vor dreißig oder fünfzig Jahren. Zum Beispiel, ob es gerechtfertigt ist, Lovelace als feministisches Idol zu stilisieren, was einige Personen und Organisationen tun, die vor allem die Zahl von Frauen in Informatikberufen steigern wollen. Die Gefahr liegt auch im Begriff «Genie». Dieser Begriff verlockt dazu, Personen zu verklären und sie unfehlbar zu machen. Dabei können mehrere Dinge über eine Person gleichzeitig wahr sein.

Es ist wahr, dass Ada Lovelace – ebenso wie ihr größtes Vorbild Mary Somerville – eine großartige Wissenschaftlerin war und wahrscheinlich auch nie mehr sein wollte. Dass sie gedacht hat, was noch niemand vor ihr gedacht hat, und ein ganzes Feld in der Mathematik begründete, auch wenn dieses Feld erst mit über hundert Jahren Verspätung entstand. Gleichzeitig war Ada keine laute Frau. Sie war keine Widerstandskämpferin. Sie hat sich in diesem Sinne nicht für andere und ihre Rechte eingesetzt. Ihr größter Widerstand liegt darin, dass sie ihren eigenen Weg trotz allem gefunden hat und gegangen ist.

Das Leben von Ada Lovelace stellt die Frage, die sich die meisten Mitglieder einer unterdrückten Gruppe irgendwann stellen: Ist es besser, die Umstände umzuwälzen und das System zu konfrontieren, auch wenn das bedeutet, unermessliche Energie aufbringen zu müssen, das System vermutlich mit aller Kraft zurückschlägt und am Ende womöglich nichts gewonnen ist? Oder ist es besser, innerhalb des Systems einen Weg für das eigene Fortkommen zu finden und damit das System auch von innen auszuhöhlen? Es ist eine Frage der Radikalität. Aber es ist auch eine Frage der Wertsetzung: Welche Formen des Widerstands feiern wir? Was erkennen wir als «Feminismus» an? Der westliche Feminismus neigt dazu, nur die besonders radikalen und kämpferischen Errungenschaften von Frauen zu feiern. Ironischerweise sind das männliche Maßstäbe, die damit an Feministinnen angelegt werden. Dabei ist Resilienz über die Jahrhunderte eines der wichtigsten Mittel von Frauen gewesen, gegen das Patriarchat zu bestehen und ihre Würde zu behalten. In diesem Sinne ist auch Ada Lovelace ein feministisches Vorbild.

Es ist das Privileg einer neuen Generation von Feminist*innen, all das zusammenführen zu können. Wir haben die Chance, das Unrecht und die unterschiedlichen Ausmaße und Auswirkungen der Diskriminierung heute wie gestern zu beschreiben und anzuerkennen. Es ist unsere Aufgabe, die fehlenden Verbindungen im großen Netzwerk zu schließen und neue Verbindungen zu anderen Bewegungen und ihrem Wissen und ihren Erfahrungen zu schließen, um daraus eine neue Bewegung zu formen.

DIE TRÄUME

I believe myself to possess a most singular combination of qualities exactly fitted to make me preeminently a discoverer of the hidden realities of nature.

— A. A. L.[1]

Ada fliegt. Zumindest wenn sie die Augen schließt. Gerade baumelt sie waagerecht an Gurten von einem Holzbalken im Stall und schwingt ein wenig hin und her. Sie stellt sich vor, ein Vogel zu sein und Flügel zu haben. Wie würde sie dann in der Luft liegen? Wie würde es sich anfühlen? Sie spannt den ganzen Körper an und breitet die Arme aus. Die Flügel müssten doppelt so groß sein, denkt sie. Mindestens. Gestern hat sie stundenlang die Flügel einer Krähe studiert und gezeichnet, um ein Gefühl dafür zu bekommen. Ada steht mit ihren Flugversuchen noch am Anfang. Immerhin hat sie schon die Bediensteten dazu überredet, ihr zu helfen, in einer der Boxen im Stall ein Labor für ihre Experimente einzurichten. Am Boden zwischen ein paar Strohhalmen liegen die Zettel mit ihren Skizzen und Berechnungen.

Die Dreizehnjährige ist sich sicher: Könnte sie Flügel konstruieren, die wie bei einem Vogel den Proportionen ihres Körpers entsprechen, sodass sie stark genug wären, sie zu tragen, könnte sie selbst durch die Luft fliegen. In einem Brief an ihre Mutter schreibt sie:

> Ich weiß, dass Sie über das, was ich jetzt erzähle, lachen werden, aber ich werde die genauen Abmessungen der Flügel eines Vogels im Verhältnis zu seiner Körpergröße nehmen und dann umgehend ein Paar papierne Flügel in genau der gleichen Größe wie die der Vögel in Proportion zu meiner Größe herstellen.[2]

Die Briefe an ihre Mutter unterschreibt die dreizehnjährige Ada in dieser Zeit mit dem Spitznamen *Carrier Pidgeon*, also Brieftaube. Sie fragt ihre Mutter nach einem Buch, in dem die Anatomie der Flügel von Vögeln genau beschrieben wird. Selbst einen Vogel auseinandernehmen und sezieren will sie nämlich nicht.

Die Idee vom Fliegen ist für die junge Ada Lovelace nicht nur ein Traum. Sie überlegt ganz praktisch, wie sie das Problem der Schwerkraft angehen und überwinden könnte. Mit Draht will sie die Papierflügel steif und stabil genug machen. Und nicht nur das:

> Je länger ich darüber nachdenke, desto mehr bin ich fast schon davon überzeugt, dass ich es mit etwas Erfahrung und Übung im Ablauf eines Jahres schaffen werde, die Kunst des Fliegens zur Perfektion zu treiben. Ich denke darüber nach, ein Buch über *Flyology* zu schreiben, mit einem illustrierten Tafelteil, falls ich jemals wirklich eine Flugmethode erfinde. [...] Mein Buch über *Flyology* soll eine Liste der Vorteile enthalten, die sich aus dem Fliegen ergeben, und es soll außerdem eine umfassende Erläuterung der Anatomie eines Vogels beinhalten.[3]

Ada denkt all das in einer Zeit, in der Fliegen tatsächlich noch ein Traum ist. In der noch niemand jemals in ein Flugzeug gestiegen ist. Wir stehen an der Schwelle zur Moderne, einer Zeit, in der technische Erfindungen und Fortschritte das Leben der Menschen so sehr und so schnell verändern wie niemals zuvor. Die Eisenbahn revolutioniert gerade erst das Reisen über Land, und die Dampfmaschine ist die modernste Technologie zum Antrieb von Maschinen. Der Glaube an Wissenschaft und Technik wird zu einem Glauben an eine große Zukunft.

Umso erstaunlicher der Briefwechsel: Hier entwickelt ein junges Mädchen unter Berücksichtigung neuester Technologien Ideen, die gerade erst auf den Plan treten, zum ersten Mal überhaupt erdacht werden. Für Ada aber handelt es sich bei ihrer Flugmaschine nicht um bloße Tagträumerei, sondern um Ideen, die mithilfe von technischem Know-how verwirklicht werden können:

> Ich spiele mit dem Gedanken, eine Art … Dampfmaschine zu entwerfen, die, wenn ich es denn fertigbringe, noch wunderbarer sein wird als ein Dampfschiff oder ein Dampfwagen. Ich möchte etwas in Form eines Pferdes mit einer Dampfmaschine im Inneren machen, die so konstruiert ist, dass sie ein riesiges Paar Flügel antreibt, die an der Außenseite des Pferdes befestigt sind, und zwar so, dass sie es hoch in die Luft tragen, während eine Person auf seinem Rücken sitzt.[4]

Bis dahin waren Flugmaschinen lediglich zum Gleiten konzipiert. Erst im Jahr 1842, also noch einmal über zehn Jahre später, ließen sich William Henson und John Stringfellow eine patentieren, die sich selbst durch die Luft bewegen und mit Dampf angetrieben werden sollte. Ihre Zeichnungen haben tatsächlich eine gewisse Ähnlichkeit mit Adas Maschine: in der Mitte ein Gehäuse mit der Dampfmaschine und links und rechts weit aufgespannte Flügel. Der *aerial steam carriage* flog allerdings nicht, weil die Maschine nicht genug Energie erzeugte, um ihr eigenes Gewicht, geschweige denn das von Passagieren zu tragen. Auch die *Aerial Transit Company* der beiden Erfinder scheiterte an der Finanzierung, weil ihnen niemand glaubte, dass es gelingen könnte.

Auch Adas Mutter, Lady Byron, ist skeptisch, was Adas Flugambitionen angeht. Die alleinerziehende Mutter ist streng. Obwohl sie viel unterwegs ist, kontrolliert und überwacht sie Adas intellektuelle und persönliche Entwicklung sehr genau. Oder sie lässt überwachen. Die Bediensteten und Adas Gouvernanten müssen ihr regelmäßig per Post Report geben. Ständig ist sie in Sorge, dass Adas Fantasie mit ihr durchgehen könnte. Vor allem als das Mädchen in ihrem Labor im Stall tatsächlich anfängt, ihre Flügel zu bauen. Lady Byron schreibt ihrer Tochter einen Brief, in dem sie zur Mäßigung mahnt.

Am 8. April 1828 antwortet Ada:

> Meine liebste Mami. Ich habe heute Morgen Ihren Brief erhalten, und ich glaube wirklich nicht, dass ich oft an die Flügel denke, wenn ich mich doch eigentlich auf andere Dinge konzentrieren sollte, aber es war sehr freundlich von Ihnen, mich darauf hinzuweisen.[5]

Ada versucht, ihre Mutter davon zu überzeugen, dass sie nicht zu sehr über *Flyology* nachdenkt, indem sie all ihre anderen Aktivitäten beschreibt. Sie schließt den Brief mit einer Art Kompromissvorschlag:

Ich werde jetzt doch sehr viel kleinere Flügel bauen, als ich es ursprünglich beabsichtigt hatte, und sie werden in jeder Hinsicht perfekt proportioniert sein, in Art und Form exakt wie die eines Vogels, und auch wenn sie nicht annähernd groß genug sein werden, um erste Flugversuche mit ihnen zu unternehmen, so werden sie doch völlig ausreichen, um jedem mein Flugprojekt genau zu erläutern, außerdem werden sie mir als Modell für meine zukünftigen echten Flügel dienen ...

Ihre liebende Brieftaube[6]

Die wichtigsten Eigenschaften von Adas Denken, die auch ihr späteres Arbeiten ausmachen, werden bei den Bemühungen um ihre Flugmaschine bereits deutlich: Es ist die Fähigkeit, Fantastisches mit abstrakten technischen Methoden, Material und Form zusammen zu denken. Sie verbindet das zu etwas Neuem, noch nie Dagewesenem. Sie sieht die praktischen Gegebenheiten nicht nur als Restriktionen, sondern als Möglichkeiten. Sie folgt einem Gedanken, dem Flügel eines Vogels, bis sie an seine Grenzen stößt, und nimmt dann eine weitere Möglichkeit dazu, um das Problem zu lösen: Die Flügel allein werden sie nicht tragen können, realisiert die Dreizehnjährige und inkorporiert die Dampfmaschine, die modernste zur Verfügung stehende Antriebsmethode, als zusätzliche Energiequelle. Von dieser Notwendigkeit ausgehend, passt sie das Design ihrer Maschine an: ein Pferdekörper in der Mitte, auf dem man reiten kann. Nicht mehr der Mensch selbst fliegt, er wird von der Maschine durch die Luft getragen.

Es mag auf den ersten Blick seltsam erscheinen, dass Lady Byron den Plänen ihrer Tochter so schnell einen Riegel vorschiebt. Denn eigentlich wächst Ada in einem fortschrittlichen

Haushalt auf, wovon auch die Briefe zeugen. Hier ermutigt eine junge Mutter ihre Tochter dazu, eigenständig zu denken und ihr Wissen zur Anwendung zu bringen – jedenfalls bis zu einem gewissen Grad. Einige Jahre später wird diese Frau eine erste industrielle Schule für Kinder der Arbeiterklasse gründen, in der die praktische Ausbildung an Maschinen oder auf dem Feld mit Fächern wie Literatur oder Musik kombiniert wird. Und dieses Engagement kommt nicht von ungefähr. Adas Mutter, geboren 1792, die mit Mädchennamen Anne Isabella (genannt Annabella) Milbanke heißt, war das einzige Kind gesellschaftlich liberal eingestellter Eltern, die ihrer Tochter eine umfangreiche Bildung ermöglichten. Annabella kommt als Einzelkind zur Welt, als ihre Eltern schon fünfzehn Jahre verheiratet sind. Dementsprechend lernt sie, sich selbst wichtig zu nehmen. Als Teenager stellen ihre Eltern Dr. William Frend für Annabella ein, der gerade seine Tutorenstelle in Cambridge verloren hat, weil er ein Pamphlet für den Frieden veröffentlichte, in dem er die Kirche von England scharf angriff. Er ist ein radikaler Reformer und gibt Annabella Unterricht auf Universitätsniveau. Sie studiert Philosophie und Literatur, liebt aber vor allem die Mathematik. Frend propagiert soziale Reformen, ist aber kein Atheist wie andere seiner radikalen Zeitgenossen, sondern überzeugter Unitarier. Er lehnt die Theorie der Dreifaltigkeit der Kirche ab und glaubt an eine zentrale göttliche Kraft. Diese Kombination aus Religiosität und dem Glauben an gesellschaftlichen Fortschritt prägen Annabellas Familie.

Im Jahr 1828 ist Annabella eine geschiedene, finanziell unabhängige Frau. Sie ist religiös, aber nicht so sehr in einem spirituellen Sinn. Die christlichen Vorstellungen von Menschlichkeit und Anstand und die Pflichten, die damit einhergehen, dienen ihr als Ordnungsprinzip. Sie ist keine kalte Person, aber reserviert, und teilt ihre Gefühle nur selten. Vor einigen Jahren hat sie das große Vermögen ihres Onkels geerbt. Sie besitzt Grundstücke, die Mieteinnahmen abwerfen, von denen sie mit Ada gut leben kann. Zusätzlich gehören ihr Kohleminen im Norden des Landes, deren Gewinne sie zu einer reichen Frau machen.

Diese sozioökonomische Situation, ihr Titel und ihr Reichtum, sind wichtige Voraussetzungen dafür, dass die spätere Ada Lovelace, die als Mädchen noch Ada Byron heißt, schaffen kann, was sie schaffen wird. Gleichzeitig kann sie ihrem Stand nicht entgehen. Er wird sie in allen Bereichen ihrer intellektuellen Entwicklung einengen und bremsen.

Die Erziehung und Bildung von Mädchen hängen zu Beginn des 19. Jahrhunderts einzig von den Entscheidungen und dem kulturellen und finanziellen Kapital der Eltern ab. In der gesellschaftlichen Oberschicht und der sich gerade erst entwickelnden Mittelschicht sind es meistens private Gouvernanten oder Hauslehrer, die den Kindern Lesen, Schreiben und Rechnen beibringen. Gut pädagogisch ausgebildet sind die aber häufig auch nicht. Ein Schulsystem, das die Grundschule für alle Jungen und Mädchen verpflichtend und frei zugänglich macht, gibt es in England noch nicht, es wird erst im Jahr 1870 eingeführt. Wenn es sich die Eltern leisten können, werden viele Kinder also zu Hause unterrichtet, bis sie ungefähr zehn Jahre alt sind. Dann können Jungen auf weiterführende Schulen gehen. Und Mädchen?

Deren intellektuelle Ausbildung hängt vom guten Willen und der politischen Einstellung der Familie ab und wird meistens nicht ernst genommen. Ihr Wissen über Geschichte, Kunst oder Literatur beschränkt sich oft auf Auswendiggelerntes. Es soll Mädchen vor allem dazu dienen, ihre zukünftigen Ehemänner zu beeindrucken und interessante Gesprächspartnerinnen für sie zu sein. Hinzu kommt meistens Tanz- und Musikunterricht, Nähen und Sticken und Haushaltsführung. Eigene Interessen in Wissenschaft oder Literatur werden nur so lange akzeptiert, wie sie der Rolle als Ehefrau und Mutter dienen. Gehen sie über einen Zeitvertreib hinaus, gelten sie als unanständig und gefährlich. Der Geist der Frau gilt zwar als moralisch und an emotionaler Intelligenz dem des Mannes überlegen, für intellektuelle Aufgaben aber als mangelhaft. In die Ausbildung dieser Fähigkeiten wird also selten investiert. Warum auch? Sie dienen keinem Zweck, sind außerhalb der eng umzirkelten Sphäre, die für Frauen vorgesehen ist, ohne Ziel. Es spricht Bände, dass Lady Byron den Forscherdrang ihrer Tochter just in jenem Moment unterbricht, als diese ihre Ideen in die Tat umsetzen will.

Dennoch ist Ada im Vergleich zu anderen adeligen Mädchen in dieser Beziehung ein Sonderfall, weil ihre Mutter großen Wert auf ihre Bildung legt und sich auskennt. Für Adas Unterricht bezieht sie sich auf die Konzepte des Schweizer Bildungsreformers Heinrich Pestalozzi und erzieht ihre Tochter dazu, selbst zu denken und den Dingen auf den Grund zu gehen. Wichtiger Baustein ist dabei die Idee des guten Handelns als Ziel der Erziehung: Kinder sollen zu sittlich handelnden Menschen werden. Regeln und Ordnung sind erstrebenswert, während Unordnung und Chaos dem Kind schaden, seinen Willen schwächen und es ablenken könnten. Das entspricht ziemlich genau Lady Byrons Idealvorstellung vom Menschen, der danach streben sollte, alles Animalische abzulegen und im Geistigen aufzugehen.

Diese Anforderungen an ihre Tochter kollidieren nicht nur bei den Flugversuchen mit Adas stürmischem und überbordendem Gemüt. Wenn sie nicht verreist ist, unterrichtet Lady Byron Ada oft selbst. Sie hat ein System, mit dem sie Ada für ihre Leistungen belohnt oder bestraft. Sie bekommt «Tickets», wenn sie eine Übung gut macht. Wenn Lady Byron das Benehmen ihrer Tochter missfällt, nimmt sie ihr ein

Ticket wieder weg. Ließ sich Ada nicht von den Tickets beeindrucken und zum Arbeiten bewegen, musste sie im Schrank sitzen, bis sie ihre Fehler einsah. Ob diese Art von Strafen mit Pestalozzis Ansätzen vereinbar ist, sei dahingestellt. Das Erlernen von Gehorsam ist allerdings ein zentraler Punkt für dessen Pädagogik: Gehorsam bringe dem Kind am Ende mehr Freiheit, wenn es einsehe, dass ihm das Befolgen der Regeln selbst zugutekomme. Davon ist Lady Byron überzeugt.

Ist sie nicht da, sondern auf einer ihrer Gesundheitskuren (Adas Mutter denkt ständig, dass sie todkrank ist und morgen sterben wird), übernimmt eine Gouvernante den umfangreichen Job, Ada zu erziehen und zu unterrichten. Die Bediensteten führen für Lady Byron Tagebuch und dokumentieren die Fortschritte ihrer Tochter.

Eine von ihnen, Miss Lamont, notiert im Jahr 1821, als sie ihre Stelle antritt:

> Habe begonnen, Miss Byron anzuleiten. [...] Die erste Prüfung erfolgte in Arithmetik. Mit großer Genauigkeit addiert sie Summen von fünf oder sechs Zahlenreihen; sie arbeitet sich überlegt und fehlerfrei vor und zeigt Interesse an der Berechnung.[7]

Es ist ein strikter Unterrichtsplan, der Adas Leben bestimmt:

> Vormittags Unterricht in Arithmetik, Grammatik, Rechtschreibung, Lesen, Musik, jeweils nicht länger als eine Viertelstunde – nach dem Mittagessen Geografie, Zeichnen, Französisch, Musik, Lesen, alles mit Eifer und Folgsamkeit ausgeführt.[8]

Ab ihrem zwölften Lebensjahr erhält Ada Unterricht in Geometrie. Sie sei ein «bisschen verängstigt von den Theoremen», schreibt sie in einem Brief an ihre Mutter, verspricht aber, diese «mutig zu attackieren» und ihr Bestes zu geben.[9] Lady Byron versorgt ihre Tochter mit Lehrbüchern. *«Practical Geometry»*, aber auch *«The Principles of Natural History»* stehen auf dem Lehrplan. In Großbritannien gab es in dieser Zeit einige solcher Werke in Mathematik und anderen Naturwissenschaften, speziell zum individuellen Studium für Erwachsene. Das unterscheidet das Königreich von anderen europäischen Ländern, in denen dieses Niveau der Lehre den Universitäten vorbehalten war, was es für Frauen bis zur Jahrhundertwende und oft auch noch Jahrzehnte darüber hinaus quasi unerreichbar machte.

Nachdem Lady Byron ihr das Fliegen verbietet und die Bediensteten die Gurte in der Box wieder von der Decke genommen haben, wird das Reiten eine von Adas Lieblingsbeschäftigungen. Viele Briefe an ihre Mutter drehen sich um die Pferde und ihr Pony auf Bifrons.

Ada wächst in dem großen Landhaus abgesehen von den Gouvernanten und Bediensteten sehr alleine auf. Tiere, die Pferde und ihre weiße Katze Mrs. Puff, leisten ihr noch Gesellschaft, aber wenn ihre Mutter nicht da ist, hat Ada nicht viele Kontakte. Vor allem nicht zu anderen Kindern. Mit acht Jahren schreibt sie einen Brief an einen Cousin aus der Familie ihrer Mutter, den sie gerne als Bruder hätte, um mit ihm zu spielen.

Als Adas Gouvernante, Miss Stamp, heiratet und nicht mehr für die Familie arbeiten kann, wendet Lady Byron sich an ihre gebildeten Bekannten. Sie baut ein Netzwerk von Lehrkräften auf, die Adas Denken in die «richtigen» Bahnen lenken sollen. Die richtigen Bahnen, das sind Mathematik und Technik. Von schönen Wissenschaften dagegen, wie Literatur und Philosophie, hält Lady Byron ihre Tochter fern. Sie hat Angst, dass Ada sonst so werden könnte wie ihr Vater.

Der Ruf des romantischen Dichters Lord Byron hängt wie ein Schatten über Adas Kindheit. Lady Byron will um jeden Preis verhindern, dass dieser Anteil in Ada die Überhand erlangt. Dass sie Gedichte liest, ist deshalb ganz ausgeschlossen.

Für ihren Unterricht - Adas *formal studies* - ist Miss Arabella Lawrence zuständig, vor allem für Geometrie. Während Hauslehrer oft selbst nicht besonders gut ausgebildet waren, ist Arabella Lawrence eine angesehene Lehrerin und Pädagogin. Mit ihrer Schwester hat sie eine Schule für Mädchen gegründet. Zusätzlich kümmert sich Sophia Frend um Ada, die Tochter von Lady Byrons früherem Lehrer William Frend. Sophia ist nur sechs Jahre älter als Ada, und die beiden kommen zuerst nicht gut miteinander aus, aber Sophia ist ein Liebling von Lady Byron.

Für Adas moralische Entwicklung ist Dr. William King zuständig. King ist Arzt und Philanthrop, dazu Leiter einer Irrenanstalt und gläubiger evangelischer Christ. Lady Byron schreibt ihm viele Briefe, er ist so etwas wie ihr persönlicher Berater. Vor allem, was ihre Tochter angeht, holt sie häufig seine Meinung ein.

Das Team ist von Lady Byron handverlesen. Sie will eine gute Bildung für ihre Tochter, hat aber ein ebenso großes Interesse daran, dass sie ihre Anweisungen strikt befolgen und Ada keine Freiheiten geben, die sie für ihre Tochter für gefährlich hält.

Als Ada gerade vierzehn Jahre alt ist, setzt die Gesundheit des Mädchens ihr das erste Mal eine Grenze. Sie erkrankt an Masern, eine Erkrankung, die ohne Impfungen im 19. Jahrhundert oft tödlich verläuft, und wird für drei Jahre ans Bett gefesselt sein. Für Adas Mutter ist das kein Grund, dass Ada ihre Studien abbricht. Auch im Bett lässt sich schließlich arbeiten. Ihre Mutter ist während dieser Zeit häufiger zu Hause, bleibt länger bei ihrer Tochter und versucht, wie es scheint, Adas Gedanken immer wieder im Zaum zu halten und durch ständige Kontrolle zu zügeln.

Mit Arabella Lawrence, die Adas Studien betreut, steht Ada vor allem über Briefe in Kontakt. Nur alle paar Wochen sieht sie Ada persönlich an ihrem Krankenbett. Aus den Briefen, die Ada während dieser Zeit an Miss Lawrence schickt, um die Fortschritte ihrer Studien zu beschreiben, hört man heraus, wie sehr sie mit sich ringt.

> Meine liebe Miss Lawrence, Sie werden sich wundern, dass ich mit Bleistift schreibe, aber Mama wünscht, dass ich mich heute nicht länger als eine halbe Stunde aufsetze, also schreibe ich Ihnen im Liegen. Es war eine traurige, ungewöhnliche Woche. Am Montag habe ich nichts verpasst, war aber so niedergeschlagen und verzweifelt, dass ich mich am liebsten hingesetzt und geweint hätte: Dienstag, Mittwoch & Donnerstag war ich krank & bin nicht einmal die Treppe hinuntergekommen, weshalb sich ein paar leere Seiten in meinem Tagebuch breitmachen. Am Samstag habe ich getan, was ich konnte, aber da ich nur für eine halbe Stunde aufrecht sitzen durfte, habe ich weder Deutsch geübt noch etwas geschrieben. [...][10]

Den Briefen an Miss Lawrence fügt Lady Byron häufig eigene Absätze hinzu. Einmal warnt sie die Lehrerin vor Adas Hang zu «rhetorischen Verhandlungen» *(conversational litigation)*. Miss Lawrence soll helfen, diesen Charakterzug zu glätten. Es sei «sehr wichtig, diese Gewohnheit im Auge zu behalten, da sie sowohl unangenehm ist als auch im Widerstreit zu einem respektvollen Umgang» stehe.[11]

Zeit ihres Lebens wird Adas Mutter versuchen, das Denken ihrer Tochter zu lenken und zu reglementieren. Sie wird sie auch davon abhalten, ihren Gefühlen freien Lauf zu lassen. Das Verhältnis der beiden ist von diesen Konflikten geprägt, in denen zu allen Zeiten die eigenen Erfahrungen der Mutter und das korsettartige Frauenbild aufscheinen, dem Ada ebenso wie ihre Zeitgenossinnen unterworfen bleibt und das nicht zusammengehen will mit einem Geist, der mehr anstrebt, als sich Wissen anzueignen, um es allein zum Zwecke einer angeregten Konversation und zur Unterhaltung anderer zu verwalten. Alle Freiheiten, die sie Ada bei der Ausübung und für die Förderung ihrer intellektuellen Fähigkeiten gibt, haben eine klare Grenze: die Konventionen. Keinen Moment lang besteht für Lady Byron die Möglichkeit, dass ihre Tochter unverheiratet und kinderlos bleibt und ihr Leben ganz der Wissenschaft widmet.

Diese erzwungene Angepasstheit unterscheidet Ada von intellektuellen Frauen des 19. Jahrhunderts, die nicht in die Oberschicht geboren wurden. So haben beispielsweise die Brontë-Schwestern unabhängiger gelebt als Ada Lovelace und sicherten sich gegenseitig ökonomisch ab, sodass alle drei die Möglichkeit hatten zu schreiben, auch wenn sie so arm waren, dass manchmal das Papier knapp wurde, auf dem sie Weltliteratur schrieben.

Gemeinsam ist ihnen, was Virginia Woolf in ihrem feministischen Essay *«A Room of One's Own»* beschreibt: der enge Erfahrungshorizont, in dem das Genie von Frauen im 19. Jahrhundert gefangen bleibt.

> Wir müssen akzeptieren, dass all diese guten Romane, «Villette», «Emma», «Sturmhöhe», «Middlemarch», von Frauen geschrieben wurden, die nicht mehr Erfahrung vom Leben hatten, als im Haus eines respektablen Pfarrers zu finden ist.[12]

Adas wacher Geist ist in vielerlei Hinsicht gefangen. Ihre Mutter wird ihr ganzes Leben lang versuchen, ihn in eine bestimmte Richtung zu lenken. Sie wird Ada zum einen fördern und ihr Bildungsmöglichkeiten eröffnen, die vielen Frauen verschlossen blieben, und zum anderen wird sie ihre Tochter davon abhalten, gesellschaftliche Grenzen zu überschreiten. Hinzu kommt, dass Ada eine Gefangene ihres fiebernden und ständig müden Körpers ist. Auch die physischen Grenzen werden ihr Leben bestimmen.

Erst im Jahr 1830 kommt die junge Ada langsam wieder auf die Beine. Durch die mangelnde Bewegung haben ihre Muskeln abgebaut, und sie hat zugenommen. 1830 schreibt sie in einem Brief an ihren Cousin Robert Noel:

> [...] Ich glaube, Sie würden mich nicht mehr erkennen, ich habe mich so verändert, seitdem Sie mich zuletzt gesehen haben.[13]

Robert Noel wohnt in Deutschland, und Lady Byron besteht darauf, dass Ada ihm auf Deutsch schreibt. Der Brief ist fehlerfrei.

> Ich werde nach und nach stärker, und ich kann mithilfe der Krücken spazieren. Ich habe ganz den Geschmack für das Reiten, das Fliegen und für ähnliche Bewegungen verloren. [...][14]

Die Briefe, die Ada nach ihrer Krankheit schreibt, klingen ganz anders als die zuvor. Sie ist ernster geworden, erwachsener wahrscheinlich. Als es ihr besser geht, zieht ihre Mutter mit ihr um – in das Herrenhaus *Fordhook*, damals in der Kleinstadt Ealing, heute ein Vorort von London. Die Nähe zur Hauptstadt – Ealing liegt nur rund dreizehn Kilometer vom Stadtzentrum Londons entfernt – wird der Hintergrund für den Umzug gewesen sein, denn Ada ist bald alt genug, um in die Gesellschaft eingeführt zu werden.

DER VATER

I do not believe that my father was (or ever could have been) such a Poet as I shall be an Analyst.

— A. A. L.[1]

Die Verwandlung ist komplett, als Ada ihren Federschmuck aufsetzt. Zum ersten Mal seit Langem entspannt sich Lady Byron, als sie ihre Tochter anschaut. Ihre Gesichtsmuskeln geben nach, und sie lächelt. Von hinten tritt sie an Ada heran, die vor dem Frisiertisch steht, und hilft ihr, die Klammern aus Draht in die geflochtenen Haare zu schieben. Auch Ada lächelt ihre Mutter im Spiegel an, es ist ein seltener Moment des gegenseitigen Verständnisses. Die beiden verschmelzen in der gemeinsamen Erfahrung, eine Frau zu sein. Eine Frau im Sinne des gesellschaftlichen Konstrukts, im Sinne der Rolle, die es auszufüllen gilt. Für Lady Byron verspricht diese Rolle Sicherheit und ein angenehmes Leben. Aus dieser Rolle zu fallen, bedeutet den finanziellen und sozialen Abstieg. Sie ist froh, dass Ada endlich zu verstehen scheint, dass das der richtige Weg ist. Noch vor ein paar Wochen hatte alles auf dem Spiel gestanden, hätte sie Ada fast verloren. Ob sich Ada dessen bewusst ist, werden wir nie erfahren. Über den Tag, an dem sie in den Augen der Gesellschaft zur Frau wurde, sind keine Tagebucheinträge oder

Briefe von ihr erhalten. Denkt sie noch an ihren Tutor, in den sie noch vor ein paar Wochen so sehr verliebt war?

Was auch immer ihr durch den Kopf geht, sie wird unterbrochen, als der Diener klingelt. Die Königin ist bereit, die Debütantinnen zu empfangen. Das Gewusel um Ada und ihre Mutter nimmt noch einmal zu. Über hundert Mädchen werden sich gleich vor der Königin verbeugen, ihr die Hand küssen und danach keine Mädchen mehr sein. Mütter und Dienstboten suchen Handschuhe zusammen, halten weiße, gebauschte Röcke hoch, damit die Mädchen ja nicht stolpern.

Die meisten von ihnen sind adelig, nur wenige Familien sind zu Reichtum gekommen und pflegen ausreichend gute Beziehungen in die Regierung und ins Königshaus, um eine Einladung zu bekommen. Für sie wird sich vielleicht bald ein Titel finden. Noch etwas haben die Mädchen gemeinsam: In den letzten Monaten haben sie die genauen Bewegungsabläufe der folgenden Zeremonie hunderte Male mit ihren Müttern und Gouvernanten eingeübt: das rechte hinter dem linken Bein verschränken, dann tief zu Boden sinken. Am schwierigsten ist das Aufstehen in einer fließenden Rückwärtsbewegung, ohne über den Rock zu stolpern. Es ist der eine Moment, auf den die Mütter ihre Töchter in den vergangenen Jahren vorbereitet haben. In dem sich zeigen wird, ob ihre Töchter in der Gesellschaft bestehen.

Das Wort *Marriage Market* wird in einigen Kolumnen und Zeitungen für dieses Ereignis benutzt, und es ist angemessen, auch wenn es am königlichen Hof niemand in den Mund nehmen würde. Aber der Wert der hundert Mädchen bemisst sich ab jetzt daran, ob und wie schnell sie einen geeigneten Ehemann finden werden. Schönheit hilft, aber auch Witz, Charme und Contenance sind gefragte Eigenschaften einer Ehefrau.

Auch Ada trägt an diesem Tag ein weißes Satinkleid, das

ihr dunkelbraunes Haar betont und sie strahlen lässt. Der Rock ist mit Tüll etwas ausgestellt. Sie verfällt nicht in Hektik, als die Klingel läutet, zumindest ist das schwer vorstellbar. Eher noch wird sie das aufgeregte Treiben mit amüsiert hochgezogenen Mundwinkeln beobachtet haben. Anders als ihrer Mutter hat ihr der Ball wahrscheinlich nicht viel bedeutet. Sie ist aufgeregt und lässt sich von der Feierlichkeit mitreißen, aber eigentlich ist es nur eine der Aufgaben, die sie für ihre Mutter erfüllen muss, wie früher, als sie noch Tickets dafür bekam, wenn sie eine Aufgabe besonders gut gemacht hat. Etwas in Ada will die Anerkennung ihrer Mutter, will ihren Maßstäben genügen.

Die Wurzeln der Debütantinnenbälle, die Ende des 18., Anfang des 19. Jahrhunderts in England zu einer gesellschaftlichen Institution wurden, liegen in der Reformation und den gesellschaftlichen Veränderungen begründet, die mit ihr einhergingen. Während unverheiratete Frauen im Katholizismus in ein Kloster gesteckt werden konnten, ist das in Großbritannien für die meisten keine Option mehr, seit sich der Calvinismus durchgesetzt hat. Väter mit vielen Töchtern standen vor dem Problem, diese alle unter die Haube bringen zu müssen, wenn sie nicht ewig für sie sorgen wollten.

Besonders wohlhabende Familien hatten ein wirtschaftliches Interesse daran, ihrem Stand angemessene Ehemänner für ihre Töchter zu finden. Der Debütantinnenball, bei dem sich die Töchter als heiratsfähige Frauen präsentierten, war die Heiratsplattform der Elite – genau wie die sozialen Ereignisse der Saison, die Bälle, die unzähligen Teas und Picknicks. Sie sehe es als die Pflicht eines jeden Mädchens, 80 000 Pfund im Jahr zu heiraten, schreibt die siebzehnjährige Alice Catherine Miles, eine Debütantin, im Jahr 1860 in ihr Tagebuch. Sie hat den wahren Grund für all die Dinnerpartys und Tänze durchschaut: Nicht der Mann ist entscheidend oder sein Charakter, sondern sein Geldwert. Für die meisten stehen ökonomische Erwägungen bei der Suche nach einem Match im Vordergrund.

Die Londoner Oberschicht besteht im Jahr 1833 aus etwa fünftausend Menschen, die den innersten herrschaftlichen Teil der Stadt bewohnen und mit der restlichen guten Million Londonern kaum in Kontakt kommen. Außer wenn diese Menschen ihre Böden putzen, ihnen Essen kochen und ihre Kinder großziehen. Londoner aus der Oberschicht dagegen haben genug Eigenkapital, meistens aus Erbschaften, sodass sie nicht arbeiten müssen. Sie füllen ihre Zeit mit Lunches und Spaziergängen im Park und auf Bällen am Abend. Sie haben gutes Essen auf dem Tisch, während der Rest der Londoner sich hauptsächlich von Brot und anderen Kohlenhydraten ernährt und kaum Fleisch und frische Lebensmittel zu sich nimmt. Die Familien der Oberschicht kennen einander, oder sie sind miteinander verwandt, verheiratet oder durch außereheliche Affären miteinander verbunden. Ada ist ab diesem Tag Teil dieser Oberschicht, in der Gossip zum beliebtesten Zeitvertreib gehört. Keine zwanzig Jahre ist es damals her, da hatten die Londoner vor allem ein Thema: das Ende der desaströsen Ehe von Lord und Lady Byron.

Auch deshalb sind der Ball und Adas Benehmen so wichtig für ihre Mutter. Lady Byron weiß, dass sich alle Anwesenden unweigerlich an den großen Skandal erinnern werden, und diejenigen, die es nicht tun, werden von anderen davon zu hören bekommen, von der Zeit, die sich wie ein heißes schmerzendes Eisen in Lady Byrons Seele gebrannt hat. Deshalb hält sie ihren Rücken so gerade, deshalb erlaubt sie es nicht, dass auch nur eine Strähne aus Adas aufgedrehten Haaren herausfällt.

Ada wird nicht viel von den starken Gefühlen ihrer Mutter

geahnt haben, Lady Byron öffnet sich ihrer Tochter selten, vor allem nicht, wenn es um eine Person geht: Adas Vater. Lady Byron war seit der Geburt ihrer Tochter nicht nur damit beschäftigt, Ada großzuziehen und ihre Fantasie zu zügeln, sie war auch damit beschäftigt, sie aus der Öffentlichkeit herauszuhalten.

Der Name des größten romantischen Dichters, Lord Byron, hat in der Londoner Gesellschaft eine Art erogene Zone hinterlassen. Er traf mit seinen Gedichten einen Nerv, aber seine vielen Affären (mit Männern und Frauen) waren fast ebenso spannend für das sensationshungrige Publikum.

Die ersten beiden Cantos seines Gedichts *«Childe Harold's Pilgrimage»* waren im Jahr 1812 erschienen und machten ihn über Nacht zum Superstar in der Londoner High Society. Nach nur drei Tagen sind die ersten 500 Exemplare des Gedichtbandes ausverkauft. In den nächsten drei Jahren werden insgesamt zehn Auflagen gedruckt. Die Popularität von Byrons Lyrik hat mehrere Gründe. Das lange Gedicht handelt von der Reise des jungen Byron durch Portugal und Griechenland. Vielmehr als ein Reisebericht ist es aber eine Flucht vor der Realität und resonierte wahrscheinlich deshalb so sehr vor allem mit jungen Männern. Es ist die Zeit der Napoleonischen Kriege, die den Kontinent in Atem halten, und viele traumatisierte Soldaten kommen zurück nach England. Dort erwartet sie ein Leben, das durch die Industrialisierung immer lauter, dreckiger und anstrengender wird. Die Flucht des Helden des Gedichts – aka Byron – in fremde Länder und der Versuch, sich der Natur und ihrer Schönheit hinzugeben und darin zu vergessen, werden prägende Motive der Romantik. Gleichzeitig expandiert Großbritannien als imperiale Weltmacht, und Byron liefert die «kosmopolitische» Lyrik dazu, wobei er immer wieder die Schrecken des Krieges thematisiert. Und Byron ist ein Stück weit selbst die

Figur in seinem Gedicht. Er zögerte, es zu veröffentlichen, weil er Angst davor hatte, zu viel von sich preiszugeben, und stimmte erst zu, als sein Verleger ihn dazu drängte.

Lord Byron und Annabella Milbanke lernen sich kurz nach der Veröffentlichung der Gedichte kennen, als der Hype um Lord Byron gerade auf seinem Höhepunkt ist. Annabella nennt das Ganze als junge Frau während ihrer zweiten Season in London nur *Byronmania.*

Sie weiß nichts von Lord Byrons Affären, nichts von seiner Bisexualität, nichts von seinen Depressionen. Und wahrscheinlich hat sie gar keine Worte, um dies alles zu erfassen oder zu teilen.

Annabella ist genauso behütet aufgewachsen wie Ada, als Baronin in einem großen Landhaus, abgeschirmt von Schmutz und Schmerz und Geldsorgen. Die Kindheit von George Gordon Byron ist dagegen ärmlich, nachdem sein Vater John Byron (genannt «Mad Jack») die Familie verlassen und fast das gesamte Vermögen seiner Frau verprasst hat. Die Nanny missbrauchte den jungen Byron. Für seinen angeborenen Klumpfuß wurde er von seinen Schulkameraden gemobbt. All das wird besser, als sein Onkel stirbt und er zum Lord aufsteigt, aber die Depressionen und plötzlichen Stimmungsschwankungen bleiben.

Die junge Baronin Annabella hingegen ist das Abbild einer Lady. Anders als ihre Tochter Ada hat sie keine ausschweifende Fantasie, wird nicht von ihren Gefühlen übermannt, die Enge ihrer Rolle gibt ihr Sicherheit. Trotz ihrer mangelnden Lebenserfahrung in der «echten Welt» fühlt sie sich bemüßigt, über andere und ihr Verhalten zu urteilen, ebenso wie sie gelernt hat, über Kunst oder Literatur zu urteilen. Sie sieht die Welt durch eine Brille moralischer Grundsätze und Konstrukte und versucht, die viel komplexere Wirklichkeit daran anzupassen.

Obwohl Annabella liberale Eltern hat, sprechen diese nicht mit ihr über Sexualität. Frauen aus der Oberschicht wissen meistens nicht, was in der Hochzeitsnacht passieren wird. Sie sind Jungfrauen, sie sind unschuldig und nur so für Männer begehrenswert. Einige Publizisten der Zeit sprechen es Frauen ab, überhaupt sexuelle Wesen zu sein und Verlangen zu spüren wie Männer. Für die Erziehung von Mädchen heißt das, dass das Thema Sex komplett ausgespart und ignoriert wird. Sex existiert für Mädchen nicht.

Byron dagegen schreibt seine ersten romantischen und erotischen Gedichte als Teenager während seiner Zeit am Trinity College in Cambridge (eins davon handelt ziemlich eindeutig von einem Mann). Auch seine ersten Schulden häuft Byron in dieser Zeit an. Laut Adas Biograf James Essinger steckte Byron den Großteil seiner Energie «in Radikaldiäten (er neigte zu Übergewicht), Boxen, Glücksspiel und Sex, obwohl er nichts davon besonders zu genießen schien und davon überzeugt war, dass er nie glücklich sein würde».[2]

Seine plötzliche Berühmtheit, nachdem er von einer großen Europareise zurück nach England kommt, wirkt wie ein Katalysator auf Byrons ohnehin schon destruktive Verhaltensweisen, und sie öffnet ihm die Tür zur Londoner Elite, zu exklusiven Partys und vor allem zu reichen, verheirateten Frauen, die einen Zeitvertreib suchen.

Affären werden in aristokratischen Kreisen durchaus akzeptiert, solange eine solche Affäre einigermaßen geheim und der Schein nach außen gewahrt bleibt. Es gibt adelige Gesellschaftsdamen, deren *bodycount* an den von Byron heranreicht und deren viele Kinder nicht unbedingt vom gleichen Ehemann stammen. Eine von ihnen ist Anabellas Tante, Lady Melbourne, die die Ehe zwischen George Gordon und Annabella einfädelt, obwohl sie ihre Nichte für schrecklich *spoiled* und *judgemental* hält. Für Lord Byron dagegen wird die wichtigste Strippenzieherin der Londoner Gesellschaft eine Vertraute.

Annabella trifft während einer Party bei Caroline Lamb, der Schwiegertochter von Lady Melbourne und aktuellen Affäre des Dichters, zum ersten Mal auf Lord Byron. Für Annabella, das Mädchen aus der Provinz, ist die Affäre der beiden nicht so offensichtlich wie für alle anderen. Nach der ersten Begegnung mit Lord Byron schreibt sie in ihr Tagebuch:

> Ich traf zum ersten Mal auf Lord Byron. Ohne Unterlass verrät sein Mund die Schärfe seines Geistes. Ich halte ihn für aufrichtig und unabhängig – so aufrichtig er in Gesellschaft eben sein kann, während er die Heftigkeit seiner Verachtung zu verbergen sucht. Er hält sich beim Sprechen oft die Hand vor den Mund. Als versuchte er, seinen angeborenen Sarkasmus und seine Heftigkeit irgendwie zu zügeln, um niemanden zu beleidigen, aber manchmal verzogen sich seine Lippen vor lauter Verachtung, und er rollte ungeduldig mit den Augen.[3]

Lord Byron scheint Annabella interessant gefunden zu haben, weil sie nicht versuchte, zu sein wie alle anderen, weil sie ihm an dem Morgen, an dem sie sich trafen, die kalte Schulter zeigte und dem Anschein nach keine große Aufmerksamkeit schenkte, sondern ihn fast spöttisch anschaute. Vielleicht war Byron auch neugierig, ob er sie am Ende rumkriegen würde. Dass Annabellas Vater ein reicher Mann ist, dem noch ein großes Erbe bevorsteht, und sie dessen einzige Tochter ist, könnte in Anbetracht seiner Schulden auch eine Rolle gespielt haben. Annabella wirkt trotz ihrer aufgesetzten Arroganz ein bisschen wie ein Küken, das einer Katze gegenübersteht – gleichzeitig fasziniert und in Schockstarre.

Nach dieser ersten Begegnung schreiben die beiden einander, und Lady Melbourne wird auf Byron eingeredet haben, dass selbst die Londoner nur ein gewisses Maß an Skandalen pro Saison ertragen können, und so schickt Lord Byron Annabella per Post einen Heiratsantrag. Annabella reagiert darauf so analytisch, wie man es von der späteren Lady Byron erwarten würde, und verfasst eine Pro-und-Kontra-Liste. Die geht nicht in Byrons *favor* aus, und Annabella lehnt den Antrag ab.

«Wir sind zwei Parallelen, nebeneinander in die Unendlichkeit verlängert, aber ohne uns jemals zu treffen»,[4] schreibt Byron ihr nach der Ablehnung. Über ihre Vorliebe für Mathematik machte er sich nicht zum ersten Mal lustig, und abschrecken lässt er sich von Annabellas Absage auch nicht, eher im Gegenteil. Er hält die Verbindung, die beiden schreiben einander weiterhin Briefe, und diese Mischung aus Abstand und Nähe gibt Annabella genug Raum, um Byron zu idealisieren. Seinen zweiten Antrag nimmt sie an.

Zurück auf Adas Debütantinnenball, den sie am Arm ihrer Mutter bestreitet. Es ist ihr erster Auftritt in einer Gesellschaft, die sie vor allem als Tochter von Lord Byron sieht, und sie wird gespürt haben, dass sie unter Beobachtung steht. Vielleicht flüstern einige, dass sie nicht gerade eine Schönheit ist. Vielleicht erzählt ein Lord mit grauen Haaren und mit einem Weinglas in der Hand die Geschichte, wie der große Dichter außer Landes fliehen musste. In einer goldenen Kutsche, ein Nachbau der Kutsche Napoleons. Natürlich auf Pump gekauft, noch nicht bezahlt! Einige seiner Schuldner auf den Fersen, soll er darin zum Hafen von Dover gerast sein. Er hätte ins Gefängnis gemusst, bei der Summe, die er schuldig war. Womöglich trompetet der Lord: «Aber der Schweinehund schafft es ganz knapp vor den Bailiffs auf das

Schiff, sie sehen es noch davonfahren!» Byron entkommt – doch das Schiff, das ihn Richtung Kontinent bringt, gerät in einen Sturm. Von Seekrankheit geschüttelt, schreibt er wie im Rausch an seinem berühmtesten Gedicht. Die erste Strophe des dritten Teils von *«Childe Harold's Pilgrimage»* handelt von der Tochter, die er Hals über Kopf zurückgelassen hat:

Siehst du der Mutter gleich, du liebe Süße,
Ada! du meines Herzens einzig Kind?
Als mir dein Auge gab die letzten Grüße
Da lachte es! Wir schieden, doch so lind!
Nicht trostlos wie wir jetzt geschieden sind. –
Ich wache auf; Flut rauschet in der Runde
Und durch die Lüfte bläst ein herber Wind.
Ich fahr', weiß nicht wohin! vorbei die Stunde,
Wo Albions bleicher Strand mir Balsam gab und Wunde.[5]

Als der berühmteste Dichter Großbritanniens vor seinen Schuldnern aus dem Land flieht, ist Ada noch keine fünf Monate alt.

Der Dichter selbst bleibt die Inkarnation seiner Lyrik: Er lebt einige Jahre in Italien und ändert wenig an seinem skandalösen Lebensstil. Als in Griechenland ein Unabhängigkeitskrieg gegen die türkische Besatzung losbricht und weil Byron Griechenland liebt, seit er das erste Mal als Student dort war, versteift er sich darauf, den Griechen im Kampf beizustehen (so hätte er es vermutlich ausgedrückt). Aber so weit kommt es nicht. Kurz nach seiner Ankunft in Missolonghi erkrankt er an einer schweren Grippe. Die Ärzte können nicht viel tun. Am 19. April 1824 stirbt Lord Byron im Alter von 36 Jahren. Laut seinem Kammerdiener waren seine letzten Worte: «Oh, mein armes liebes Kind! – meine liebe Ada! Mein Gott, hätte ich sie nur sehen können! Gib ihr meinen Segen ...»[6]

Auf dem Ball, zehn Jahre später, werden sich die meisten vermutlich noch daran erinnern, wie das Schiff *Florida* mit dem Leichnam des Dichters an Bord im Hafen einfuhr. Eine große Menschenmenge hatte sich dort versammelt, und 47 Kutschen begleiteten Lord Byrons Sarg durch London. Weder Lady Byron noch Ada nahmen an der Beerdigung teil. In einem ihrer ersten erhaltenen Briefe schreibt die achtjährige Ada, dass sie am Hafen war, um «Papas Schiff»[7] anzuschauen, und dass es ihr gefallen habe.

Noch besser werden sich die Menschen auf dem Ball wahrscheinlich daran erinnern, welchen skandalösen Grund Lady Byron für die Scheidung von dem Dichter angeführt hatte. Vor zwanzig Jahren war das Geheimnis von Byrons Beziehung zu seiner Halbschwester hinter vorgehaltener Hand der *talk of the town*.

Um die Scheidung zu erwirken, musste Lady Byron ihrem Anwalt den Verdacht und die Vorgänge in ihrer Ehe genau schildern und Beweise für ihre Anschuldigungen auftreiben. Zwar waren die Affären Byrons, mindestens mit der Schauspielerin Susan Boyle, ein offenes Geheimnis, aber die Untreue allein hätte als Scheidungsgrund nicht ausgereicht. Hier ist, was bekannt wurde:

Byron und Annabella sind frisch verheiratet und gerade erst in ein Haus auf der Piccadilly Terrace gezogen, das sie sich nicht leisten können. Denn trotz der finanziellen Sorgen lehnt Byron es ab, mit seinen Gedichten Geld zu verdienen. Obwohl sich *Childe Harold* wie verrückt verkauft und sein Verleger damit ein gutes Geschäft macht, verlangt Byron keine Beteiligung. Das ist vielleicht ehrenvoll, aber es ist definitiv nicht sehr clever. Denn Annabellas Mitgift lässt auf sich warten. Jeden Tag stehen in diesen Tagen Gerichtsvollzieher und andere Schuldeneintreiber vor der Tür. Sie bedrängen ihn und Annabella, die darüber regelmäßig in Panik gerät. Byron trinkt, und seine Stimmungsschwankungen werden unkontrollierbar. Mal verhält er sich Annabella gegenüber zornig und grausam, attackiert sie verbal, nur um ihr wenig später zärtlich und liebevoll zu begegnen. Eine Horde von Hunden und Vögeln folgt ihm meistens durchs Haus.

In diesen Umständen wird Annabella schwanger, woraufhin Augusta, Byrons Halbschwester, zu Besuch kommt, um ihrer Schwägerin zu helfen. Ist Augusta in der Nähe, lässt er seine Frau links liegen. Sie bräuchten Augusta nicht, sagt er wiederum zu seiner Frau. Erst jetzt wird Annabella klar, dass die beiden Halbgeschwister eine Affäre haben. Ihrem Anwalt wird sie später erzählen, Byron habe gedroht, «es beiden gut zu besorgen», und ihnen «in vulgärer Sprache»[8] befohlen, ihn auf dem Sofa nacheinander zu umarmen, sodass er sie vergleichen könne. Ob das passiert ist oder eine Drohung blieb, ist unklar.

Vermutlich hat Augusta noch vor Byrons Hochzeit mit Annabella ein Kind von ihrem Halbbruder bekommen. Es wurde nie offiziell bestätigt, dass Augustas viertes Kind Elizabeth Medora Leigh Byrons Tochter ist. Der stärkste Hinweis darauf ist ein Brief, den Byron an Lady Melbourne schrieb. Sie hatte Byron vor einer Affäre mit Augusta und den Konsequenzen gewarnt, wenn der Inzest bekannt würde – er antwortete:

> Oh! Aber es hat «sich gelohnt», ich kann dir nicht sagen, warum, und es ist kein «Affe», und wenn doch, dann wäre es meine Schuld; wie auch immer, ich werde mich bessern. Du musst jedoch einsehen, dass es völlig unmöglich ist, dass es mir anderswo jemals so gut ergehen könnte, mein ganzes Leben lang habe ich versucht, jemanden dazu zu

bringen, mich zu lieben, und nie habe ich die Liebe erfahren, die ich mir gewünscht habe.[9]

Dass Byron versichert, dass das Kind keine «Affe» ist, wird von den meisten Historikern als Ausdruck seiner Erleichterung gedeutet, dass Medora keine Anzeichen von ihrer nahen Verwandtschaft hat, und wenn sie welche hätte, «müsste es meine Schuld sein», schreibt Byron.

Augusta hat ihn wohl auch gedrängt, die Ehe mit Annabella einzugehen, um von diesem Verdacht abzulenken. Am Ende sind es dieser Verdacht und die Beweise, die Annabella sammelt, die die Scheidung besiegeln.

Ada weiß von alledem nichts, als sie auf ihrem ersten Ball tanzt. Ihre Mutter hat ihr nicht davon erzählt, dass sie einen Monat nach Adas Geburt mitten in der Nacht das Ehebett mit ihrem nackten, schlafenden Ehemann darin verließ und ihrem Leben und allen damit verbundenen Hoffnungen den Rücken kehrte.

Mit der Amme, die das dick eingepackte, schlafende Baby auf dem Arm hält, verlässt Annabella das Haus und fährt in einer Kutsche zu ihren Eltern. Lord Byron wird die beiden niemals wiedersehen. Zu diesem Zeitpunkt sind Annabella und George Gordon Byron gerade erst ein gutes Jahr verheiratet.

Sein Schwiegervater informiert Lord Byron in einem Brief, dass seine Tochter die Trennung verlangt. Byron sieht das erst anders. Er gesteht zwar ein, dass sie Eheprobleme haben, aber trennen will er sich nicht.

Ohne die Unterstützung ihrer Familie hätte Annabella die Trennung vermutlich nicht bewältigen können. Byron willigt schließlich ein, vermutlich als der Anwalt seiner Frau ihm nahebringt, welche Beweise für den Inzest vorliegen, und die Scheidung der beiden wird nach einer privaten Einigung möglich.

Annabellas Stand und das Geld ihrer Familie geben ihr einen Schutz, den viele Frauen in dieser Zeit nicht haben. Normalerweise ist die Scheidung ein öffentlich verhandelter, langwieriger Prozess, der bis ins Jahr 1857 einen eigenen Parlamentsbeschluss erfordert. Die Namen aller Beteiligten sind in den Zeitungen zu lesen. Unter diesen Bedingungen sind seit 1700, bis sich das Gesetz ändert, in England insgesamt nur 324 Scheidungen genehmigt worden und nur vier davon, nachdem die Frau die Scheidung gefordert hat. Frauen haben zunächst nach einer Scheidung kein Recht, ihr Eigentum, das bei der Heirat auf die Männer übergegangen ist, zurückzuerhalten. Eine Scheidung lässt sie also normalerweise mittellos zurück – auch das ändert sich erst im Jahr 1857, einige werden von ihrer Familie verstoßen. Für Familien mit ausreichend Geld gibt es Mittel und Wege, diese Folgen der Scheidung zu umgehen. Der Anwalt der Milbankes, Stephen Lushington, regelt alles so diskret wie eben möglich. Er setzt eine rechtlich bindende Vereinbarung über die Trennung auf, die Byron schließlich unterschreibt. Auch das Kind bleibt bei Annabella – sonst wurde meistens den Männern das Sorgerecht zugesprochen.

Zwar kann Annabella nicht verhindern, dass die Zeitungen voll sind von dem Skandal, aber die meisten schlagen sich auf ihre Seite, als die Gerüchte über Byrons Bisexualität und die Beziehung zu seiner Halbschwester die Runde machen. Seine große Beliebtheit ist dahin.

Diese Vergangenheit und dieser Vater sind es, die Lady Byron mit aller Kraft von ihrer Tochter fernzuhalten versucht. Sie wird damit allerdings nur halb erfolgreich sein, denn obwohl Ada ihren Vater nie kennenlernt, wird seine pure Existenz ihr

Leben maßgeblich beeinflussen. Die mathematische Erziehung, die sie Ada zuteilwerden lässt, dient auch dazu, deren Geist von allen künstlerischen Ambitionen abzuschirmen. Philosophie und Literatur – Byrons Steckenpferde – standen nicht auf dem Lehrplan.

Ihre ständige Angst vor einem Fehltritt Adas, auf den die Londoner Gesellschaft sich mit all ihrem Appetit für Skandale gestürzt hätte, wird dadurch etwas verständlicher. Und dann ist da noch der Vorfall wenige Monate vor dem Ball, der Ada trotz aller Vorkehrungen, die ihre Mutter getroffen hat, trotz der minutiösen Überwachung fast das gesellschaftliche Genick bricht. Als Ada sich das erste Mal in einem reich geschmückten und hell erleuchteten Ballsaal über das Parkett dreht, weiß niemand, wie knapp sie daran vorbeigeschrammt ist, ihre Unschuld zu verlieren.

Dabei hatte Lady Byron eine ganze Anstandsarmada installiert: Drei ihrer «Spinster»-Freundinnen begleiteten Ada, nachdem sie sich von ihren Masern erholt hatte, bei allem, was sie tat. Die drei unverheirateten Frauen, Mary Montgomery, Selina Doyle und Francis Carr, sind Adas *watchdogs,* wenn Lady Byron nicht da ist. Sie reden laut und viel und erklären Ada von morgens bis abends, wie sich eine «richtige Lady» zu benehmen hat. Ada nennt sie nur *three furies*, die «drei Furien», und versucht, sooft es geht, sie abzuschütteln. Sie beschwert sich bei ihrer Mutter über die Überwachung, aber die lässt sich nicht umstimmen.

Für Adas Unterricht hat Lady Byron eine Reihe von Tutoren eingestellt: für Chemie, Latein, Musik und Stenografie. Letzteres übernimmt der junge William Turner. Er ist damals wahrscheinlich in seinen Zwanzigern, mit sanften Gesichtszügen, welligen Haaren und einer Stimme in g-Moll (zumindest würde ich ihn so casten, wären wir hier bei *Bridgerton*).

Am genauesten hat Adas späterer Anwalt und guter Freund Woronzow Greig die Ereignisse aufgeschrieben. Er wird eine kurze Biografie über Ada verfassen. Es sind sieben handgeschriebene Seiten, von denen einige Wörter nicht zu entziffern sind. Trotzdem ist es ein wichtiges Dokument, das Lady Byrons Versuche überlebt hat, alle für Ada belastenden Beweise für ein Fehlverhalten nach ihrem Tod zu zerstören. Über die Begegnung mit William Turner sind sonst fast keine anderen Hinweise mehr zu finden.

Laut Greig wurde Turner als Hauslehrer angestellt, der täglich für ein paar Stunden mit Ada Stenografie übte und sie auch in den anderen Fächern bei ihren Studien unterstützte.

«Schon bald entwickelten die beiden jungen Leute zärtliche Gefühle füreinander. Dies unbemerkt ... von Lady B und den drei Furien.»[10] Aber Ada weiß, dass sie im Haus nicht tun kann, was sie will. Wenn sie mit William Turner lernt, müssen die Türen offen bleiben. Eines Morgens schreibt sie statt der Antwort auf ihre Aufgabe auf das Blatt, dass er um Mitternacht zu einem der Dienstbotenhäuser kommen soll. Um Mitternacht schleicht sie durch die Küche aus dem Hintereingang hinaus, wo William Turner schon im Schatten eines Baumes wartet. Sie umarmen sich.

In Greigs Aufzeichnungen klingt das so: «Ada hat mich davon in Kenntnis gesetzt, dass sie die Sache so weit getrieben haben, wie sie konnten, ohne die Verbindung zu vollenden.»[11]

Ada ist aufgewühlt nach diesem Abend, und die beiden können ihre Gefühle nur schwer überspielen, als sie einander wiedersehen. Eine der drei Furien, Selina Doyle, bemerkt die zu langen Blicke und die heimlich ausgetauschten Berührungen. Sie geht unverzüglich zu Lady Byron, die außer sich ist und William Turner feuert. Nun ist es wiederum Ada, die den Kopf verliert. Sie weint und tobt, dann schwingt sie sich auf ihr Pferd und galoppiert davon.

Wie wahnsinnig vor lauter Enttäuschung und Empörung über das Verhalten der Furien ... floh Ada aus dem Haus ihrer Mutter in die Arme ihres Geliebten, der nicht weit entfernt bei Verwandten lebte.[12]

Allerdings wurde Ada von William Turners Familie nicht so begrüßt, wie sie es sich vorgestellt hatte. Die Familie kennt Lady Byron und weiß, welche Folgen es für ein adeliges Mädchen wie Ada hätte, wenn sie tatsächlich eine Affäre mit einem Hauslehrer eingehen würde. Sie bringen Ada zurück nach Fordhook, wo eine sprachlose Lady Byron auf sie wartet. Die Haushaltsbücher zeigen, dass Turner nur noch ein Bruchteil seines Honorars für das Jahr ausgezahlt wurde. Dann verschwand sein Name aus den Büchern.

Was genau Lady Byron Ada nach diesem Ausbruch sagte und wie wütend sie war, ist nicht überliefert. In meiner Vorstellung verbringt Ada ein paar Tage aus Wut und Trotz in ihrem Zimmer. Sie kommt nur herunter, wenn es von ihr verlangt wird, weil Dr. King vorbeikommt und mit sanfter Stimme auf sie einredet, oder eine der Furien, oder sie in die Kirche gehen muss. Aber es muss einen Punkt gegeben haben, an dem Ada ihren Widerstand aufgibt. An dem sie sich leiten lässt. Wie bei allem, was sie tut, stürzt sie sich mit ihrem ganzen Wesen hinein, so auch in ihre Reue und damit verbunden in die Religiosität.

Der erste Brief, den Ada ihrer Mutter schreibt, nachdem sie gerade so an ihrem gesellschaftlichen *downfall* vorbeigeschlittert ist, klingt fast etwas feierlich.

Meine liebe Mama. Ich muss mich für deinen letzten sehr freundlichen Brief bedanken. Obwohl tief beeindruckt von dem Gottesdienst, dem ich am Sonntag zum ersten & hoffentlich nicht letzten Mal beigewohnt habe, hatte ich

> doch nicht die Absicht zu weinen. – Je mehr ich erkenne & je mehr ich bedenke & reflektiere, desto überzeugter bin ich, dass niemand jemals glücklich sein kann, der nicht tief religiös empfindet & sich nicht in allen Lebenslagen von diesem Gefühl leiten lässt. Hätte ich diese Gefühle schon vor zwei Jahren gehegt, ich wäre ein anderer Mensch, als ich es bin. Aber ich stehe noch ziemlich am Anfang meines Lebens und bin noch nicht ganz ausgewachsen. Ich vertraue darauf, dass mir noch viele Jahre vergönnt sind & diese mir die Gelegenheit bieten, zu zeigen, dass ich ein anderer Mensch bin.[13]

Die Strenge und die Kontrolle, die Lady Byron auf Ada ausübt, hat ihren Preis: Ada hat immer etwas Angst vor ihrer Mutter, gibt sie später vor Woronzow Greig zu. Sie habe ihre Mutter einmal gefragt, ob ein Vater und ein Großvater das Gleiche seien, sie kennt ja nur Ersteren. Ihre Mutter sei sehr wütend geworden, und Ada empfand eine «Furcht gegenüber ihrer Mutter, die bis zu ihrem Tod anhielt».[14]

Lady Byrons Angst, ihre Tochter könnte Eigenschaften ihres Vaters entwickeln, scheint real gewesen zu sein und zu einer Distanz zwischen Mutter und Tochter beigetragen zu haben. Vor ihrer Tochter hält sie geheim, dass sie lange mit Byron um die Deutungshoheit über die Trennung und ihr und sein Bild in der Öffentlichkeit kämpft. Den Druck der ersten Byron-Biografie, die dessen Freund Thomas Moore im Jahr 1830 veröffentlicht, versucht Lady Byron zu verhindern – erfolglos. Wer trägt die Schuld am Scheitern dieser Ehe? Trotz aller Skandale ist Byron immer noch ein Superstar in England. Über seine einflussreichen Freunde stellt er Annabella als unerträgliche Langweilerin dar, die ihm, dem genialen Künstler, nicht gewachsen war.

Im Jahr 1819 erscheinen die ersten beiden Cantos von Lord

Byrons satirischem Gedicht «*Don Juan*», in dem er sich über religiöse und gesellschaftliche Normen lustig macht und Annabella in Gestalt von Donna Inez, der personifizierten moralischen und intellektuellen Überheblichkeit, ein vergiftetes Denkmal setzt.

Die Mathematik liebte sie am meisten,
Die Großmuth war ihr höchster, schönster Zug,
Im Witze konnte Classisches sie leisten,
Doch dunkel war oft ihr erhab'ner Flug,
Sie durfte sich als Wunder viel erdreisten;
Von Barchent war, was sie am Morgen trug,
Von Seide Abends, Sommers von Muslin
Und andrem Stoff, worin ich Laie bin.
[...]
Ein durch und durch moralisch Frauenzimmer,
In dem der Neid selbst keinen Fleck entdeckt;
Wenn Manche unter ihren Schwächen bricht,
Sie hatte keine – die schlimmste von allen.[15]

Es existierte eine Verfügung, dass Ada England zu Byrons Lebzeiten nicht verlassen durfte. Zwar gestand er Annabella das Sorgerecht für das Kind zu, verhinderte aber, dass sie England mit Ada verließ und diese womöglich in ein Land brachte, in dem er keine Chance mehr hätte, sein Kind zu sehen.

Aus der Ferne, weit weg von seiner Tochter, entwickelt Byron eine seltsame, fast obsessive Zuneigung für Ada. Über seine Halbschwester Augusta lässt er Lady Byron Briefe zukommen und bleibt über Adas Aufwachsen auf dem neuesten Stand. Aus einem Brief an seinen Verleger geht hervor, dass er die Vorstellung hatte, Ada im Alter einmal um sich zu haben.

Ich hege große Gefühle für die kleine Ada, und ich freue mich darauf, sie im Alter als meine Stütze zu wissen, sollte ich jemals diesen trostlosen Lebensabschnitt erreichen, was ich nicht hoffen will.»[16]

Einmal will er von Lady Byron wissen, was für eine Persönlichkeit Ada hat. Er schreibt: «Ich hoffe, die Götter haben sie zu etwas anderem als einer Dichterin gemacht – es reicht, einen Narren in der Familie zu haben.»[17] Zumindest darin scheint er mit Lady Byron einer Meinung gewesen zu sein.

Ada bricht nicht aus. Zumindest geht sie nicht weiter, als sie es mit ihrem Tutor versucht hat. Das System der gesellschaftlichen Kontrolle, in dem Frauen insbesondere der Oberklasse im 19. Jahrhundert leben, fängt sie schlussendlich wieder ein. Es ist ein enges Netz, das Frauen von Männern fernhält. Nur in Begleitung ist es unverheirateten Frauen überhaupt erlaubt, mit Männern zu sprechen. Sie verlassen das Haus nicht ohne eine Anstandsdame. Auch bei Bällen sind diese immer in der Nähe und achten peinlich genau darauf, dass ihre Lady nicht zu häufig mit dem gleichen Tanzpartner gesehen wird und nicht zu lange zu eindringlich mit ihm flüstert.

DER ERFINDER

I do not think you possess half
my forethought, & power of fore-
seeing all possible contingencies
(probable & improbable, just alike).

— A. A. L.[1]

Die Kutsche der Byrons hält in der Dorset Street vor einem vornehmen Haus mit der Nummer eins. Ada dreht sich zu ihrer Mutter. Sie weiß nicht genau, was sie heute erwartet. Charles Babbage hat sie eingeladen, der verrückte Erfinder. Eine denkende Maschine baut er, so zumindest nennt es ihre Mutter. Eine Rechenmaschine, so viel weiß Ada, seit sie Babbage vergangene Woche kennengelernt hat. Da sei er natürlich nicht der Erste, der das probiere. Ada kannte die Versuche von Blaise Pascal und Gottfried Leibniz und stellte Babbage kritische Fragen zu seiner Methode der aufeinanderfolgenden Differenzen. Der Erfinder und die anderen Gäste der Soirée waren erst verdutzt ob ihres Einwurfs, doch je länger die beiden miteinander sprachen, desto faszinierter war Charles Babbage von der Siebzehnjährigen. Die junge Frau schien mehr von Mathematik zu verstehen als einige der Herren am Tisch. Miss Byron müsse unbedingt noch einmal wiederkommen und sich selbst ein Bild von seiner Maschine machen, sagte Babbage zum Abschied.

Deshalb sind Ada und ihre Mutter heute wieder in der Dorset Street. Noch weiß Ada nicht, dass dieser Besuch, ein Montag im Juni 1833, ihr Leben verändern wird.

Der Dienstbote öffnet die Tür und führt die beiden Frauen in das feuerfeste Hinterhaus. Dort hat Babbages Ingenieur das Modell der Rechenmaschine im vergangenen Jahr fertiggestellt. Jetzt steht sie dort, in einem staubfreien Raum, kompakt auf einem kleinen Tisch, die Bronze schimmert leicht golden. Die *Difference Engine* – die Differenzmaschine. Babbage begrüßt Ada überschwänglich. Sie ist sofort gebannt von der Maschine, geht näher heran, beugt sich vor. Ihr Blick wandert über die untertassengroßen Zahnräder, die an Stangen übereinander aufgezogen sind. Sie versucht zu erkennen, wie sie miteinander verbunden sind. Babbage erklärt es ihr mit ruhiger Stimme, zeigt auf die kleinen metallenen Arme.

Der vordere Teil der Maschine besteht aus drei Stangen mit jeweils sechs Zahnrädern, auf denen die Dezimalzahlen von Null bis Neun zu sehen sind. Um der Maschine eine Aufgabe zu geben, muss man eine Reihe der Zahnräder voreinstellen, so wie man die zu berechnende Aufgabe auf ein Blatt schreiben würde. Babbage dreht an der Kurbel, und die metallenen Arme versetzen die Zahnräder im hinteren Teil der Maschine in Bewegung. Die wiederum bewegen die vorderen Zahnräder mit den Nummern, je nachdem, ob es bei einer Addition zuvor einen Übertrag gibt. Die Arme fließen immer wieder in Wellenbewegungen auf und ab, die Zahnräder drehen sich und bleiben erst stehen, wenn auf den entsprechenden Zahnrädern die richtigen Zahlen nach vorne zeigen.

Ada ist völlig perplex. Sie schaut einer Maschine dabei zu, wie sie rechnet und am Ende tatsächlich mit mechanischer Sicherheit das erwünschte Ergebnis ausgibt. Nur vage hört sie Babbages Stimme. Der Erfinder erklärt, dass er noch einen Drucker an die Maschine anschließen will, der das Ergebnis mithilfe kleiner Arme auf Papier schlägt – der Mechanismus einer Schreibmaschine. Auch dafür hat er mehrere Entwürfe erstellt.

Die Differenzmaschine ist in der Lage, Aufgaben in allen vier Grundrechenarten – Addition, Subtraktion, Division und Multiplikation – zu berechnen, die Wurzeln von Quadratzahlen zu ziehen und bis 10 000 zu zählen.

Sophia Frend, die Tochter von Adas Mathetutor und enge Freundin der Byrons, beschreibt diesen Moment zwischen Ada und der Maschine später in ihren Memoiren als eine Art Liebe auf den ersten Blick.* Adas Reaktion auf die Maschine sei anders gewesen als die der meisten Besucher bei Babbage, die zwar fasziniert und bewundernd vor der Maschine stehen und Babbage beglückwünschen, sobald die Maschine das richtige Ergebnis ausspuckt, aber doch nicht wirklich verstehen, was da eigentlich vor ihren Augen passiert. Ihre Reaktion ist vergleichbar damit, wie wir heute unser Smartphone und unseren Computer benutzen, aber nicht wirklich erfassen, welche Hardware in dem unscheinbaren Metallgehäuse steckt und welche komplexen Vorgänge ermöglichen, dass wir miteinander kommunizieren, navigieren, Berechnungen durchführen und dass ich gerade diese Zeilen schreiben kann. Ganz anders Ada: «So jung sie auch sein mochte, Miss Byron verstand die Funktionsweise und erkannte die außergewöhnliche Schönheit der Erfindung.»[2]

Was Ada in diesem Moment schon zu verstehen scheint, ist die Bedeutung, die in der Verbindung von Mathematik und Technik steckt.

* Es gibt allerdings seltsamerweise keine Quelle, die belegt, dass Sophia wirklich bei dem ersten Besuch bei Babbage überhaupt dabei war. Trotzdem wird ihren Worten zugesprochen, einigermaßen akkurat zu sein, weil sie als enge Freundin zumindest sehr schnell danach und aus erster Hand von Ada oder Lady Byron von dem Treffen erzählt bekam.

Die Differenzmaschine kann nicht nur rechnen. Die ineinandergreifenden Zahnräder, die sich mit jeder Addition ein kleines exakt definiertes Stück weiterbewegen, sind in diesem Moment Ausdruck des Rechnens selbst. Charles Babbage hatte sich für Zahnräder als Technologie für seine Maschine entschieden, weil damit ein Grad an Präzision möglich wurde, die der Mathematik als exakter Wissenschaft angemessen ist. Aus dem gleichen Grund werden Zahnräder in mechanischen Uhrwerken verwendet. Durch sie lässt sich die Zeit immer gleich schnell um exakt eine Sekunde nach vorne drehen.

Und so kann Ada der Differenzmaschine beim Denken zusehen: Die mechanischen Abläufe in der Maschine entsprechen einem bis dahin nur mental möglichen Vorgang. Der Ort des Denkens ist nicht länger nur mehr das menschliche Gehirn, sondern auch die Maschine. Für Ada ist das pure Poesie.

Die Differenzmethode

Die Differenzmaschine konnte rein mechanisch keine andere Rechenart ausführen als die Addition, und trotzdem konnte sie auch subtrahieren, multiplizieren und dividieren, weil letztlich alle diese Rechenverfahren auf die Addition zurückgeführt werden können. Babbage benutzte dafür die Differenzmethode oder das «Prinzip der aufeinanderfolgenden Differenzen». Dies reduziert die Komplexität von Operationen und ist damit eine Voraussetzung, diese Rechenverfahren in die Technik einer Maschine übersetzen zu können.

Der italienische Mathematiker Luigi Menabrea erklärt die Methode in einem Aufsatz über Babbages Rechenmaschinen so:

Um eine Vorstellung dieses Mechanismus zu vermitteln, genügt es, sich die Abfolge der ganzen Quadratzahlen ins Gedächtnis zu rufen: 1, 4, 9, 16, 25, 36, 49, 64 &c. Durch Subtraktion jeder dieser Zahlen von der ihr nachfolgenden Zahl erhalten wir eine neue Abfolge, die wir die Folge der Ersten Differenzen nennen wollen. Sie besteht aus den Zahlen: 3, 5, 7, 9, 11, 13, 15 &c. Wenn wir in dieser Abfolge wiederum von jeder Zahl ihre Vorgängerin subtrahieren, erhalten wir die Folge der Zweiten Differenzen, die nun alle konstant gleich 2 sind. Wir können diese Abfolge von Operationen und ihre Ergebnisse in der folgenden Tabelle darstellen.[3]

A Spalte der Quadratzahlen	B Erste Differenzen	C Zweite Differenzen
1		
....	3	
4	....	2b
....	5	
9	....	2d
....	7	
16	....	2
....	9	
25	....	2
....	11	
36		

Tabelle der Quadratzahlen und der Ersten und Zweiten Differenzen

Aus der Art, wie die beiden rechten Spalten B und C formatiert sind, lässt sich leicht ersehen, dass, wenn wir etwa von der Zahl 5 zur folgenden 7 gelangen wollen, wir zur ersten Zahl die konstante Differenz 2 addieren müssen. In gleicher Weise müssen wir, wenn wir von der Quadratzahl 9 zur folgenden Quadratzahl 16 gelangen wollen, die Differenz 7 addieren, die mit anderen Worten die vorhergehende Differenz 5 plus der konstanten Differenz 2 ist. Oder wir müssen nur, noch einmal anders ausgedrückt, was aber dasselbe meint, um die Zahl 16 zu erhalten, lediglich die drei Zahlen 2, 5 und 9 addieren, die auf der Achse AB liegen. Ähnlich erhalten wir die Zahl 25, wenn wir die drei Zahlen der Achse CD addieren. Durch die Addition von 2+7 erhielten wir die erste Differenz 9, die auf die 7 folgt. Addieren wir 16 zu der 9, dann erhalten wir die Quadratzahl 25. Wir sehen also, dass, wenn nur die drei Zahlen 2, 5 und 9 gegeben sind, die ganze Serie der aufeinanderfolgenden Quadratzahlen, ebenso wie die Serie der Ersten Differenzen, durch das Ausführen simpler Additionen zu erhalten sind.[4]

Später einmal wird Ada über das Prinzip der Differenzmaschine schreiben:

Die Methode der Differenzen ist tatsächlich eine Methode der Additionen, und da sie einfach durch die *Addition* eine größere Anzahl von Resultaten ermöglicht als ein anderes mathematisches Prinzip, war diese Funktion als Grundlage für eine *Additionsmaschine* sehr sinnvoll ausgewählt, weil so die größtmögliche Leistungsfähigkeit einer solchen Maschine zu erreichen war.[5]

Mit dieser Rechenmaschine kann man also schon einiges machen. Ada schreibt weiter:

Die Differenzmaschine würde zweifellos all die praktischen Aufgaben, auf deren Lösung sie ursprünglich ausgerichtet war, erfüllen. Sie würde sicherlich all die Tabellen berechnen, die in direkter Weise für die praktischen physikalischen Aufgaben des Alltags notwendig sind, wie etwa nautische und andere Berechnungen.[6]

Babbages Versuch, das Rechnen zu mechanisieren, ist typisch für die Zeit der industriellen Revolution, die Großbritannien gerade grundlegend verändert. Dabei wird es den historischen Vorgängen nicht gerecht, von einer Revolution, also einem plötzlichen Umsturz der Verhältnisse, zu sprechen. Die Verwandlung Großbritanniens dauerte Jahrzehnte. Die Wirtschaft des Landes beruhte hauptsächlich auf dem Handel mit Agrarprodukten, die meisten Waren wurden in Handarbeit hergestellt, bis die Maschinen ihren Siegeszug antraten und die Produktion von Grund auf veränderten. Fabriken und industrielle Zentren prägten das Land, die Gesellschaft befand sich im Umbruch, Menschen arbeiteten zunehmend in Schicht- und Lohnarbeit. Die Entwicklung wurde getragen von Ideen und Erfindungen, die einander bedingten und aufeinander aufbauten. Die Dampfmaschine als neue Antriebsmethode machte Eisenbahnen und Dampfschiffe möglich und beschleunigte Handel und Reisen. Auch die Massenproduktion von Eisen, insbesondere dem billigeren Gusseisen, ebenfalls notwendig für die Herstellung der Eisenbahn und die meisten Maschinen in den Fabriken, gehört zu den großen Erfindungen, die den Wandel vorantrieben. Der Telegraf ermöglichte eine direkte Kommunikation mithilfe von Kurznachrichten über Länder hinweg, mit der Verlegung von Unterseekabeln auch über Kontinente.

Ada sind diese Erfindungen und der Fortschrittsglaube, der die Menschen im 19. Jahrhundert immer schneller vorwärts trägt, sehr nah. Grund dafür ist vor allem eine Person in ihrem Leben: ihre Mutter. Sie ist Adas Verbindung zur Welt der Wissenschaft und Technik, und bei aller Enge, mit der sie Ada sonst innerhalb der gesellschaftlichen Konventionen hält, wird sie immer wieder die Türöffnerin für ihre Tochter sein, wenn es um ihre mathematische und wissenschaftliche Ausbildung geht.

Schon als Ada neun Jahre alt war, hatte Lady Byron sie auf eine Tour durch Mittelengland mitgenommen, wo sie vor allem Baumwollfabriken besichtigten, die im Zuge neuer Spinnmethoden entstanden waren. Adas Mutter ist als Unternehmerin, die ihr eigenes Vermögen steigern will, sowohl interessiert an den neuen Technologien als auch an der Situation der Arbeiter. Eine Verbesserung der Verhältnisse ist nicht ihr erstes Interesse. Im Vordergrund steht, die größtmögliche Produktivität aus den Menschen herauszuholen, und Lady Byron erkennt, dass sie dafür in bessere Lebensbedingungen und die Bildung der Arbeiter investieren muss. Die Klassengesellschaft stellt sie nicht infrage.

In Ada entsteht schon früh der Wunsch, Teil des Fortschritts zu sein, der sie umgibt, und sie sucht aus ihrer privilegierten Position heraus nach Wegen, eine Rolle darin zu spielen. Auch für diese Hoffnung steht der Bronzeschimmer der Differenzmaschine, der sich Jahre später in den Augen der siebzehnjährigen Ada spiegelt.

Obwohl es in den Geschichtsbüchern scheint, als rausche die Industrialisierung in einem gerichteten Prozess voran, entspricht das nicht der Lebensrealität der Menschen im 19. Jahrhundert. Der Gegensatz zwischen den Verheißungen der Zukunft und den langen dunklen kalten Wintern ist groß. Die Entwicklungen sind kleinteilig und oft zunächst lokal begrenzt, also nicht direkt allen Menschen zugänglich. Die meisten Arbeiten bleiben aufwendig, kompliziert und mühsam.

Das wichtigste Arbeitsmittel, um komplexe Berechnungen

durchzuführen, sind für Wissenschaftler und Ingenieure Logarithmentafeln – insbesondere in der Astronomie und der Navigation. Diese erfüllen noch die nächsten hundert Jahre den Job eines Taschenrechners. Es sind dicke Bücher voller Tabellen, in denen für Logarithmusgleichungen, also Gleichungen mit einem Exponenten von x, dessen Wert ebenso wie der Wert von x für gegebenes $y = exp(x)$ oder $y = log(x)$ nachgeschlagen werden kann. Das Problem: Zur Erstellung der Bücher müssen diese Berechnungen per Hand durchgeführt werden, bevor sie in den gedruckten Tabellen weite Verbreitung finden und die Arbeit der Ingenieure erleichtern. Die Bücher, die Mitte des 19. Jahrhunderts von einigen Staaten in großer Zahl in Auftrag gegeben werden, wimmeln allerdings nur so von Fehlern, weil die massenhaften Berechnungen von billigen Arbeitskräften durchgeführt werden, die nicht notwendigerweise eine mathematische Ausbildung erhalten haben.

Die Verminderung von Fehlern in diesen Büchern wird für den Erfinder und Mathematiker Charles Babbage eine Lebensaufgabe. Die Differenzmaschine baut er allein zu diesem Zweck: Er will die Produktion der Tabellen mechanisieren und menschliche Fehler ausmerzen. Allein die Anfangswerte müssen in der Maschine richtig eingestellt werden. Der Rechenprozess und das Ergebnis wären mit mechanischer Sicherheit korrekt und der personelle und finanzielle Aufwand für die Erstellung der Bücher um ein Vielfaches geringer.

Dieser dezidiert ökonomische Zweck unterscheidet Babbages Rechenmaschine von ihren Vorläufern. Diese wurden vor allem von Mathematikern für Mathematiker entwickelt. Der französische Mathematiker Blaise Pascal hatte bereits 1642 eine Addiermaschine konstruiert, die ähnlich wie Babbages aus Metallscheiben bestand, die miteinander verzahnt waren und für einen Additionsschritt nach vorne gedreht wurden. Die mechanische Rechenmaschine, die Gottfried Leibniz in den 1670er-Jahren baute, beruhte auf der Erfindung von Blaise Pascal, sollte aber alle vier Grundrechenarten beherrschen. Da Leibniz aber nicht, wie später Babbage, effiziente Algorithmen wie die Differenzenmethode verwendete, war der Mechanismus komplexer und umständlicher und konnte letztlich nicht umgesetzt werden.

Die Idee für seine Differenzmaschine kam Babbage, nachdem er von einem Projekt in Frankreich gehört hatte. Die französische Regierung gab umfangreiche Tabellen in Auftrag, um das Dezimalsystem zu verbreiten. Es sollte ein neuer Standard, eine Grundlage geschaffen werden, auf die sich Ingenieure und Wissenschaftler im ganzen Land stützen konnten. Die Tabellen sollten Logarithmen und trigonometrische Werte enthalten. Diese riesige Aufgabe wurde an den Mathematiker Baron Gaspard de Prony gegeben, der unter großem Erfolgsdruck stand: Unter dem Regime der Jakobiner, die Frankreich nach der Revolution mit einer Terrorherrschaft überzogen, drohte ihm bei Versagen die Todesstrafe. Die Regierung verlangte zum einen von de Prony, die Geschwindigkeit zu erhöhen, mit der die Tabellen angefertigt wurden, zum anderen sollte alles fehlerlos sein. De Prony agierte vielleicht trotz oder gerade wegen der Angst, seinen Kopf unter der Guillotine zu verlieren, ziemlich klug: Er unterteilte die Berechnungen in drei verschiedene Bereiche und imitierte damit eine neue Form der Produktion. In den entstehenden Fabriken wurde diese in verschiedene Arbeitsschritte unterteilt, um die Komplexität der Aufgaben zu reduzieren. Arbeiter waren fortan nur noch für einen der Arbeitsschritte zuständig, sodass auch ungelernte Kräfte eingestellt werden konnten, die Arbeit effizienter und kostengünstiger wurde. De Prony übertrug dieses Verfahren auf die Berechnungen für seine Tabellen:

> Die erste Sektion kombinierte Formeln und stellte sie so um, dass sie numerischen Berechnungen zugänglich wurden. Die zweite Sektion errechnete dann für just diese Formeln die Ergebnisse für in ausgewählten, aufeinander folgenden Abständen liegende Werte der Variablen. Die dritte aus etwa 80 Personen bestehende Sektion, welche überwiegend nur die beiden ersten Grundrechenarten der Arithmetik beherrschten, berechnete schließlich weitere interpolierte Ergebnisse durch einfache Addition und Subtraktion der Ergebnisse der zweiten Sektion.[7]

De Prony gelang es, durch diese Aufteilung die Fehlerquelle Mensch zu minimieren, da eine einzelne Person immer nur einen simplen Abschnitt des komplexen Gefüges bearbeiten musste. Der einzelne «Rechner» brauchte dafür eine geringere Qualifikation, wodurch seine Arbeitskraft billiger wurde.

Als Babbage Ada seine Differenzmaschine im Sommer 1833 zeigt, arbeitet er schon seit zehn Jahren daran.

Anfangs investiert die britische Regierung 1500 Pfund in Babbages Projekt. Der wirtschaftliche Nutzen der Tabellen für Unternehmer ist bereits erwiesen, und so erhält Babbage, nachdem er eine eindringliche Bewerbung für die Förderung verfasste, eine der ersten staatlichen Investitionen Großbritanniens überhaupt. Mit dem Versprechen fehlerfreier Tabellen gelingt es Babbage im weiteren Verlauf des Projekts, den Duke of Wellington, damals Premierminister und schon seit einiger Zeit an Babbages Forschung interessiert, davon zu überzeugen, mehr Geld in die Maschine zu investieren. Er erhält eine riesige Summe: 17 500 britische Pfund – heute wären das rund 60 Millionen Pfund. Damals wäre es genug gewesen, um zwei Kriegsschiffe zu bauen.

Charles Babbage verkaufte die Idee der Differenzmaschine mit dem Argument an die britische Regierung, dass die

Rechenschritte von de Pronys dritter Sektion für die Tabellen auch mechanisch ablaufen könnten. Damit würden die Kosten für die achtzig Arbeitskräfte eingespart. Dass sich das Projekt für den Staat am Ende rechnen würde, ist allerdings zu bezweifeln.

Denn von der riesigen Summe, die Babbage von der britischen Regierung erhält, fertigen er und sein Ingenieur Joseph Clement gerade so das Modell der Maschine an. Dieses umfasst allerdings nur einen kleinen Ausschnitt – ungefähr ein Siebtel – der gesamten Maschine. Als dieses Segment fertig war, war das ganze Geld aufgebraucht. Aus verschiedenen Gründen: Die Anfertigung der Zahnräder war Präzisionsarbeit, und die Technik im 19. Jahrhundert gab eine Massenanfertigung nicht her; das machte sie sehr teuer. Aber auch Babbages Arbeitsweise trieb die Kosten in die Höhe: Weil er die Maschine und die Designs der Teile immer wieder überarbeitete, entstanden ständig Mehrkosten bei der Herstellung.

Als sich Ada und Charles Babbage zum ersten Mal bei der Soirée in seinem Haus treffen, gilt der 42-jährige Witwer als eine Mischung aus anerkanntem Wissenschaftler, verrücktem Erfinder und schlechtem Geschäftsmann. Seit Jahren arbeitet Babbage daran, automatische Rechenmaschinen zu entwerfen und zu bauen. Wobei es mit Letzterem nicht vorangeht und es ihm auch nie gelingen wird. Keine seiner Maschinen wird jemals fertig werden.

Aber diese Tragik ist Babbage am besagten Abend im Jahr 1833 noch nicht bewusst, und das ist gut so, denn sonst würde er nicht mit dem Elan eines großen Erfinders von seiner Maschine erzählen. Lady Byron beschreibt ihn ein paar Tage später in einem Brief an Dr. King: «Babbage war sehr lebhaft und erzählte von seiner wundervollen Maschine [...] wie ein Kind über sein Spielzeug.»[8]

Die Soiréen des Erfinders sind in London als Treffen wissenschaftlicher Exzellenz bekannt. Regelmäßig eingeladen wird nur, wer einen gesellschaftlichen Titel, Schönheit oder Intellekt besitzt. Reichtum allein qualifiziert nicht für die Teilnahme an Babbages Zirkel. Schon deshalb nicht, weil man Babbages Witze und Anekdoten sonst nicht hätte folgen können, die über die oft oberflächlichen Unterhaltungen bei gewöhnlichen Tea Parties und Suppers hinausgingen. Babbage ließ den verrückten Wissenschaftler häufig raushängen und hatte die Angewohnheit, Bezüge zu mathematischen Begriffen in seine Kommentare und Witze einzubauen.

Dass Babbage sein Leben lang nicht arbeiten musste, um Geld zu verdienen, verdankte er seinem Vater. Benjamin Babbage war ein erfolgreicher Geschäftsmann. Zum richtigen Zeitpunkt zog er 1791 aus der Provinz nach London. Dort stieg er bei der *Praeds Bank* ein und konnte davon profitieren, dass mehr und mehr Unternehmen auf den Zug der anfahrenden industriellen Revolution aufspringen wollten und bei der Bank Kredite aufnahmen. Am Ende seines Lebens liegen auf Benjamin Babbages Konto 100 000 Pfund – nach seinem Tod geht sein Vermögen fast komplett an Charles. Heute würde sich sein Erbe auf rund zwanzig Millionen Pfund belaufen.

Während Babbage als junger Mann nicht wirklich ans Geldverdienen denkt, macht er sich aber schnell einen Namen in der Wissenschaftsszene. Er hält Vorträge über Astronomie und wird im Jahr 1816 in die *Royal Society* aufgenommen, über die alle wichtigen Wissenschaftler des Landes vernetzt sind. Er publiziert viele Papers, vor allem über Mathematik, die zwar Anerkennung finden, aber nicht für großes Aufsehen sorgen.

Dass Babbage durch das Geld seines Vaters, den erfolgreichen Geschäftsmann, ein so sorgloses Leben führen kann, trägt wahrscheinlich dazu bei, dass er später so schlechte unternehmerische Entscheidungen trifft. Als Student macht er sich die Einstellung zu eigen, es sei moralisch verwerflich, aus seinen Erfindungen einen persönlichen finanziellen Gewinn zu ziehen – eine Gemeinsamkeit mit Lord Byron. Da mag es nicht verwundern, dass sich Babbage am Ende seines Lebens im Titel seiner Memoiren eher als «Philosophen» bezeichnet denn als Erfinder oder Mathematiker. Es ist aber vermutlich auch ein Grund, warum er es nicht für nötig hielt, ein Projekt abzuschließen, sondern immer etwas Neues begann, sobald ihm danach war. Ein weiterer Grund, warum er letztlich daran scheiterte, für eine ausreichende Finanzierung für die Differenz- oder später die Analytische Maschine zu sorgen, sodass beide nicht in Gänze gebaut wurden. Seine chaotische Arbeitsweise und Ziellosigkeit, auch die gewisse Arroganz, mit der er durchs Leben geht, die sonst eher dem Klischee eines Künstlers entspricht, werden Ada noch häufig wütend machen.

Die Freundschaft zwischen Babbage und Ada entwickelt sich langsam. Ein Match zwischen dem Witwer und der mehr als zwanzig Jahre jüngeren Ada wäre nicht ausgeschlossen, und deshalb hält sich Babbage besonders zurück. Anfangs sehen sich die beiden nur, wenn Adas Mutter dabei ist.

Adas Biograf James Essinger insinuiert in seinem Buch, dass Babbage romantische Gefühle für Ada gehegt haben könnte. Viel spricht dafür allerdings nicht.*

Für Ada steht bei der Begegnung mit Babbage etwas ganz

* Die wichtigste Quelle, um die Freundschaft der beiden nachvollziehen zu können, ist ihre Korrespondenz. Die muss sehr umfangreich gewesen sein. In einem Brief an Woronzow Greig wird Babbage viel später von einer *«extensive correspondence»* sprechen, die er mit Ada über Jahre geführt habe. Davon sind 85 Briefe von Ada an Babbage erhalten geblieben und 25 von ihm an sie. Die übrigen wird Lady Byron nach Adas Tod zerstört haben oder ließ sie zerstören.

anderes im Fokus. Sie ist ein kleiner Hoffnungsschimmer für eine junge Frau, deren Leben durch äußere Umstände bisher immer in engen Bahnen verlaufen ist.

Die Treffen mit und bei dem Erfinder sind der Zugang zu einem Leben, einem wissenschaftlichen Leben, das Ada sich immer gewünscht hat. Ein Leben, das ihren geistigen Fähigkeiten und ihrer Intelligenz angemessen wäre, ihr aber durch ihr Geschlecht verschlossen ist. Die erste Soirée in Babbages Haus ist für Ada ein Zipfel dieser Welt, den sie mit beiden Händen greift.

Normalerweise ist das ganze Leben einer jungen Frau im 19. Jahrhundert auf den Moment zugeschnitten, in dem sie ihren Ehemann kennenlernt. Dafür wird sie gebildet, ihr Charakter zu einem weiblichen Wesen geformt, ihr Körper wird eingekleidet und zur Schau gestellt. «Als Frau kommt man nicht zur Welt, man wird es», wird Simone de Beauvoir hundert Jahre später sagen, im 19. Jahrhundert ist das die offensichtliche Realität. Nun muss sie sich im richtigen Moment nur noch so verhalten, dass ein angemessener Mann sie erwählt. Ada dagegen schafft es, sich im entscheidenden Moment so zu verhalten, dass sie die Chance erhält, mit den führenden Wissenschaftlern ihrer Zeit zu sprechen und ernst genommen zu werden. Sie tut dies mühelos, und sie fühlt sich in dieser Gesellschaft viel wohler als am königlichen Hof während ihres ersten Balls: «Mit einer Veranstaltung, die sie am Mittwoch besuchte, war Ada zufriedener als mit jeder Zusammenkunft in der *grand monde*», schreibt Lady Byron nach der ersten Soirée bei Babbage in einem Brief an Dr. King und lässt die Chance nicht aus, dem Lehrer ihrer Tochter zu schmeicheln:

> Sie traf dort auf einige Wissenschaftler – darunter auch Babbage, mit dem sie gerne zusammen war. Ich denke, dass

> sie sich an einer solchen Gesellschaft erfreuen kann, haben wir wohl in erster Linie Ihrer Freundlichkeit zu verdanken, mit ihr über philosophische Themen zu debattieren und davon zu lesen.[9]

Am 19. Dezember 1834, fünf Tage nach Adas neunzehntem Geburtstag, wird Ada mit ihrer Mutter und anderen engen Freunden wieder mit Babbage bei einer seiner Soiréen zusammentreffen. Babbage berichtet seinen Gästen an diesem Abend von einem Durchbruch, einer neuen Idee, einer neuen Erkenntnis, die er hatte. Natürlich ging es wieder um seine Maschine, um die Differenzmaschine. Deren größtes Problem und die Grenze ihrer Fähigkeiten sei, dass sie nach jeder Rechnung auf null zurückgesetzt werden müsse, woraufhin die Zahlen, mit denen sie operieren könne, neu eingegeben werden müssten. Das limitierte die Komplexität der Rechnungen, denn keine Zahl, kein Zwischenergebnis konnte «gespeichert» werden, sodass es deshalb auch nicht für die nächste Rechnung wieder zur Verfügung stand. Solange dies nicht funktioniere, könne die Maschine auf Dauer keine exakten Ergebnisse liefern. Auch bei Zahlen mit langen oder unendlich vielen Dezimalstellen, die in den Zahnrädern nicht dargestellt werden konnten, wurden die Ergebnisse der Maschine nach und nach unpräzise, weil sie früher oder später aufrunden musste. Das sei nicht der Fehler der Maschine, sondern einfach ein Fakt und die Grenze ihrer Funktionalität. Hier wird eines schon klar: Babbage wollte mehr als eine Maschine, die mathematische Tabellen vervollständigen konnte. Er wollte eine Maschine, die komplexe Berechnungen durchführen konnte: nicht nur Arithmetik, sondern Algebra!

Lady Byron schreibt in ihrem Tagebuch, Babbage habe in seinem Monolog von einem neuen Horizont gesprochen, der sich in seinem Geist aufgetan habe, von einer «Brücke zwischen der bekannten und der unbekannten Welt». Er habe sich gefühlt, als stünde er auf einem Berggipfel, der Nebel im Tal lichte sich und zum Vorschein komme ein Fluss. Wohin dieser allerdings führe, das könne er selbst noch nicht absehen.[10]

Seine neue Maschine werde besser rechnen können als Menschen, scheint Babbage an dem Abend verkündet zu haben – sie werde Gleichungen lösen können, die bisher als unlösbar galten. Nach mehr als zehn Jahren Arbeit an seiner ersten Rechenmaschine wandte Babbage sich einem noch größeren und komplexeren Problem zu: dem Bau der *Analytical Engine* – der Analytischen Maschine. Es ist das erste Mal, dass Ada davon hört. Noch hört sie nur gespannt zu.

DIE LEHRERIN

It was by my advice that she studied Mathematics.

— Mary Somerville[1]

Wäre dies ein Film über Adas Leben, würden wir sie jetzt sehen, wie sie im hellblauen Seidenkleid in einem Park an Blumenbeeten vorbeiläuft. Die Haare aufgedreht und hochgesteckt, in der einen Hand einen Sonnenschirm und die Handschuhe, in der anderen das Geometriebuch. Sie bleibt stehen, schaut auf die Seite, murmelt vor sich hin. Schaut auf, schließt die Augen und wiederholt das Gemurmelte, läuft weiter, noch immer bewegen sich ihre Lippen. So oder so ähnlich muss es ausgesehen haben, wenn man als Frau in der Spätromantik Mathematik lernte.

Denn genau das tut Ada als 18-Jährige. Sie hatte ihren persönlichen Tutor Dr. King gebeten, ihr einen Lehrplan zusammenzustellen. Eigentlich war es Dr. Kings Aufgabe, Ada die christlichen Tugenden und Pflichten näherzubringen. Häufig gingen die beiden gemeinsam spazieren, und er redete in einer Mischung aus väterlicher und priesterlicher Weise auf sie ein – zumindest stelle ich mir das so vor. Dr. King erklärt ihr, warum sie einige Gedanken nicht haben und einigen Gefühlen nicht nachgeben sollte, in ihrem eigenen Interesse.

Und sein Einfluss wirkt auf Ada. Sie nimmt sich vor, ihre Energie und Ungeduld nicht in reine Abenteuerlust und die Erfüllung ihrer (sexuellen) Wünsche zu stecken. Dr. King gelingt es, der jungen Frau, trotz aller Enge und Grenzen, die ihren Handlungsspielraum beschränken, ein Ziel oder sogar eine Bestimmung zu geben.

Am Sonntag, dem 9. März 1834, schreibt sie an Dr. King:

> Ich darf das Leben nicht länger als Vergnügung oder Selbstzweck verstehen; es gibt nur eine Freude, die ich mir, wenn überhaupt, momentan erlauben darf, nämlich: Studium & intellektuelle Vervollkommnung. Ich bin zu der Erkenntnis gelangt, dass nichts außer die genaue & intensive Beschäftigung mit wissenschaftlichen Themen meine Phantasie davon abhält, mit mir durchzugehen, oder die Leere füllt, die sich offenbar bei einem Mangel an Aufregung in mir ausdehnt.[2]

Es ist genau das, was Lady Byron sich für die Erziehung ihrer Tochter vorgenommen hatte, und man muss ihr zugutehalten, dass sie verstanden hat, dass Verbote allein nicht ausreichen, sondern dass Kinder immer auch positive Anreize und Perspektiven brauchen, um sich zu verändern. Ada will ihrem ausschweifenden Gehirn jetzt also mithilfe von Mathematik genug zu tun geben, sodass darin weniger Platz für «dumme Gedanken» ist. Ihr Leben lang wird diese Kanalisierung ihrer Energie in die Wissenschaft eine wichtige Strategie bleiben, die mit ihrer Bitte an Dr. King beginnt:

> Wenn Sie mir den großen Gefallen tun könnten, mich von Ihrem Rat und Ihren Vorschlägen für einen *Studienplan* profitieren zu lassen, den zu befolgen für mich am sinnvollsten wäre, so wäre ich Ihnen zutiefst dankbar.[3]

Was sie lernen will? Euklidische Geometrie, Arithmetik und Algebra. Weil sie keine blutige Anfängerin sei, sei sie sicher, dass sie nicht allzu große Schwierigkeiten haben werde, wenn Dr. King ihr bei Fragen und Schwierigkeiten zur Seite stünde.

> Ich möchte mich mit Astronomie, Optik etc. vertraut machen; aber ich bin der Meinung, dass ich mich diesen nicht zufriedenstellend widmen kann, da es mir an grundlegenden Kenntnissen elementarer Bereiche der Mathematik fehlt ... Kurz: Ich bin bereit, Ihren Anweisungen zu folgen! Ich möchte täglich für eine bestimmte Anzahl von Stunden hart arbeiten ...[4]

Die mathematischen Inhalte, mit denen sich Ada mithilfe ihres Tutors vertraut machen will, entsprechen den Lerninhalten und dem Kenntnisstand der meisten jungen Männer, die eine Universität besuchen, schreibt ein Historikerteam, das im Jahr 2017 untersucht, welche Mathematikkenntnisse Ada als junge Frau wirklich erworben hat. Ein Level, das damals nur sehr wenige Frauen erreicht haben.[5] Dr. King versucht, Adas Wunsch nachzukommen, und empfiehlt ihr Lehrbücher, mit denen er selbst während seiner Ausbildung in Cambridge gelernt hat – das liegt allerdings schon fünfundzwanzig Jahre zurück. Die Lernmethoden, die er Ada nahelegt, sind ebenso *outdated*:

> Die einzig sinnvolle Art des Studiums ist diese:
>
> 1. Die Aufgabe lesen und verstehen.
> 2. Lösen Sie die Aufgabe anhand der Figur ohne den dazugehörigen Text.
> 3. Tun Sie das Gleiche, indem Sie die Figur selbst zeichnen.

4. Schreiben Sie die Aufgabe auf, nicht Punkt für Punkt, aber dennoch vollständig: darauf achten, die Schritte klar strukturiert festzuhalten statt fortlaufend wie im Buch. [...]
5. Wiederholen Sie alles aus dem Gedächtnis, ohne Buch oder Abbildung.
6. Tun Sie das Gleiche auf Ihren Spaziergängen, falls nötig, stecken Sie sich die Figur auf einer Karte in die Tasche.
7. Dies muss täglich wiederholt werden, mit der immer gleichen Aufgabe, bis sie dem Verstand so vertraut ist wie der eigene Name.
8. Die Worte jeder Aufgabe [...] müssen mit ihrer jeweiligen Nummer in Ihrem Gedächtnis verankert sein, sodass Sie das Buch Seite für Seite wiedergeben könnten.[6]

Und Ada fängt an zu studieren. In den nächsten Wochen arbeitet sie die empfohlenen Lehrbücher durch. Ob sie sich dabei genau an Dr. Kings Empfehlungen hielt und beim Spazierengehen die Aufgaben im Kopf löste, wissen wir nicht genau.

Aus dem Briefwechsel mit Dr. King lässt sich aber mit Sicherheit ableiten, dass Ada sehr schnell lernte. Zu schnell für ihren alten Lehrer. Der Brief, in dem Dr. King ihr die Bücher empfiehlt, die ein komplettes Cambridge-Seminar abbilden, ist datiert auf den 15. März 1834. Zwei Wochen später antwortet Ada, dass sie gut vorankommt und jeden Tag vier Aufgaben in Geometrie löst. Einen Monat später stellt sie Dr. King eine Frage zum Satz des Pythagoras und leitet daraus eine Aufgabe ab:

Kann bewiesen werden, [...] dass, wenn gleichseitige Dreiecke an den Katheten eines rechtwinkligen Dreiecks konstruiert werden und auch eines an der Hypotenuse, die Sum-

> me [der Flächen] der Dreiecke an den Katheten gleich der Fläche des Dreiecks an der Hypotenuse ist? [...] Mir scheint, dies sollte ebenso nachweisbar sein wie bei vierseitigen und gleichseitigen Figuren.[7]

«Sie werden mich schon bald mit Ihrem Gelernten verblüffen», antwortet Dr. King. Als er an der Universität gewesen sei, hätten sie nur wenige Aufgaben jenseits des Geometrielehrbuchs besprochen, mit dem Ada jetzt arbeitet, gibt er zu. «Wir erhielten eine Auswahl an Büchern und wichen nur selten von ihnen ab, außer die hohen Tiere, sprich die ersten vier bis sechs Wrangler, sprich die Männer der Spitzenklasse.»[8]

Die besten Studenten werden damals *Wrangler* genannt, nur sie beschäftigen sich mit Aufgaben, die über die Lehrbücher hinausgehen, nur sie beschäftigen sich mit den Aufgaben, die Ada Byron jetzt löst. Die macht in dieser Zeit einen weiteren Schritt in die Richtung, die ihre wissenschaftliche Karriere bestimmen wird: Sie verlangt Zugang zu einer Bildung, die ihr aufgrund ihres Geschlechts eigentlich verschlossen ist. Erst 1868 werden zum ersten Mal Frauen an der London University akzeptiert, aber erst weitere zehn Jahre später dürfen sie dort auch einen Abschluss machen, obwohl sie schon vorher die Prüfungen bestehen. An den Elite-Unis Oxford und Cambridge fand die Öffnung für Frauen erst im 20. Jahrhundert – im Jahr 1920 und im Jahr 1948 – statt.

Das Bewusstsein, wie wichtig Bildung auch für Frauen ist, wird allerdings größer und größer. Bereits Ende des 18. Jahrhunderts gründen Frauen der Oberschicht die *Blue Stockings Society*, einen Club, in dem Frauen (auch Männer werden manchmal eingeladen) über Politik und als unanständig geltende Literatur diskutieren. *Bluestocking* wird danach gleichbedeutend für eine über die Maßen gebildete Frau, die ihrem Ehemann Schwierigkeiten machen könnte. Auch die politische Dimension wird immer wichtiger, spätestens mit der einflussreichen Schrift der Frauenrechtlerin Mary Wollstonecraft *«A Vindication of the Rights of Woman»*. Die erscheint im Jahr 1792 und fordert eine gleichwertige Bildung für Männer und Frauen, auch als Voraussetzung dafür, dass Frauen in allen gesellschaftlichen Bereichen Berufe ergreifen können. Das reicht von der Medizin bis in die Politik:

> Ich bin der festen Überzeugung, dass Frauen Repräsentanten haben sollten, anstatt willkürlich regiert zu werden, ohne dass ihnen eine direkte Beteiligung an den Regierungsentscheidungen gestattet wird.[9]

Auch dieser Wandel nimmt im Zuge der Industrialisierung Fahrt auf, weil die weibliche Arbeitskraft gebraucht wird. Für Arbeiterinnen öffnet im Jahr 1823 das *Mechanics' Institute* in London die gleichen Kurse, die auch Arbeiter nach ihrem Schichtdienst besuchen können. Wohlhabende Frauen gründen im Laufe der kommenden Jahrzehnte die ersten Colleges und Internate für Mädchen der Oberschicht, wie die Philanthropin und Aktivistin gegen Sklaverei Elizabeth Jesser Reid, die 1849 das Bedford College in London eröffnet. Der Wandel ist real, aber er vollzieht sich langsam: Im Jahr 1840 sind noch sechzig Prozent der Frauen in Großbritannien Analphabetinnen. Im Jahr 1860 noch vierzig Prozent. Adas Bildungsreise beginnt ganz am Anfang dieser Entwicklung. Sie hat keinen Zugang zur Universität. Die Lehrmethoden von Dr. King entsprechen zwar denen von Cambridge, allerdings denen von vor 25 Jahren. Nach kurzer Zeit hat Ada ihren Tutor an seine Grenzen gebracht. Er empfiehlt ihr, Kontakt zu einem der berühmtesten Mathematiker Großbritanniens aufzunehmen – Mary Somerville.

Als sich Ada und Mary Somerville im Jahr 1834 treffen, ist die Mathematikerin 54 Jahre alt und lebt mit ihren drei Töchtern in einem kleinen, immer ungesund feuchten Haus in Chelsea. Gerade arbeitet sie an ihrem ersten eigenen Werk: *«On the Connexion of the Physical Sciences»*. Das Buch liefert einen Überblick über die neuesten Ideen in der Astronomie, über Elektrizität, die Zeit und Fortbewegung, das Licht und sogar Musik. Das Lehrbuch ist scheinbar mühelos in einer einfachen Sprache geschrieben – auch dieses Buch wird ein großer Erfolg.

Ihr Schreibstil hat vermutlich auch damit zu tun, dass Mary Somerville eine Autodidaktin war und ihre Karriere ziemlich ungewöhnlich. Sie wurde eine anerkannte Mathematikerin, bevor sie irgendetwas veröffentlicht hatte.

Aus den intellektuellen Londoner Zirkeln kennt Somerville viele Wissenschaftler aus ganz Europa. Für ihre Karriere am wichtigsten werden die Kontakte nach Frankreich: Der Mathematiker Pierre-Simon Laplace nennt Mary Somerville bald einen der wenigen Menschen, die sein Hauptwerk *«Traité de Mécanique Céleste»* verstehen. Die fünf Bände sind ein Grundlagenwerk, in dem Laplace die Arbeit von Isaac Newton und seine Erklärung der Schwerkraft weiterschreibt und die Bewegungen der (Himmels-)Körper, von Erde und Mond, aber auch der Ozeane beschreibt und die physikalischen Grundkräfte erklärt. Als Mary Somerville und ihr zweiter Ehemann zu einer Europareise aufbrechen, ist die Mathematikerin dort bereits bekannt und gilt als Koryphäe. Die Wissenschaftler sehen sie durch Laplaces Wertschätzung als eine der Ihren an. In Europa stehen Mary Somerville deshalb alle Türen offen – sie ist zu Diners und Empfängen eingeladen. Über die Schweiz reisen die Somervilles nach Italien, bis nach Neapel.

Als sie wieder in London sind, bekommt William Somerville eine Stelle im Krankenhaus in Chelsea. Zuerst bleiben sie in London am Hanover Square wohnen, doch lange können sie sich das nicht mehr leisten. Nur während der Saison nehmen sie sich noch eine Mietwohnung in der Stadt, Mary Somerville will nicht den gesellschaftlichen Anschluss verlieren. Aber auch das ist finanziell bald nicht mehr möglich.

Im Jahr 1826 bekommt Mary Somerville ein Angebot, das ihr Leben verändert. Sie soll die *«Mécanique Céleste»* ins Englische übersetzen. Das Angebot kommt von Henry Brougham, der der *Society for the Diffusion of Useful Knowledge* vorsteht. Sein Brief geht natürlich an Marys Mann, der offiziell entscheidet, was seine Frau tut oder nicht. Mary nimmt den Auftrag an, aber unter der Bedingung, dass niemand davon erfährt, bis sie fertig und sicher ist, dass es gut genug ist. Die nächsten vier Jahre wird sie daran arbeiten. Das Ziel: Auch Menschen, die nicht Mary Somerville heißen, sollen Laplaces Bücher verstehen können. Als Somerville bei der Arbeit ist, wird sie auf eine andere Übersetzung des Buches aufmerksam gemacht, das gerade erschienen ist. Sie reagiert gelassen, ihr Ansatz ist ein ganz anderer, sie will mehr als nur übersetzen. Vielmehr erklärt sie Laplaces Theorien. Vereinfacht die Sprache, fügt Anmerkungen und Grafiken hinzu und schreibt eine lange Einleitung, die den Leser mit Grundkenntnissen versorgt, die er zum Verständnis des Buches braucht. Dieses Vorwort wird später separat noch einmal als eigenes Buch veröffentlicht. Der Umfang von Somervilles Laplace-Übersetzung wird durch ihre Arbeit so groß, dass sie nicht mehr in die Schriftenreihe passt, für die sie eigentlich angedacht war. Ein anderer Verleger gibt sie heraus, und *«Mechanism of the Heavens»* erscheint im Jahr 1831. Es wird gleich darauf zu einem Standardlehrbuch für höhere Mathematik in Cambridge und macht Mary Somerville international bekannt.

Mary Somerville wird mehr für Ada als eine Lehrerin. Das liegt wahrscheinlich auch daran, dass sie die Erfahrung teilen, als Frau einen Weg in die Wissenschaft zu suchen.

Ähnlich wie Ada ist auch Mary Somerville die meiste Zeit alleine aufgewachsen. Allerdings nicht auf einem Landhaus, sondern in einem schlichten Haus im schottischen Burntisland – einer kleinen Stadt an der nördlichen Küste Schottlands. Und anders als in Adas Kindheit kümmert sich niemand wirklich um sie. Sie hat viele Freiheiten und kann den Tag damit verbringen, durch die Felder rund um das Haus zu streifen. Sie sammelt Pflanzen und Insekten und trocknet sie. Eine Gewohnheit, die sie ihr ganzes Leben nicht aufgeben wird.

Ihre Eltern haben nicht viel Geld. Ihr Vater ist Lieutenant bei der Armee und ist auf See, als Mary zur Welt kommt. Ihre Mutter scheint nicht viel Zeit in die Erziehung des Mädchens gesteckt zu haben, zumindest kann Mary mit neun Jahren, als ihr Vater zurückkommt, weder lesen noch schreiben.

Der ist schockiert, dass seine Tochter eine *«savage»*, eine «Wilde», ist, und schickt sie für ein Jahr auf ein Internat – die einzige formale Schulbildung, die Mary Somerville jemals erhalten wird. Ihre Eltern befinden das für ihre Tochter als ausreichend, aber Mary hört danach einfach nicht mehr auf zu lernen. Nur ihre Brüder haben Hauslehrer, denen sie aber ständig in den Ohren liegt, ihr Dinge zu erklären, und manchmal versteckt sie sich im Studierzimmer und hört dem Unterricht zu. Sie beginnt, Latein und Altgriechisch zu lernen. Sie sucht sich informelle Wege (meistens über Männer), die ihren Wissensdurst stillen können.

Für Ada wird Mary Somerville nicht nur ein weiterer Türöffner, die für sie das Tor zu Partys und Treffen intellektueller Zirkel aufstößt und sie auch als Anstandsdame dorthin begleitet. Sondern wie schon beim Kennenlernen mit Babbage schafft es Ada auch, diesen weiteren Strohhalm, den ihr die große Welt der Wissenschaft entgegenstreckt, zu greifen und für sich zu nutzen. Und: Somerville wird für Ada eine Mutterfigur. Im Austausch mit ihr findet Ada die Wärme, die ihr ansonsten fehlt. Diese gegenseitige Zuneigung spricht auch aus den Briefen, die sie einander schreiben:

> Meine liebe Mrs. Somerville [...] In ein paar Wochen sollte ich wieder ziemlich stark sein (vor allem, wenn ich viel von Ihnen zu sehen bekomme). Wenn ich schwach bin, bin ich immer so unglaublich verängstigt, von Gott weiß was, sodass ich aufgewühlt aussehe & so wirke, & so war es auch, als ich Sie das letzte Mal verließ. – Ich weiß nicht, wie ich Ihnen jemals genug für Ihre Liebenswürdigkeit zurückgeben oder danken kann; [...] Ich fühle, dass Sie eine wirklich wichtige Freundin sind, & das macht mich sehr glücklich, das versichere ich Ihnen.[10]

Es spricht vieles dafür, dass es für Frauen in Großbritannien, die auf eigene Faust wissenschaftlich arbeiteten oder sich mit der Hilfe privater Tutoren weiterbildeten, einfacher war, in der wissenschaftlichen Community Anerkennung zu finden, als anderswo in Europa. Die Wissenschaftstradition war nicht so sehr auf Universitäten und die damit verbundenen Abschlüsse festgelegt. Die Bildung von «Autodidakten» konnte mit jener von Gelehrten mit akademischen Graden durchaus mithalten und fand dementsprechend auch in akademischen Kreisen Anerkennung. Dass es in anderen Ländern nicht so war, zeigt sich insbesondere am Beispiel von Deutschland, wo nach den Bildungsreformen durch Wilhelm von Humboldt das humanistische Gymnasium eingeführt wurde. Ein gymnasialer Abschluss wurde zur Voraussetzung, um die Universität zu besuchen. Ziel dieser Reformen war es, die Lehre durch eine Hierarchisierung der Abschlüsse zu professionalisieren. Faktisch führte das aber zu Hindernissen, die die Bildung von Frauen für die nächsten hundert Jahre fast unmöglich machten, da sie an Universitäten und in den akademischen Bildungsinstitutionen nicht zugelassen waren.

Das zog auch nach sich, dass die wissenschaftliche Arbeit von Frauen in Deutschland eher infrage gestellt und geringer geschätzt wurde. In der deutschen Übersetzung von Somervilles Werk aus dem Jahr 1850 findet sich im Vorwort eine Passage, in welcher der Übersetzer versucht, diese Vorurteile im Keim zu ersticken:

> Wir können nicht umhin, einige Bemerkungen über das Werk von Lady Somerville zu machen, um so mehr, als es einiges Bedenken erregen könnte, einen so rein wissenschaftlichen Gegenstand, wie die physikalische Geographie ist, von einer Frau bearbeitet zu sehen; [...] Wer aber wie wir die von englischen Damen herrührende wissenschaftliche Literatur liest, wird sehr bald von diesem Vorurteil zurückkommen.[11]

Vielleicht liegt es auch am offeneren System in Großbritannien, dass es für Mary Somerville zu dem folgenden Widerspruch kommt: Im Jahr 1835 wird die Mathematikerin für *«Mechanism of the Heavens»* als eine der beiden ersten Frauen überhaupt – die andere ist die Astronomin Caroline Herschel – in die *Royal Astronomical Society* aufgenommen. Abgesehen von Queen Victoria wird Frauen die Aufnahme eigentlich verwehrt. Erst ab 1945, über hundert Jahre später, werden Frauen regulär als vollwertige Mitglieder zugelassen. Trotzdem wird, just als Ada und Somerville einander kennenlernen, eine Büste von der Mathematikerin angefertigt und diese wenig später in der Eingangshalle der Royal Society enthüllt. Heute würde man sie ein Token nennen, das den Männern, die dort ein und aus gehen, ein besseres Gefühl geben soll; niemand ist hier sexistisch! Die Mathematikerin selbst kann allerdings nicht an ihrer Büste vorbeilaufen, ihr bleibt der Eintritt verboten.

Wie hat Mary Somerville es geschafft, trotz dieser sexistischen, patriarchalen Strukturen zu einer der erfolgreichsten Mathematiker Großbritanniens zu werden? So viele Parallelen es auch geben mag, anders als Ada konnte sie nicht auf die schier unerschöpflichen Mittel einer Adeligen zugreifen. Sie hatte keine eigenen Privatlehrer und keine Mutter, die sie förderte und forderte.

Neben ihrem ungeheuren Talent gehört zu den Gründen vermutlich, dass Mary Somerville unauffällig geblieben ist.

Als Mädchen lernt sie Tanzen und Nähen, Sticken und Malen an der *Naysmith Academy.* Dort bekommt sie mit, wie ein Lehrer einem männlichen Schüler *«Elements of Geometry»* von Euklid für die Berechnungen der Perspektiven und Proportionen beim Malen empfiehlt. Aber in einen Buchladen zu gehen, gehört sich für junge Frauen nicht, und sie weiß, wie ihre Eltern reagieren würden, wenn sie es herausfänden. Sie bringt den Hauslehrer ihres jüngsten Bruders dazu, ihr das Buch zu besorgen, den sie einmal dadurch beeindrucken konnte, dass sie mit der Lösung auf eine Frage herausplatzte, die ihr Bruder nicht beantworten konnte. Seitdem hilft ihr Mr. Gaw manchmal. Aber ihre Mutter wird wütend, als sie herausfindet, welche Bücher Mary liest, verbietet es ihr und weist die Bediensteten an, ihr die Kerzen wegzunehmen, damit sie nicht mehr bei Nacht lernen kann. Allerdings hat Mary da die ersten sechs Bücher von Euklid durchgearbeitet und lernt einfach im Kopf weiter. «Ich war auf mein Gedächtnis angewiesen, das ich trainierte, indem ich mit dem ersten Buch anfing und es so lange verinnerlichte, bis ich es in

Gänze aufsagen konnte», so soll sie es später ihren Töchtern erzählt haben.

> Mein Vater kam für ein paar Tage nach Hause, und als er herausfand, was ich vorhatte, sagte er zu meiner Mutter: «Peg, wir müssen dem einen Riegel vorschieben, sonst sitzt Mary hier in ein paar Tagen in einer Zwangsjacke.»[12]

Trotz alledem lehnt Mary auch die «weiblichen» Fähigkeiten, die sie erlernt, nicht ab. Sie liebt Tanzen und Klavierspielen ebenso wie die Mathematik. Es ist für sie kein Widerspruch, und deshalb rebelliert sie nicht und gerät nicht zwischen die Fronten, sondern versucht, alles miteinander zu vereinbaren.

Auch im Laufe ihrer Karriere eckte Somerville gesellschaftlich nie an, außer damit, dass sie sich so gut mit Mathematik auskannte. Alle mochten sie. Eine Freundin beschreibt sie wie folgt:

> Mrs. Somerville ist klein, von zierlicher Statur, hellblondes Haar, rosige Haut, graue, intelligente, strahlende Augen, äußerst angenehme Gesichtszüge, bemerkenswert sanfte Stimme, starker, aber kultivierter schottischer Akzent, schüchtern, nicht disqualifizierend schüchtern, aber von Natur aus bescheiden, wenngleich von einer gewissen Souveränität, die sie davor bewahrt, auch nur im geringsten Maße unbeholfen zu wirken, die ihren Verstand unterstreicht, wiewohl sie ihr einen einnehmenden Charme verleiht und alle Berührungsängste mit ihrer überlegenen wissenschaftlichen Bildung ausräumt.[13]

Ein Biograf definiert es so: «Die Fähigkeit, auf dem schmalen Grat zwischen der Ablehnung und der Akzeptanz weiblicher

Normen zu wandeln, war einer der Schlüssel zu ihrem Erfolg.»[14]

Ihr wissenschaftliches Arbeiten wurde toleriert, und ihr Intellekt brachte ihr Anerkennung ein, weil sie die Wissenschaft «nebenbei» betrieb, und sie weiterhin ihre Pflichten als Ehefrau und Mutter erfüllte. Mary Somerville selbst schrieb ihren Töchtern später viele Briefe, in denen sie ihr Leben mit biografischem Anspruch festhielt. Sie beschreibt darin, wie sie ihren Alltag organisierte, um alles unter einen Hut zu bekommen.

> Ich stand früh auf und traf Vorbereitungen, die meine Kinder und meine Familie betrafen, sodass ich danach Zeit hatte, zu arbeiten; nicht, allerdings, ohne zahlreiche Unterbrechungen. Ein Mann kann stets unter dem Vorwand von Geschäften über seine Zeit verfügen; einer Frau lässt man so etwas nicht durchgehen. In Chelsea wurde von mir erwartet, fortwährend zu Hause zu sein, sollten Freunde oder Bekannte mich zu sehen wünschen; es wäre unhöflich gewesen, sie nicht zu empfangen. Dennoch war ich zuweilen verärgert, wenn inmitten der Beschäftigung mit einem komplexen Problem jemand hereinkam und sagte: «Ich bin hergekommen, um ein paar Stunden Zeit mit dir zu verbringen.»[15]

Die Mathematikerin führte quasi ein Doppelleben. Ein deutscher Freund, Alfred von Reumont, schreibt über sie:

> Die Frau, die sich einen großen Theil des Tages hindurch mit den schwierigsten Problemen beschäftigte und mit ihrem geistigen Blick das Weltall umfaßte, war in der Gesellschaft höchst bescheiden in Erscheinung und Unterhaltung, eingehend in die großen und kleinen Tages- und

Familieninteressen, ohne je auf ihre Arbeiten oder Studien hinzudeuten.[16]

Mary Somerville hat schon als Mädchen gelernt, dass es versteckte Seitenwege gibt, die man beschreiten kann, dass es Verbote gibt, die man dehnen kann, dass man effektiver und schneller ans Ziel gelangt, wenn man nicht den Konflikt sucht, sondern sich an die Wohlgesinnten hält, die einer Frau Türen öffnen, und diese Koalitionen nicht an die große Glocke hängt. Wenn man unter dem Radar des Patriarchats fliegt, indem man weiterhin auch die Rolle spielt, die es Frauen zugewiesen hat. Diese Strategie, der viele Frauen noch heute folgen, macht sie sich zu eigen: Sie entscheidet, alles zu schaffen: Kind und Karriere! Aber diese Strategie hat natürlich auch ihren Preis: Die Kerze brennt von beiden Seiten ab. Schon Mary Somerville ist Mutter und Hausfrau, und sie arbeitet gleichzeitig Vollzeit in einem Beruf, der an sich schon genug wäre, um das Leben eines Menschen (Mannes) auszufüllen.

Wie hoch die tatsächliche Arbeitsbelastung ist, hängt bei dieser Strategie stark von den sozioökonomischen Bedingungen ab. Je nachdem, wie privilegiert die Position ist, aus der diese Lebensrealität entsteht, kostet sie mehr oder weniger Kraft. Für eine Frau aus der Mittelklasse, die sich nur wenig Hilfe durch Babysitter und Putzkräfte leisten kann, wird es schwieriger sein, als für eine Frau aus der Oberschicht. Aber jemand, der gar keine Hilfe in Anspruch nehmen kann, mit einem oder sogar mehreren schlecht bezahlten Jobs jonglieren muss, der wird selten die Kraft haben, sich nachts über mathematische Probleme zu beugen.

Mary Somerville bewegte sich irgendwo dazwischen. Legen wir die Schablone von Virginia Woolf an das Leben der Mathematikerin an, der zufolge Kunst – auch Mathematik –

erst unter der Bedingung wirtschaftlicher Unabhängigkeit und einem Raum für sich allein entstehen kann, wird das für Mary Somerville «gerade so» möglich.

Das Arztgehalt ihres Mannes reichte nur knapp, um die Familie durchzubringen, und sie mussten sich finanziell immer ein wenig einschränken, aber Mary Somerville musste nicht selbst für ihr Auskommen sorgen. Die finanziellen Voraussetzungen waren also gegeben, allerdings erst in ihrer zweiten Ehe, die sie ihrer wissenschaftlichen Karriere unterordnete. Ihr erster Mann, Samuel Greig, ein Offizier der russischen Marine, hatte in ihr nur die Mutter seiner beiden Söhne gesehen. Dass sie sich für Mathematik interessierte, interessierte ihn nicht. Aber dann starb er unerwartet, nach drei Jahren Ehe.

Als Witwe, die ihren Dienst an der Gesellschaft abgeleistet hat, hat Mary mit 27 Jahren plötzlich viel mehr Freiheiten. Ein populäres Mathematik-Magazin schreibt für die Lösung eines Problems einer diophantischen Gleichung einen Preis aus, und Mary gewinnt die Silbermedaille für den Aufsatz, den sie einreicht. Dem Redakteur, der ihren Text betreut, erzählt sie davon, wie sie sich selbst alles beigebracht hat, was sie über Mathematik weiß. Er stellt ihr daraufhin eine Liste mit den wichtigsten Büchern zusammen, die sie lesen soll. Und weil sie zum ersten Mal finanziell unabhängig ist, kann sie sich diese auch endlich selbst kaufen. «Ich hatte nun die Mittel und ging meinen Studien mit großem Eifer nach», erzählte sie später.

> Weder war Verheimlichen länger möglich, noch wurde der Versuch unternommen. Man hielt mich für exzentrisch und töricht, und mein Verhalten wurde aufs Schärfste missbilligt, insbesondere von einigen Mitgliedern meiner eigenen Familie. Sie erwarteten von mir, dass ich sie bei Laune hielt

> und ein fröhliches Haus führte, und was das betraf, wurden sie enttäuscht. Da ich recht unabhängig war, prallte ihre Kritik an mir ab. Den Großteil des Tages war ich mit meinen Kindern beschäftigt; am Abend arbeitete ich.[17]

Sie heiratet noch einmal einen Cousin, William Somerville, auch er ist verwitwet und Militärarzt. Aber bei ihm ist sie sicher, dass er sie bei ihrer Arbeit unterstützen wird. Sein Vater, ihr Onkel, hatte, während sie als Mädchen gerade dabei war, sich Latein beizubringen, als Einziger nicht versucht, sie vom Lernen abzuhalten, sondern sie bestärkt und unterstützt. Und sie hat recht: Auch William hilft ihr, als sie anfängt, eigene Aufsätze zu schreiben, liest sie gegen und sucht Literatur für sie in Bibliotheken heraus.

Durch diese kluge zweite Heirat verschaffte sich Mary Somerville Raum für ihre Arbeit, auch wenn sie diesen immer wieder gegen Eingriffe von außen verteidigen und der Rolle als Hausfrau und Mutter dennoch gerecht werden musste.

Man kann die Geschichte von Mary Somerville als Erfolgsgeschichte erzählen. Nach ihrem Tod wird die *Morning Post* Mary Somerville «Queen of Science» nennen. Man kann aber auch herausstellen, was Somerville für eine große Mathematikerin hätte werden können, wenn es Frauen nicht verboten gewesen wäre, Wissen zu erwerben und aus der für sie vorgesehenen Rolle zu fallen. Es ist dieses verlorene Potenzial, das Lynn Osen in ihrem Porträt über Somerville betont:

> Die erdrückenden Vorurteile, mit denen sie konfrontiert war, forderten einen hohen Tribut, und sie wurde daran gehindert, ihr volles geistiges Potenzial auszuschöpfen, wie sie selbst bemerkte. Ihre Zeitgenossen bescheinigten ihr, dass es kaum einen Bereich in der mathematischen

> Forschung gab, den sie nicht beherrschte, und nur wenige übertrafen sie in ihrer Auffassungsgabe. Doch die notwendige strenge Ausbildung und wissenschaftliche Disziplin, die für eine innovative Arbeit unabdingbar sind, wurden ihr bedauerlicherweise versagt.[18]

Aber sie war ein Vorbild. Sie war ein Vorbild für Ada, die einen ähnlichen Weg einschlagen wird wie Mary Somerville. Sie wird die Rolle erfüllen, die die Gesellschaft für sie vorsieht, wie es ihre Mutter verlangt, und sie wird gleichzeitig oder trotzdem den modernen Computer vorausdenken. Für Ada waren viele der Startbedingungen günstiger als für Mary Somerville. Mittel und Zugang zur Bildung waren einfacher zu erhalten. Doch auch Ada musste für ihre Unabhängigkeit kämpfen und war immer auf der Suche nach inoffiziellen Zugängen zur Mathematik. Sie wird diesen Weg gleichzeitig erfolgreicher und weniger erfolgreich gehen als Mary Somerville. Wie das sein kann, werden wir noch sehen.

Die Geschichten von Ada und Mary Somerville sind Geschichten von Frauen, die ihren Weg mit oder gegen die herrschenden Beschränkungen für Frauen gegangen sind. Das haben Frauen zu allen Zeiten und in den meisten Kulturkreisen und Gesellschaften getan. Wir könnten bis in die Antike zurückspringen und landeten bei Hypatia von Alexandria. Die Mathematikerin und Philosophin war eine der wichtigsten Wissenschaftler ihrer Zeit und bildete viele Mathematiker aus. Trotzdem fehlte sie auf dem Gemälde «Die Schule von Athen» von Raffael, auf dem die vermeintlich wichtigsten (männlichen) Philosophen des Abendlandes dargestellt sind.

In der Renaissance bringt Italien besonders viele Wissenschaftlerinnen hervor, weil ihnen die akademischen Zirkel nicht verschlossen sind, und in Frankreich versteckt fast zur gleichen Zeit wie Mary Somerville die Mathematikerin Sophie Germain Kerzen vor ihren Eltern, damit sie nachts heimlich im Bett Mathematik lernen kann. Sie wird sich unter einem falschen Männernamen in die *École Polytechnique* einschreiben und dort studieren. Sie wird ein Problem der Zahlentheorie lösen und zur Elastizität von Materialien forschen. Ein Beitrag dazu, dass später der Eiffelturm gebaut werden kann. Auf der Liste der siebzig Gelehrten, deren Name in das Eisen des Turms eingraviert wurden, fehlt sie dennoch. So werden die Namen weiblicher Vorbilder, von denen andere Frauen lernen könnten, reihenweise vom Patriarchat geschluckt und verschwinden.

DIE BERUFUNG

I am never so happy as when I am really engaged in good earnest; & it makes me most wonderfully cheerful and merry at other times which is curious and very satisfactory.

— A. A. L.[1]

Für Lady Byron ist weiter Ziel Nummer eins, das Leben und den Charakter ihrer Tochter gesellschaftlich verträglich zu gestalten. Mit neunzehn Jahren kämpft Ada noch immer mit den Nachwirkungen der Masern. Ihr ist oft schwindelig, und sie hat Kopfschmerzen. Als im Frühling die Adeligen von ihren Landsitzen in ihre Stadthäuser zurückkehren und Adas zweite Londoner Saison beginnt, ist das vorrangige Ziel ihrer Mutter, einen geeigneten Ehemann für sie zu finden. Lady Byron hat genaue Vorstellungen: Blaues Blut ist nicht verhandelbar. Adas Ehemann soll unbedingt adelig sein – am besten ein alter, angesehener Titel, hundert Jahre mindestens.

Das mag sich hochgegriffen anhören, aber dann läuft es mit Adas Match unerwartet unkompliziert. Das hat vor allem mit einer Person zu tun: Woronzow Greig. Der Sohn von Mary Somerville greift immer wieder als gute Seele in Adas Leben ein. Er selbst beschreibt rückblickend, wie eng das

Verhältnis der beiden ist: «Später standen wir uns sehr nah; so wie es für Personen unterschiedlichen Geschlechts ehrenhaft möglich ist. Sie sprach sehr offen mit mir.»[2]

Adas Charakter beschreibt er in der kurzen Biografie, die er über sie verfasst und die wahrscheinlich ziemlich nah an die Wirklichkeit heranreicht:

> Sie war reserviert und schüchtern mit einem großen Stolz und nicht wenig Selbstbezogenheit, die sich über die Jahre entwickelte. Ihr Mut war bemerkenswert und die Bestimmtheit ihres Charakters sehr ausgeprägt.[3]

In ihren Briefen an Woronzow Greig wählt Ada oft eine rigorose und harte Sprache. Sie klingt wie eine kleine Schwester, die einen großen Bruder beeindrucken will. Greig wird in späteren Jahren ein enger Freund, ja, ein Vertrauter.

Es ist dieser Freund, der im Jahr 1835 einen Brief an William Lord King verfasst, mit dem er in Cambridge am Trinity College war. Er schreibt ihm, dass er überzeugt sei, Ada «würde gut als Ehefrau zu ihm passen».[4]

Lady Byron kann nichts gegen dieses Match sagen, denn William Lord King erfüllt alle Punkte auf ihrer Checkliste: Sein Titel wurde im Jahr 1725 vergeben – die hundert Jahre sind also gerade geschafft, und die Familie ist hoch angesehen, hat politischen und sozialen Einfluss und ist einwandfrei religiös. William ist damals dreißig Jahre alt, schön und reich.

Ihm gehören drei Anwesen: der Familiensitz in Ockham Park (William ist Lord King, Baron von Ockham), das Landhaus Ashley Combe in Somerset und ein Haus in London, das er vor zwei Jahren erworben hat – die Nummer 12 am St. James's Square unweit von Trafalgar, das er so bald wie möglich umbauen lassen will. Die alte Fassade soll einer neuen weichen – mit großzügiger Treppe zum Eingang im italienischen Stil.

Ein Treffen bei einem gemeinsamen Bekannten wird eingefädelt, der zum Ball in Warwickshire einlädt. William und Ada tanzen. Währenddessen unterhalten sie sich, und William erzählt ihr halb flüsternd von seinem Heimatort. Als das Musikstück endet, verbeugen sie sich, und es bleibt ihnen nichts anderes übrig, als sich anderen Gästen zuzuwenden. Aber später tanzen sie noch einmal, und William erzählt Ada von seiner Familie. Woronzow Greig scheint recht zu behalten, denn nach dem Wochenende schreibt Ada einen Brief an William:

> Heute Morgen stattete ich der Kirche in Hanwell einen Besuch ab, die ausreichend klein und ländlich & der Gesang außerdem so derb wie erbärmlich ist [...]. Ich hoffe, Sie erinnern sich daran, dass Sie mir während unserer Quadrillen alles über Ihre Kirche erzählt haben, denn das war einer der Gründe, warum Sie einen besonderen Eindruck auf mich gemacht haben. Wie viele junge Männer, denen man auf Bällen begegnet, würden wohl so gefühlvoll über eine Dorfkirche sprechen, dachte ich bei mir, & ich bewunderte Sie deshalb ...[5]

Nachdem William einen Antrag gemacht hat, erhält Ada Briefe von den drei Furien und Mrs. King: Sie müsse dankbar sein, dass William sie noch nehme, nach dem, was mit ihrem Tutor vorgefallen sei. Lady Byron informiert William ein paar Wochen vor der Hochzeit über den Vorfall. Ada schreibt ihm einen Brief, in dem sie auf ihre «Schuld» anspielt.

> Welche Freude es ist, jemandem gegenüber so zu empfinden, wie ich es Dir gegenüber tue & zu spüren, dass es auf Gegenseitigkeit beruht! [...] Es gibt wohl kein vergleichbares weltliches Vergnügen, als vollkommenes Vertrauen &

> Glauben in einen anderen zu setzen, insbesondere wenn dieser andere der zukünftige Ehemann ist.
>
> Ich hoffe, mein lieber William, dass ich Dir eine liebevolle und gewissenhafte Ehefrau sein werde, & ich werde meine Pflichten Dir und Deiner Familie gegenüber in einer Weise erfüllen, um sie zur einzigen Gegenleistung zu machen, die ich Dir geben kann für alles, was ich Dir schulde, & ich bin mir sicher, dass Du mich nie ermahnen musst, die Erinnerung daran wach zu halten.[6]

Ada hält den Antrag vorerst geheim. Als Lord Byrons Tochter will sie nicht mit privaten Dingen in die Klatschpresse geraten. Nur Mary Somerville berichtet sie von den «News»: «Im Moment möchten wir alles so diskret wie möglich halten», schreibt sie am 21. Juni 1835. Woronzow erfährt von der Verlobung bei einem Mittagessen mit William. Als er sich danach mit Ada trifft und sie ihm immer noch nichts verraten will, zieht er sie mit ihren «Sommerplänen» auf. Ada ist sehr nervös und checkt jeden Morgen als Erstes die Zeitungen. Eine Woche später schreibt sie an William:

> Heute Morgen schreiben sie in der Morning Post & im Morning Herald über uns – nur eine kurze Notiz – nichts, worüber wir uns ärgern müssten. Ihre Majestäten übermittelten Mama ihre Glückwünsche. Der König sagt, dass er «sehr erfreut ist, da er nur Gutes über Lord King gehört hat».[7]

Schon im Juli 1835 heiraten die beiden. Für ihren Honeymoon geht es nach Somerset. Dort, in den Hügeln nahe der Küste, liegt versteckt das Anwesen Ashley Combe. Architektur ist Williams große Leidenschaft, und er hat den Stil des englischen Landhauses so verändert, dass es jetzt scheint, als kämen die beiden nicht in Südengland, sondern in einer Villa in der Toskana an. Die Dienstboten stehen in einer Reihe am Eingang und begrüßen das Paar. Ein neuer Abschnitt in Adas Leben beginnt.

Bereits im Oktober, als William und sie das erste Mal seit der Hochzeit voneinander getrennt sind und sie einander Liebesbriefe schicken, schreibt Ada darin auch über ihre erste Schwangerschaft. Sie sei ein *hatch bird*, ein brütender Vogel.

Überhaupt, Vogelnamen! Wie sich Ada schon als Mädchen die Taube nennt, wird sie bald auch von William *Bird* oder *Birdie* genannt. Manchmal auch lateinisch *avis*. Er ist ihre Krähe oder ihr Hahn – *crow* oder *cock*. Von Adas Mutter schreiben sie nur als *the hen*. Es ist wahrscheinlich die Zeit, in der Ada mit ihrer Mutter enger ist als je zuvor. Immer schwingt in den Briefen auch die Sorge um deren Gesundheit mit, die Lady Byron selbst anheizt, indem sie von allen Schmerzen und auch kleinen Wehwehchen erzählt, die genau analysiert und untersucht werden müssen. Mal tut ihr die Hand weh, mal ist sie überzeugt, dass ihre Leber nicht richtig funktioniert. Aber die Ärzte finden nichts. So steht die eigene Mutter für Ada immer kurz davor zu sterben, was zu einer ständigen Unruhe in ihrem Leben führt. Lady Byron scheint die Aufmerksamkeit, die die ständige Sorge ihrer Tochter ihr einbringt, auch ein bisschen dafür zu benutzen, ihre Tochter an sich zu binden. (Es ist fast ironisch, wenn man weiß, dass ihre Mutter sie überleben wird).

Zwischen alldem – den beiden Haushalten, die Ada führt, der Schwangerschaft, sie lernt Harfe spielen, die Porträtmalerin Margaret Carpenter fertigt ein großes Porträt von ihr an – lernt sie trotzdem unermüdlich Mathematik. Immer wieder schreibt sie Mary Somerville und löchert sie mit ihren Fragen. Auch Babbage schreibt sie regelmäßig. Ihre Briefe zeugen davon, dass sie einen sehr grafischen und haptischen Zugang zur Mathematik hat. Sie beinhalten häufig Zeichnungen und Illustrationen, und sie bittet Babbage und Somerville, ihr Modelle zu beschaffen.

Am 12. Mai 1836 wird ihr erster Sohn geboren und auf den Namen Byron getauft. Schon ein Jahr später, am 22. September, kommt ihre Tochter Annabella zur Welt, am 2. Juli 1839 das dritte Kind – Ralph.

Mitten hinein in die Zeit Adas früher Mutterschaft fällt die Krönung von Queen Victoria im Jahr 1838. Für Großbritannien bedeutet das den Anbruch der Viktorianischen Ära, und für William und Ada bedeutet es einen gesellschaftlichen Aufstieg. William wird vom Baron von Ockham zum Viscount. Außerdem erhalten sie einen freien Grafentitel aus der Familie von Lady Byron zugesprochen – Lovelace. Von diesem Zeitpunkt an unterschreibt Ada alle Briefe mit ihrem eigenen Familiennamen – Ada Lovelace.*

Die Ehe von Queen Victoria und Prince Albert wird in Großbritannien in den nächsten Jahrzehnten zum romantischen Ideal und zur Blaupause eines glücklichen Ehelebens. Während Politiker Bedenken hatten, wie die Bevölkerung das Match der englischen Königin mit einem deutschen Prinzen aufnehmen würde, wird es nicht nur die unbeliebte Monarchie retten, sondern auch grundlegend die Art verändern, wie Hochzeiten gefeiert und Partnerschaften geschlossen werden. Die Verbindung von Victoria und Albert gilt als Lovematch, und ihre Ehe, aus der neun Kinder hervorgehen, ebenso wie sie zusammen und gleichberechtigt das Land regieren, macht sie zu einem Ideal für den Rest der Bevölkerung.

* Lady Byron wird den Namen ihres Ehemannes übrigens nie ablegen – obwohl sie zwischenzeitlich auch den Titel ihres Onkels geerbt hat und Baronin von Wentworth geworden ist, also einfach diesen Familiennamen hätte verwenden können.

Die Hochzeit der beiden ist ein öffentliches Event, an dem ganz London teilhat. Victoria trägt ein komplett weißes Brautkleid, und ihr Eintritt in die Kathedrale, der symbolische Eintritt in die Ehe, wird von Musik begleitet – Traditionen, die erst danach für Hochzeiten in Europa und den USA zum Standard werden. Nach und nach löst die Liebesheirat die rein ökonomischen Erwägungen bei der Eheschließung ab. Männer und Frauen wünschen sich eine Partnerschaft, in der das Zuhause für den Mann auch ein Refugium sein soll, in das er sich nach den Anstrengungen des Arbeitslebens zurückziehen kann.

Für Frauen ist diese Entwicklung ein zweischneidiges Schwert. Zum einen können sie höhere Ansprüche an ihren Ehemann stellen und haben ein größeres Mitspracherecht bei der Wahl des Partners, auch Scheidungen werden für Frauen einfacher, da das «Funktionieren» einer Beziehung und das persönliche Wohlbefinden zunehmend höher geschätzt werden. Zum anderen verfestigen sich die Sphären, in denen Männer und Frauen agieren. Die Familie und das Private sind die Bereiche, in denen Frauen in einem vorgegebenen Rahmen die Gestaltungsmacht haben. Ihre Aufgabe besteht vor allem darin, sich um andere zu kümmern, um den Ehemann, die Kinder, um die sozialen Beziehungen. Eigene Ambitionen, die über die Pflege der Familie hinausgehen, sind in diesem Konstrukt nicht vorgesehen. Aus der Sphäre des Mannes, der Öffentlichkeit, der Politik und der Wirtschaft können Frauen so zunächst effektiver ausgeschlossen werden, und auf den ersten Blick scheint es, dass Ada und William dem viktorianischen Familienideal komplett entsprachen. Während sich William als Großgrundbesitzer meistens um seine Ländereien, die Anliegen seiner Pächter und das Eintreiben der Mieten kümmert und auf seinen Landsitzen weilt, wohnt Ada die meiste Zeit des

Jahres mitten in London am St. James's Square und ist als Baronin Lovelace Teil des aristokratischen Lebens; neben den drei Haushalten, die sie organisiert, und ihren Kindern, mit denen sie jeden Tag einige Stunden verbringt, geht sie in die Oper, besucht Ausstellungen und schaut sich die neuesten technischen Erfindungen an – wie zum Beispiel den Telegrafen. An ihren Ehemann, mit dem sie eine Art Fernbeziehung führt, schreibt Ada zärtliche Briefe – manchmal in der dritten Person:

> Sie denkt oft an dich & wie wenig sie deine Zärtlichkeit verdient hat. Wirst du sie verzehren, wenn du sie wiedersiehst? Sie möchte dir um den Hals fallen & sich fest an dich schmiegen.[8]

Und doch scheint sich Ada bei den sozialen Events nie so ganz dazugehörig gefühlt zu haben. Ihre Briefe drehen sich oft um dieses Thema. In einem Brief an ihre Mutter berichtet sie über einen abendlichen Ball. Sie beginnt mit einer Skizze von ihrer Frisur: ein schmales Diadem, die Haare locker aufgedreht, an den Seiten ein paar kleine Löckchen, die herausfallen. Dann aber beschreibt sie den Abend, und es zeigt sich, wie unsicher sie sich in solcher Gesellschaft wohl meistens gefühlt hat.

> Der Ball lief insgesamt sehr gut. Ich war ein wenig beunruhigt, als ich bemerkte, dass mich so viele Leute musterten & dann mit ihrer Begleitung sprachen, die dann ebenfalls herübersah. Ich konnte in ihren Gesichtern keinen spöttischen Ausdruck erkennen, ansonsten wäre ich versucht gewesen, anzunehmen, dass dies auf eine recht bemerkenswerte Gesichtsdeformation meinerseits zurückzuführen sein musste, da ich wirklich nicht davon ausgehen

> konnte, dass die Leute (viele von ihnen wussten sicher nicht, wer ich war) von mir Notiz nehmen würden, gab es doch so viele echte Schönheiten wie Lady Seymour und noch andere zu sehen.[9]

Mit 24 Jahren, Ada ist seit vier Jahren verheiratet, und vor vier Monaten ist ihr drittes Kind zur Welt gekommen, entscheidet sie, ihr Mathematikstudium wieder aufzunehmen. Zu ihrem Leidwesen ist Mary Somerville 1838 mit ihrem Mann nach Italien gezogen, weil das Klima besser für seine Gesundheit ist, und so wird Charles Babbage ihr wohl engster Freund. Sie bittet den Erfinder, ihr bei der Suche nach einem Lehrer zu helfen, und Babbage verspricht, Ausschau zu halten, hat aber keine zündende Idee.

Adas Kreativität schäumt über, und für den Moment findet sie ein Ventil, um sich mathematisch auszutoben. Sie versucht, Spiele wie Schach oder Backgammon in eine mathematische Sprache zu bringen. Sie hält die Strategie für ein Spiel in Form mathematischer Vorschriften fest, findet die mathematische oder logische Entsprechung für die Spielzüge und die Konsequenzen innerhalb der Möglichkeiten, die die Spielregeln dafür bieten. Ähnlich arbeiten Logiker oder auch Philosophen, die Argumentationen in mathematischer Sprache formalisieren – und so arbeiten natürlich auch Informatiker, die für alltägliche Probleme mathematische Entsprechungen finden und diese in Algorithmen verwandeln, damit eine App unser Smartphone in eine Wasserwaage verwandeln kann oder in ein Maßband.

Es dauert, aber im Jahr 1840 findet Ada endlich einen neuen Mathetutor. Besser gesagt, Lady Byron findet ihn für sie: Ihre enge Freundin Sophia Frend, die Tochter von Lady Byrons und Adas altem Mathetutor William Frend, hat Augustus De Morgan geheiratet. De Morgan ist Professor für Mathematik an der London University und gilt als einer der wichtigsten Logiker seiner Zeit. Der Beginn dieses Studiums ändert einiges, denn für die Mathematik stellt Ada ihre «Pflichten» als Ehefrau zurück und vernachlässigt die Erziehung ihrer Kinder. Zumindest wird es wenig später ihr Umfeld so sehen.

Mit De Morgan verabredet Ada eine Art Fernstudium: Sie liest und lernt selbstständig mit den Büchern, die er ihr vorschlägt, und er stellt ihr die passenden Aufgaben zusammen, damit sie ihr Wissen erproben und vertiefen kann. Das Material dazu entnimmt De Morgan zum großen Teil aus seinen eigenen Büchern und Aufsätzen, die er als Mathematikprofessor veröffentlicht. Wenn Ada von ihrem Countryhome in ihre Stadtwohnung in London kam, trafen sich die beiden auch zu gemeinsamen Unterrichtsstunden in St. James's Square oder bei den De Morgans in Bloomsbury.

Ada will gleich mit Differenzialrechnungen anfangen, aber in den ersten Briefen wird klar, dass sie Lücken in Algebra und Trigonometrie hat. Ihr Tutor schreibt: «Sicher verstehen Sie, dass die Differenzialrechnung von Zeit zu Zeit in den Hintergrund rücken muss, während Sie die Punkte in Algebra und Trigonometrie nachholen, die Sie bisher vernachlässigt haben.»[10] *

So lernt Ada zuerst das Koordinatensystem zu benutzen, stetige Funktionen und funktionale Gleichungen, Ungleichungen, Reihen, Logarithmus und Exponentialfunktion.

* 63 Briefe der mathematischen Korrespondenz zwischen De Morgan und Ada haben überlebt. Sie sind schlecht datiert – insbesondere Ada hat sich wenig Mühe gegeben, Tag und Jahr festzuhalten. Oft schreibt sie nur *«Monday afternoon»*, aber kein Datum und manchmal auch das falsche. Das ist relevant, weil insbesondere ihre erste Biografin Dorothy Stein infrage gestellt hat, ob Ada überhaupt in der Lage gewesen ist, ihre *«Notes»* alleine zu verfassen. Durch eine eindeutige Datierung lassen sich ihre Argumente, Ada hätte gar nicht die fachlichen Voraussetzungen dazu gehabt, entkräften.

Als Ada gerade mit ihren lang ersehnten Differenzialgleichungen angefangen hat und sich durch Bücher wie «*A Collection of Examples of the Application of the Differential and Integral Calculus*» arbeitet, ergibt sich für Babbage die Gelegenheit, seine neue Idee für die Analytische Maschine, an der er jetzt arbeitet, außerhalb von Großbritannien zu präsentieren. Im September wird er von dem italienischen Mathematiker Giovanni Plana zu einem Treffen italienischer Wissenschaftler nach Turin eingeladen.

> 1840 erhielt ich einen Brief von meinem Freund M. Plana, in dem er mich eindringlich bat, nach Turin zu kommen, wo damals ein Treffen italienischer Philosophen stattfand. M. Plana erklärte, er habe viele meiner Landsleute gespannt zu den Leistungen und der Funktionsweise der Analytischen Maschine befragt. Er bemerkte, dass sich ihm aus allen Informationen, die er zusammentragen konnte, der Fall wie folgt darstelle: «Bislang war die legislative Abteilung unserer Analyse allmächtig – die Exekutive war schwach. Ihre Maschine scheint uns die gleiche Kontrolle über die Exekutive zu ermöglichen, die wir bisher nur über die legislative Abteilung hatten.»
>
> Angesichts der äußerst begrenzten Informationen, über die meine Freunde zur Analytischen Maschine verfügen konnten, war ich gleichermaßen überrascht und erfreut über diese zutreffende Vorhersage ihrer Fähigkeiten.[11]

Mit «Exekutive» meint Plana die Möglichkeiten, die Macht der Zahlen auch anzuwenden und technisch nutzbar zu machen. Babbage ist von Planas Weitsicht so beeindruckt, dass er die Einladung annimmt, obwohl er die lange Reise scheut. Eine ähnliche Einladung im vergangenen Jahr hatte er mit der Begründung ausgeschlagen, er sei zu beschäftigt.

Im August packt Babbage also die Pläne für seine Maschine zusammen und reist über Frankreich nach Turin. Babbage wird zu diesem Zeitpunkt bereits klar gewesen sein, dass es schwierig werden würde, seine Maschine wirklich zu bauen. Nach den Erfahrungen mit der Differenzmaschine, die in kurzer Zeit so viel Geld verschlungen hatte und doch nie fertig wurde, ist ihm bewusst, dass eine in Umfang und Komplexität noch viel größere Maschine auf noch mehr Widerstände stoßen würde. Er hoffte zwar immer noch darauf, die englische Regierung davon zu überzeugen, die Entwicklung zu finanzieren, aber in Turin sah er die Möglichkeit, seiner Vision näher zu kommen, indem er sie mit anderen teilte, die verstehen würden, welche Umwälzungen eine Maschine wie die seine anstoßen könnte. Und er hoffte, dass einer der anwesenden Wissenschaftler einen längeren Aufsatz zur Maschine publizieren könnte. Giovanni Plana lehnte die Bitte zwar ab, er fühlte sich gesundheitlich nicht fit, schlug aber stattdessen einen jungen Ingenieur und Mathematiker als Autor vor.

Während Babbage in Italien den Kongress besucht, arbeitet sich Ada durch De Morgans *«Differential and Integral Calculus»*. Darin festgehalten sind die Konzepte von Differenzialgleichungen. Dabei geht es um Funktionen, die eine Veränderung im Verhältnis zwischen zwei Größen ausdrücken, zum Beispiel die Geschwindigkeit eines Objekts im Verhältnis zur Beschleunigung oder Hitzeentwicklung im Verlauf der Zeit. Schritt für Schritt schließt Ada die Lücken in ihrem Grundlagenwissen und wendet sich komplexen mathematischen Fragen zu. An Woronzow Greig schreibt Ada am 1. Februar 1841: «Ich komme mit meinen Studien bestens voran; aber das ist längst nicht alles ... ich betrachte sie jetzt, wenn ich das so sagen darf, als meine Berufung.»[12]

Eine solche Aussage ist für eine Frau keine Kleinigkeit und zeigt, an welchem Punkt Ada von dem Weg einer «normalen» viktorianischen Ehefrau abweicht. Einen «Beruf» zu wählen, der außerhalb ihrer Sphäre liegt, keine Erfüllung im Familienleben zu finden, das zu äußern, ist ein radikaler Schritt. Und er hat Folgen: Adas Mathematikstudium nahm immer mehr Zeit ein. Mit der Entscheidung, es trotzdem fortzuführen, setzte sie ihre Familie an zweite Stelle und eckte mit dieser Strategie immer wieder an. Vor allem die Frauen in ihrem Umfeld kritisieren sie: Sie kümmere sich nicht genug um ihre Kinder. Es mangele ihnen an Disziplin, schreibt zum Beispiel Lady Byron, die da bekanntermaßen hohe Ansprüche hatte. Obwohl Ada bei den Kindern Hilfe von Williams Schwester Hester hat, die eine von Adas Vertrauenspersonen ist, besteht Lady Byron darauf, dass Ada sich für die Kinder eine Gouvernante sucht, insbesondere weil Ada sie bald in Paris besuchen soll; mit Mrs. Barwell, die Lady Byron ihrer Tochter empfiehlt und die aus den Kindern wohlerzogene Musterkinder machen soll, gerät Ada dann allerdings häufiger aneinander. Bevor sie die Gouvernante einstellte, schrieb sie ihr, wie sie sich die Zusammenarbeit vorstellte:

> Meine liebe Mrs. Barwell,
>
> [...] Ich habe lange über mich und meine Qualitäten als Mutter oder Vormund von Kindern nachgedacht & bin zu einem eindeutigen Schluss gekommen: Als Organisatorin, Dirigentin, Aufsichtsperson bin ich hervorragend geeignet. Aber für die Details gilt: Je weniger ich gewöhnlich mit den Kindern zu tun habe, desto besser ist es für sie als auch für mich.[13]

Obwohl aus Adas Briefen über die Kinder hervorgeht, dass sie sich sehr für deren Entwicklung interessiert, sie schlägt einen spöttisch-liebevollen Ton an, wenn sie über ihre Kinder berichtet, will sie deren alltägliche Erziehung anderen überlassen. Sich selbst sieht sie eher als eine übergeordnete moralische Instanz, die ihren Kindern die großen Linien vorgibt. Das spricht auch für eine gewisse Distanz zu den Kindern, die sie damit zu einem abstrakten Problem macht, das es zu lösen und zu managen gilt. Es wird klar, dass ihre eigenen Vorhaben für sie mindestens genauso viel zählen wie die Entwicklung ihrer Kinder. Diese ist ihr zwar wichtig, sie gibt sie aber lieber an andere ab, da sie selbst andere Qualitäten hat. Die junge Mutter erlebt, dass sie immer besser wird in Mathematik, und bemerkt wahrscheinlich, dass sie sich viel mehr für die Lösung von Gleichungen interessiert als für die Frage, wann ihre Kinder schlafen gehen und ob sie ihrer Gouvernante Widerworte geben. Es sind zwei Welten, die aufeinanderprallen, und Ada muss versuchen, beide unter einen Hut zu bekommen, um nicht noch mehr Einmischung von den Frauen ihrer Familie zu riskieren. In einem langen Brief an ihren Vertrauten Woronzow Greig schimmert durch, dass sie daran glaubt, noch mehr aus ihrem Talent machen zu können. Diese Hoffnung und auf deren Erfüllung hinzuarbeiten, erfüllen Ada.

> Sie haben <u>Recht</u>: Ich <u>muss</u> etwas tun – etwas schreiben. Aber <u>nicht jetzt</u>. Es wäre jammerschade, wenn ich mich an etwas versuchen würde ... das dann <u>lange auf sich warten lässt</u>. Sie denken, ich besitze die Fähigkeiten; und Sie haben Recht. Aber ich kenne mich selbst zu gut; und ich weiß, dass, welche Fähigkeiten ich <u>jetzt</u> auch haben mag, ich sie mit 40 werde verzehnfacht haben, wenn ich die Maßnahmen ergreife, die ich ergreife. Deshalb lautet die Maxime: <u>Abwarten und arbeiten!</u>
>
> [...]
>
> Ich will Ihnen ein Geständnis machen, (denn Sie werden es nicht als eitle, hohle, selbstgefällige Prahlerei verste-

> hen): Ich habe den starken Verdacht, dass der Himmel mir die Erfüllung einer besonderen intellektuell-moralischen Mission zugedacht hat. [...] Eine solche potenzielle Mission werde ich (so gut ich eben kann) treu & ergeben ausführen, bis der letzte Pulsschlag mir das gegenwärtige Gesetz der Verbindung zwischen dem Spirituellen und dem Physischen verschließt ...
>
> [...]
>
> Nie war ich glücklicher, als ich es jetzt bin. Bis vor kurzem war ich nie glücklich, nicht einmal im gewöhnlichen, irdischen Sinne des Begriffs ... Was für einen langen Brief ich geschrieben habe! – Glauben Sie mir, Ihre sehr ergebene
>
> A. A. L.[14]

Wer schon einmal erlebt hat, wie es sich anfühlt, komplett in einer Tätigkeit aufzugehen und alles andere um sich herum zu vergessen, wird Adas Gefühl, und warum es sie so glücklich macht, sofort verstehen. Ebenfalls im Januar 1841 schickt sie einen vierzehnseitigen Brief an ihren Lehrer De Morgan. Er steckt voller Differenzialgleichungen, die sie gelöst hat. Sie schreibt:

> Es freut mich sehr, wie gut mir die Arbeit von der Hand geht & dass meine Konzentrationsfähigkeit & Leistungsbereitschaft zunehmen. Nie bin ich glücklicher, als wenn ich mich mit vollem Ernst einer Sache widme & bei Gelegenheit macht es mich wunderbar fröhlich und heiter, was merkwürdig und äußerst befriedigend ist.[15]

Und noch etwas sticht in den Briefen aus dieser Zeit hervor: Es scheint, dass Ada ihre «Mission» bereits klar mit Charles Babbage und der Analytischen Maschine verbindet. Immer wieder bietet sie ihrem Freund an, ihm bei seiner Arbeit zu helfen.

Mein lieber Babbage. Sollten Sie am Freitag mit dem Zug anreisen, werden wir nach der Kutsche schicken und Sie in Weybridge vom Zug abholen, der die Stadt um 16:00 Uhr verlässt & ein paar Minuten vor 17:00 Uhr in Weybridge eintrifft.

Bringen Sie warme Mäntel und Umhänge mit, da es wahrscheinlich eine offene Kutsche sein wird.

Wenn Sie Schlittschuh laufen, bringen Sie Schlittschuhe nach Ockham mit, das ist hier gerade der letzte Schrei & etwas, das ich mir angewöhnt habe.

Ich bin sehr auf ein Gespräch mit Ihnen aus. Ich gebe Ihnen einen Hinweis, worum es geht. Folgendes: Es könnte sein, dass Ihnen mein Kopf in Zukunft irgendwann (es könnte in 3 oder 4 Jahren so weit sein, oder erst in vielen Jahren) für einige Ihrer Zwecke & Pläne von Nutzen sein könnte. Wenn es so weit ist, falls ich jemals würdig oder fähig sein sollte, Ihnen von Nutzen zu sein, gehört mein Kopf ganz Ihnen. Das ist es, worüber ich mit Ihnen ganz ernst sprechen möchte. Sie waren mir immer ein lieber, wahrer Freund von unschätzbarem Wert, & und ich wünschte, ich könnte es Ihnen irgendwie vergelten, aber ich wage es kaum, mich derart zu erheben und auch nur ansatzweise zu hoffen, intellektuell jemals würdig zu sein, Ihnen zu dienen.

Ihre sehr ergebene
A. A. Lovelace

Sie müssen für ein paar Tage bleiben. Keine Widerrede.[16]

Babbage bleibt Adas Verbindung zur wissenschaftlichen Welt. Wahrscheinlich war ihr bewusst, dass sie es alleine nicht schaffen würde. Immer wieder wird Ada sich die Schultern suchen, auf denen sie stehen kann, sich Verbündete suchen, die ihr Zugang zu einer Welt verschaffen, von der sie ausgeschlossen werden soll. Für Ada ist Wissenschaft nicht nur Arbeit mit Fakten, sondern auch mit Kreativität. Fantasie und Mathematik sind für sie keine Widersprüche. In einem Essay aus dem Januar 1841 führt sie beides zusammen:

> Die Wissenschaft der Mathematik zeigt, was ist. Sie ist die Sprache der verborgenen Beziehungen zwischen den Dingen. Aber um diese Sprache zu nutzen und anzuwenden, müssen wir in der Lage sein, das Unsichtbare, das Unbewusste, vollständig zu erfassen, zu fühlen, zu begreifen. Auch die Vorstellungskraft zeigt, was ist, das Jetzt, das jenseits der Sinne liegt. Daher wird sie im Wesentlichen von den wahrhaft Wissenschaftlichen gepflegt – von jenen, die in die Welt, die uns umgibt, vordringen wollen![17]

Sie nähert sich der Mathematik weniger wie ein Mathematiker, sondern eher wie ein Künstler. Fantasie und Wissenschaft sieht sie nicht als Widersprüche. Sie verbindet diese exakte Arbeit der Zahlen und Fakten mit dem Schöpferischen eines Malers oder, wie sie an ihre Mutter schreibt, vielleicht auch, um die ein bisschen zu ärgern: «Zu gegebener Zeit werde ich ein Dichter sein.»[18]

Auch die Briefe an ihren Mathematiktutor drehen sich nicht nur um die Aufgaben, sondern auch um philosophische Ideen. Am 6. Februar 1841 schreibt Ada:

Lieber Mr. De Morgan ...

Sie wissen, dass sich mir stets so viele verschiedene metaphysische Fragen und Spekulationen aufdrängen, dass ich nie wirklich an den Punkt komme, sie zu verstehen. Denn so gut ich es auch verstehe, kann mein Verständnis doch nur einen winzigen Bruchteil der vielen Zusammenhänge und Beziehungen erfassen, die mir in den Sinn kommen und die ich verstehen möchte: Wie die fragliche Angelegenheit zuerst gedacht & erreicht wurde, usw., usw. An diesem wunderbaren Theorem bin ich besonders interessiert.

Ich versuche jedoch, meinen metaphysischen Kopf in Schach zu halten ...

Mit freundlichen Grüßen,

A. A. Lovelace[19]

An Woronzow Greig schreibt sie noch am gleichen Tag:

Und jetzt muss ich Ihnen berichten, was genau ich von meinen Gedanken und Fähigkeiten halte – das Ergebnis einer sehr gründlichen, monatelangen Studie meiner selbst in Vorbereitung meiner Zukunftspläne. Ich denke, ich bin im Besitz einer einzigartigen Kombination von Eigenschaften, die mich in besonderer Weise dazu befähigen, die verborgenen Wahrheiten der Natur zu entdecken.

[...]

Erstens: Aufgrund einer gewissen Besonderheit meines Nervensystems nehme ich einige Dinge anders wahr als andere Menschen, oder zumindest anders als die meisten, wenn nicht sogar als jeder. Diese Fähigkeit ist gleich einem singulären Instinkt in mir angelegt, man könnte sagen gleich einer intuitiven Wahrnehmung von Dingen, die im Verborgenen liegen – ich meine damit Dinge, die den Augen, Ohren & den gewöhnlichen Sinnen verborgen bleiben … Das allein würde mir in der Forschung nicht besonders nützen, aber da ist

Zweitens: meine ausgeprägte Fähigkeit, logische Schlüsse zu ziehen,

Drittens: meine Konzentrationsfähigkeit, damit meine ich nicht nur die Fähigkeit, meine gesamte Energie und Existenz auf was immer ich will zu richten, sondern auch einen riesigen Apparat scheinbar irrelevanter & unzusammenhängender Quellen darauf anzuwenden. Ich bin in der Lage, Strahlen aus jedem Winkel des Universums in einem enormen Fokus zu bündeln.

Diese drei Fähigkeiten (Ich kann der Versuchung nicht widerstehen, sie meine forschende oder wissenschaftliche Dreifaltigkeit zu nennen.) sind ein gewaltiger Apparat, der mir von der Vorsehung gegeben wurde, & es liegt bei mir, aus der Maschine im Ablauf der nächsten 20 Jahre das zu machen, was ich will.[20]

Diese Briefe von Ada, in denen sie in den höchsten Tönen von sich redet, mögen auf den ersten Blick größenwahnsinnig und vielleicht auch ein bisschen arrogant wirken. Es kommt selten gut an, wenn Frauen so von sich überzeugt sind, und so verwendet Adas erste Biografin Dorothy Stein diese Briefe denn auch ständig gegen Ada und macht sich über den Glauben in ihre Fähigkeiten lustig. Aber in Wirklichkeit sind diese Briefe eine Rebellion gegen die Verhältnisse. Denn es sind genau diese Gedanken, die Lady Byron Ada immer austreiben wollte. Die sie als gefährlich angesehen hat, weil sie sich für eine Frau nicht gehören. In denen ein disruptives Potenzial liegt, wenn Ada sie bis in die letzte Konsequenz weiterverfolgt hätte, was sie nicht tut. Die Mathematik ist ihr Ventil, durch sie lenkt sie ihren beweglichen, immer aktiven Geist in eine Bahn. Und dennoch: Ihre Erfolge, die Erfahrung, dass sie die Mathematik verstehen und fortkommen, ja, sie zur Anwendung bringen kann, dass sie sich geistig raumgreifend bewegen kann, müssen für Ada, deren Leben ansonsten in engen, vorgegebenen Bahnen verlief, berauschend gewesen sein. Ihre Ambitionen sind überschäumend:

> Mein Ehrgeiz, & ich kann nicht mit Sicherheit von mir behaupten, dass ich in der Lage wäre, meinen Ehrgeiz abzulegen, muss von einem anderen Stern sein. Abgesehen davon bin ich der Ansicht, dass Größe auf höchstem Niveau, hier erst nach dem Tod eines bedeutenden Mannes (oder einer Frau) vollumfänglich anerkannt wird. Mein Ehrgeiz sollte also eher darin bestehen, großartig zu sein, statt nur dafür gehalten zu werden.[21]

Für Frauen im 19. Jahrhundert stellen Ambitionen ein interessantes Problem dar, das viel mit dem Bild des männlichen Genies zu tun hat und der sexuellen Konnotation, die der Akt des Erschaffens mit diesem Begriff bekommen hat. Ein Genie ist jemand, der in einer Leidenschaft für sein Vorhaben alle Konventionen über Bord wirft, sich ganz seiner Kunst oder Wissenschaft hingibt. Genau das ist es, was Lady Byron Ada ein Leben lang austreiben will. Es ist deshalb wenig verwunderlich, dass Ada fortfährt:

> So, nun habe ich wohl einen Brief geschrieben, den die meisten Menschen als außergewöhnlich verrückt bezeichnen würden, & doch ist es einer der logischsten, nüchternsten, kühlsten Texte, die ich je verfasst habe (glaube ich zumindest), er ist das Ergebnis langer, genauer, faktenbasierter Überlegungen und Erforschungen.[22]

Ada ist sich bewusst, dass die meisten Leute sie wegen ihrer Ambitionen für verrückt halten würden. Auch die Schriftstellerin George Eliot* (aka Mary Ann Evans), die vier Jahre jünger war als Ada, litt unter den eigenen Ambitionen. In ihren Briefen bezeichnet sie diese als ihre größte «Sünde». Ehrgeiz gilt bei Frauen als Charakterschwäche, ähnlich wie sexuelles Verlangen ist es etwas Unanständiges. Ambitionen bringen Frauen ständig in Gefahr, sich lächerlich zu machen oder, die schlimmere soziale Konsequenz, weniger begehrenswert für einen Mann. Politisch gesehen, haben sie das Potenzial, die bestehende Ordnung und die für Männer und Frauen vorgesehenen Rollen zu sprengen.

Mein Lieber Mr. Babbage,

am Donnerstag ziehen wir wieder in die Stadt; & und ich hoffe, Sie so bald wie möglich danach zu sehen – je früher, desto besser.

Bitte denken Sie daran, dass ein Uhr die beste Zeit für einen Besuch ist.

Ich denke, ich werde den Sonntagabend vielleicht mit Mr. & Mrs. De Morgan verbringen, aber das steht noch nicht ganz fest, und sollte es nicht dazu kommen, würden Sie vorbeischauen & den Abend am St. James's Sqre. verbringen? Sie sehen, ich bin entschlossen, den Sabbat mathematisch zu begehen – so oder so.

Ich habe intensiv gearbeitet, seit wir uns zuletzt gesehen haben, & so erfolgreich wie eh und je. Ich widme mich jetzt aufmerksam der Methode der finiten Differenzen … Daran habe ich ein besonderes Interesse, weil ich weiß, dass sie

* Eliot ist das Pseudonym, das sich Mary Ann Evans zulegte und unter dem sie ihre Bücher veröffentlichte. *«Middlemarch»* ist heute ein Klassiker der englischen Literatur und Eliot noch immer unter ihrem *pen name* bekannter als unter ihrem richtigen Namen.

einen direkten Bezug zu einigen Ihrer Tätigkeitsfelder hat. Alles in allem komme ich gut voran

[...]

Ich glaube, ich bin entschlossener denn je, was meine Pläne angeht, und ich habe entschieden, dass sie durch nichts behindert werden dürfen. Ich beabsichtige, in der Stadt Vorkehrungen zu treffen, die mir (mit nur wenigen Ausnahmen) täglich ein paar Stunden Zeit für mein Studium verschaffen.

Oft denke ich über unsere potenzielle (Ich glaube, ich darf sagen, wahrscheinliche) zukünftige Verbindung nach: eine Vorfreude, mit der ich mich nur allzu gerne immer häufiger aufhalte. Ich denke, dass dies für uns beide von großem Nutzen sein kann, und ich vermute, dass dieser Gedanke (den ich übrigens schon lange in einer vagen und unausgereiften Form hege) eine dieser glücklichen Eingebungen war, die einem manchmal so unerklärlich und zum Glück in den Sinn kommen. Meines Erachtens nach. Die Ergebnisse mögen es schließlich zeigen.

Glauben Sie mir.

Ihre sehr ergebene

Ada Lovelace[23]

Im Sommer 1841 lernt Ada Integration, Differenzialgleichungen und auch ein bisschen Mechanik. Im Herbst ist sie bei abstrakter Algebra angekommen und liest De Morgans Paper über *«Negative and Impossible Quantities»*, der die Hinleitung zum Aufsatz *«Operation»* ist. Im gleichen Buch, der *«Penny Cyclopædia»*, gibt es auch einen Text über die *«Numbers of Bernoulli»* – die Bernoulli-Zahlen. Es dürfte das erste Mal sein, dass Ada von dieser Zahlenreihe hört, die später ihr Hauptwerk bestimmen wird.

In Briefen aus jener Zeit erwähnt Ada auch, dass sie mit

Laudanum behandelt wird – einem Derivat aus Opium, das Ärzte im 19. Jahrhundert zur Behandlung vieler verschiedener Krankheiten einsetzen. Womit sie zu kämpfen hat, ist nicht klar. Kurz nach der Geburt ihrer Tochter Annabella, im Jahr 1837, war sie an der Cholera erkrankt, für eine Adelige eher ungewöhnlich. Diese aber erklärt nicht die wiederkehrenden Krankheitsschübe. Ihre Biografin Betty Toole schreibt, dass Ärztinnen und Ärzte verschiedener amerikanischer Eliteuniversitäten versucht hätten, anhand der Briefe eine Diagnose zu stellen, dass dies aber nicht mehr als Ergebnisse spekulativer Natur lieferte.

Auch Adas Umfeld suchte nach Erklärungen, was Ada immer wieder ans Bett fesselte. Ein Vorurteil im 19. Jahrhundert lautete, dass Mathematik für Frauen zu anstrengend sei. Ihr Gehirn sei dieser schweren Arbeit einfach nicht gewachsen. Diese Theorie liegt wohl auch einem Brief zugrunde, den Adas Mathematiktutor Augustus De Morgan im Jahr 1844 – Ada war gerade wieder erkrankt – an Lady Byron richtet und in dem er Adas mathematische Fähigkeiten bewertet:

> Ich habe Lady Lovelace nie meine Meinung über sie als Studentin dieser Fachgebiete kundgetan. Ich habe immer befürchtet, dass dies zu einer Bewerbung dieser führen könnte, was für eine Person, deren körperliche Gesundheit nicht stark ist, schädlich sein könnte. Ich habe mich deshalb mit Worten wie «sehr gut», «ganz richtig» usw. begnügt. Aber ich fühle mich verpflichtet, Ihnen mitzuteilen, dass die geistigen Fähigkeiten, die Lady L. in diesen Dingen Zeit unserer Korrespondenz bewiesen hat, für jeden Anfänger, ob Mann oder Frau, so ungewöhnlich sind, dass ihre Freunde diese Fähigkeit gebührend berücksichtigen müssen, wenn es um die Frage geht, ob sie ihre offensichtliche Entschlossenheit, nicht nur die gegenwärtigen Gren-

zen des Wissens zu erreichen, sondern darüber hinauszugehen, fördern oder bremsen sollten.

Hätte ein noch junger Anfänger, kurz davor, nach Cambridge zu gehen, die gleiche Begabung gezeigt, hätte ich erstens prophezeit, dass seine Fähigkeit, die Stärken und die wirklichen Schwierigkeiten von Axiomen zu erfassen, seine Chance, ein Senior Wrangler zu werden, stark verringert hätte; zweitens dass sie ihn sicherlich zu einem originellen Mathematiker gemacht hätten, vielleicht von herausragender Bedeutung.

Alle Frauen, die bisher Mathematik studiert haben, haben ihr Wissen und ihre Fähigkeit, sich diese anzueignen, unter Beweis gestellt, aber niemand, außer vielleicht (ganz sicher bin ich nicht) Maria Agnesi, hat mit Schwierigkeiten gerungen und die Stärke eines Mannes gezeigt, diese zu überwinden. Der Grund liegt auf der Hand: Die sehr große geistige Anspannung, die sie erfordern, übersteigt die physische Belastbarkeit einer Frau. Lady L. hat zweifellos so viel Energie, dass es die ganze Kraft eines Mannes erfordern würde, um die Ermattung des Denkens zu ertragen, zu der diese zweifellos führen wird [...]

Vielleicht denken Sie, dass Lady L. wie Mrs. Somerville einen geregelten Studienverlauf einschlagen wird, der sich mit dem Genuss von Geselligkeit, den gewöhnlichen Sorgen des Lebens usw. vereinbaren lässt. Aber Mrs. Somervilles Verstand führte sie nie in andere als die Details der mathematischen Arbeit ein; Lady L. wird einen ganz anderen Weg einschlagen. Es bringt mich zum Schmunzeln, wenn ich an Mrs. Somervilles stillschweigende Einwilligung in die Unkenntnis der Natur der Kraft denke ... «und das ist alles, was wir über die Angelegenheit wissen» – und mir vorzustellen, Lady L. würde dies lesen, geschweige denn schreiben. Ich denke, nachdem ich nun hinreichend

> erklärt habe, dass Sie den Fall von Lady L. als einen besonderen betrachten müssen, überlasse ich ihn Ihrem besseren Urteilsvermögen, das mit Fakten versorgt ist, und bitte nur darum, dass diese Notiz vertraulich behandelt wird.[24]

Die letzten Absätze des Briefes zeugen von einem großen Unwohlsein über die Art, wie Adas Gehirn arbeitete und zu was sie womöglich fähig war. Für De Morgan ist das etwas, das in einer Frau nicht vorkommen kann. Nicht vorkommen darf, denn sonst geriete seine Welt aus den Fugen. Wir sehen dieses Denken häufig, nicht nur in Bezug auf die Unterdrückung der Frau, sondern verschiedener unterdrückter Gruppen. Laut der Philosophin Iris Marion Young ist eines der fünf Gesichter von Unterdrückung, dass die Kultur und das Sein der Unterdrücker als die Norm und das «Normale» gilt. In einer Pyramide stünde diese Gruppe ganz oben in der Spitze. Nichtmitglieder dieser Gruppe sind grundsätzlich erst einmal «anders» und stehen in der Pyramide mindestens eine Stufe darunter. Es ist dieses Weltbild, in dem der weiße Mann ganz oben steht, das De Morgan auf Ada anwendet. Es ist die patriarchale Struktur, die der westlichen Welt ihre Ordnung gegeben hat und noch immer gibt. Diese Vorstellungen bestehen fort trotz aller Fakten. Trotz des Fakts, dass De Morgans neuestes Buch auf der Arbeit von Mary Somerville beruhte, trotz der Leistungen von Maria Agnesi. Dass Mitglieder der unterdrückten Gruppe vielleicht doch nicht so anders sind als man selbst oder, anders ausgedrückt, dass Ada denken konnte «wie ein Mann», löst bei Unterdrückern genau dieses Unwohlsein aus. Es entsteht, wenn das Wahrgenommene nicht mit dem eigenen Ordnungssystem zusammengebracht werden kann. Bei den meisten Menschen in Machtpositionen führt dieses Unwohlsein zu Ressentiments, manchmal zu Hass. Das wird bei De Morgan nicht der Fall gewesen sein, schließlich muss er Mitte des 19. Jahrhunderts nicht um seine Position fürchten. Heute sieht das für weiße Männer etwas anders aus. Es entsteht das Bedürfnis, die eigene Position zu schützen, die gewohnte Ordnung wiederherzustellen und das Tor für die marginalisierten Eindringlinge zu schließen – heute nennen wir das Gatekeeping.

DIE MASCHINE

... the engine might compose elaborate and scientific pieces of music of any degree of complexity or extent.

— A. A. L.[1]

Im Jahr 1839 schreibt Charles Babbage einen Brief an einen Freund in Frankreich – den Astronomen François Jean Dominique Arago, den er auf einer seiner früheren Reisen in Paris kennengelernt hatte. Er schreibt auf Englisch, Arago antwortet auf Französisch. Sie kennen die Sprachen des jeweils anderen gut genug, um einander zu verstehen, aber nicht, um sich in der Sprache des anderen auszudrücken.

Babbage bittet Arago um einen Gefallen. Er soll ihm helfen, sich ein Kunstwerk zu verschaffen:

> Ein Werk, das der Kunst Ihres Landes zu höchster Ehre gereicht. Es ist ein Stück Seide, in das mit Hilfe des Jacquard-Webstuhls ein Porträt von M. Jacard [sic!] gewebt ist, der in seiner Werkstatt sitzt. Es wurde in Lyon als Tribut an den Entdecker einer höchst bewundernswerten Erfindung angefertigt, die der Webkunst sofort zu einer nahezu grenzenlosen Verbreitung verhalf.[2]

Babbage will das «Bild» von Jacquard kaufen:

> Meine erste Bitte lautet, falls es käuflich zu erwerben ist, dass Sie mir den Gefallen tun, mir zwei Exemplare zu besorgen und sie an Herrn Henry Bulwer von der englischen Botschaft zu senden, der sie weiterleiten wird. Falls diese schöne Ausführung, wie ich befürchte, unverkäuflich ist, verlasse ich mich auf Ihre Freundschaft, mir ein Exemplar zu besorgen, indem Sie an geeigneter Stelle die Umstände erläutern, warum ich es so dringend in meinem Besitz wissen will.[3]

Egal, wie hoch die Kosten sind, schreibt Babbage:

> [...] wenn Sie mir den Namen Ihres Bankiers in Paris nennen, werde ich den Betrag gern zu seinen Händen einzahlen und dennoch weiter in Ihrer Schuld stehen, weil Sie mir Gegenstände verschafft haben, die für mich von so großem Interesse sind.[4]

Das Porträt von Jacquard ist in Seide gewebt und sieht durch seinen Glanz eher aus wie ein Kupferstich denn wie ein Stück Stoff. Doch das Besondere und was Babbage eigentlich interessiert, ist die Technik, mit der es gewebt wurde. Jacquard hatte einen Webstuhl erfunden, der automatisch die gewünschten Muster webte. Die «Programme» für diese Muster waren Lochkarten, die in den Webstuhl eingeführt wurden. Je nachdem, ob die Karte ein Loch enthielt oder nicht, setzte die Abtastnadel des Webstuhls einen Stich, senkte sich also; traf sie auf kein Loch, blieb die Nadel oben und machte keinen. Die Karten waren mit Bindfäden zusammengeknüpft, sodass der Webstuhl sie hintereinander einziehen konnte. Der «Code» für das Porträt von Jacquard war in 24 000 Lochkarten gestanzt.

Das erste Mal auf den Webstuhl aufmerksam geworden war Babbage auf einer Frankreichreise im Jahr 1836. Auf dem Weg nach Turin zu seinem Vortrag über die Analytische Maschine fuhr er extra in Lyon vorbei, um sich den Webstuhl anzuschauen.

Stundenlang saß Babbage in einer Weberei vor der großen Maschine. Der Webstuhl hatte einen Aufsatz bekommen: ein Gestell, über das die hölzernen Karten unter lautem Klackern in den Webstuhl hineingezogen wurden. Es thronte über dem Set an Nadeln, die mit den kunstvoll aufgezogenen Stofffäden verbunden waren. Nur ein einziger gelernter Weber war noch für die Arbeit an dem Webstuhl nötig. Er stand hinter dem großen Holzgestell und trat mit einem Fuß gleichmäßig auf ein Pedal, um den Mechanismus anzutreiben. Der Körper mit dem Nadelset bewegte sich ebenso gleichmäßig wie kraftvoll auf und ab, während eine Reihe Garn nach der anderen zusammenlief. Das Muster wurde mit jedem Auf und Ab der Nadeln, mit jedem Ruck der Lochkarten ein Stück mehr sichtbar. Es ist die direkte Übersetzung von Code in ein Muster im Stoff. Die Lochkarten bilden im Prinzip ein einfaches binäres System ab, auf dessen Basis der Webstuhl mechanisch komplizierte Muster weben kann. Die «Codes» oder «Programme» für die Muster haben mit den Lochkarten ein physisches Speichermedium. Sie sind immer wieder einsetzbar, und wenn sie in den Webstuhl eingeführt werden, wird er das exakt gleiche Ergebnis, das exakt gleiche Muster mit mechanischer Präzision erneut herstellen – so wie die Differenzmaschine mit mechanischer Sicherheit das richtige Ergebnis ausspuckt, wenn sie Wurzeln zieht.

Jacquards Lochkartentechnik ermöglichte die industrielle Fertigung von bunt gemusterten Stoffen und machte die Produktion kosteneffizienter. Das führte zuerst vor allem in Frankreich zu Aufständen der Weber, die um ihre Arbeit fürchteten, und brachte Jacquard im Jahr 1806 in eine brenzlige Situation, als eine Gruppe Aufständiger seine Werkstatt und ihn angriff. Der Erfinder kam gerade so davon und wurde später für seine Idee in die französische Ehrenlegion aufgenommen.

In seinem Brief an Arago schreibt Babbage auch, warum ihn das Porträt von Jacquard und der Webstuhl so interessieren – er will die Technik in seiner Rechenmaschine verwenden:

> Sie wissen, dass das von Jacard [sic!] erfundene Kartensystem das Mittel ist, mit dem wir einem ganz gewöhnlichen Webstuhl Befehle zum Weben jedes gewünschten Musters übermitteln können. Ich habe mich derselben schönen Erfindung bedient und auf ähnliche Weise meinem Rechenwerk Befehle zur Berechnung jeder noch so komplizierten Formel übermittelt.
>
> Aber ich bin noch einen Schritt weitergegangen und habe, ohne alle Karten herzustellen, auf die gleiche Weise Befehle übermittelt, um bestimmte Gesetze zu befolgen, die bei der Verwendung dieser Karten gelten, und so kann die Rechenmaschine beliebige Gleichungen lösen, zwischen einer beliebigen Anzahl von Variablen unterscheiden und die komplexesten Operationen der Analysis ausführen.[5]

Diese Idee, die Lochkarten zum «Programmieren» der Maschine zu verwenden, ist wahrscheinlich der wichtigste Beitrag, den Charles Babbage zur Entwicklung der Informationstechnologie geleistet hat. Bis in die 1960er-Jahre hinein wurden Lochkarten für die Steuerung von Computern benutzt, bevor sie durch die magnetische Speicherung durch Festplatten abgelöst werden konnten.

Um zu verstehen, warum das, was Ada im Jahr 1843 zu Papier bringen wird, so unglaublich ist, muss man Babbages Analytische Maschine verstehen. Die ist nicht weniger als ein Computer. Ein Computer in einer Zeit, in der es weder Telefone noch Radios oder Autos oder Flugzeuge gibt. Und auch noch keinen Strom aus der Steckdose. Die Analytische Maschine funktioniert rein mechanisch und kann trotzdem theoretisch alles, was auch ein moderner Computer kann.

Das liegt vor allem an den Karten. Ada Lovclace schreibt, dass sie der entscheidende Fortschritt von der Differenzmaschine zur Analytischen Maschine sind: «Die Grenzen der Arithmetik wurden [...] in dem Moment gesprengt, als die Idee von den Karten Einzug hielt, und die Analytische Maschine hat mit den gewöhnlichen ‹Rechenmaschinen› nicht viel gemein.»[6] Durch die Lochkarten wird die Analytische Maschine von einer speziellen Maschine, die nur diese oder jene Rechenart ausführen kann, zu einer universellen Maschine, die im Prinzip mehr kann, als nur rechnen. Durch die Lochkarten wird die Maschine programmierbar und kann die verschiedensten Aufgaben übernehmen. Sie kann sich durch die Programme aus ihrem neutralen Nullzustand heraus, den die «Hardware» der Maschine darstellt, in verschiedene spezielle Maschinen verwandeln. So wie ein Smartphone durch verschiedene Programme zu einem Telefon, Taschenrechner, Kalender, einer Zeitung oder einem Bankkonto werden kann.

Im Gegensatz dazu brauchte die Differenzmaschine zusätzlich zur physischen Maschine kein Programm. Die Bauweise der Maschine selbst ist das Programm. Ihre Konstruktion ist die physische Entsprechung der Operation, die sie ausführen soll. Darüber hinaus kann sie keine anderen Operationen ausführen.

Erst durch die Programmierbarkeit werde die Analytische

Maschine «zur ausführenden rechten Hand der abstrakten Algebra»,[7] schreibt Ada. Sie benutzt den direkten Vergleich mit dem Webstuhl in einer ihrer bekanntesten Beschreibungen der Analytischen Maschine.

> Wir könnten treffend schreiben, dass die Analytische Maschine *algebraische Muster webt*, so wie der Jacquard-Webstuhl Blumen und Blätter webt. Hierin scheint uns wesentlich mehr Originalität zu liegen, als der Differenzmaschine gerechter Weise zugeschrieben werden kann.[8]

Im Gegensatz zu Ada erkannte Babbage die Implikationen der Programmierbarkeit seiner Maschine nicht. Vielleicht interessierten sie ihn auch nicht so sehr wie die technischen Fragen. Die Lochkartentechnik mache die Analytische Maschine *«special»*, so nannte Babbage es vage. «Näher als mit dem Gebrauch der Terminologie ‹besonders› kam Babbage der Beschreibung des modernen Konzepts der Computerprogrammierung nie», schreibt Adas Biograf James Essinger.[9]

Charles Babbage will mit seiner Analytischen Maschine vor allem eine Rechenmaschine bauen. Eine Maschine, die nicht nur Arithmetik, sondern auch Algebra kann. Er weiß, dass das eine Revolution wäre. Eine Revolution der Mathematik durch deren Mechanisierung. Im 19. Jahrhundert ist Mechanisierung eine ziemliche Obsession. «Der Fortschritt liegt in den Maschinen» ist das Mantra der Industrialisierung. Damit kommt man höher, schneller und weiter hinaus. Warum dann also nicht auch für das Denken und Rechnen eine Maschine bauen?

Die Größe des Vorhabens verhält sich proportional zur Komplexität und Größe der Analytischen Maschine: Ab 1834, während Ada damit beschäftigt war, drei Kinder zur Welt zu bringen, drei Haushalte zu führen und Mathematik zu studieren, schreibt Charles Babbage Hunderte Pläne und Tausende Seiten Notizen für deren Design. Er hat seine Differenzmaschine überholt, bevor sie gebaut werden konnte, und lässt die Arbeit an dem Vorläufer erst einmal links liegen.

Wie schon die Differenzmaschine basiert der Mechanismus der Analytischen Maschine auf Zahnrädern. Auf Babbages zweidimensionalen Plänen auf Papier reihen sie sich als größere oder kleinere Kreise aneinander. Kleine Pfeile beschreiben die Richtung, in die sie sich drehen sollen, codiert mit Nummern und Buchstaben.

Diese Pläne zu verstehen, zu dekodieren und tatsächlich zu bauen, haben Mathematikerinnen und Ingenieurinnen bis heute nicht geschafft. Eine, die dem nahekam, ist die Illustratorin und Animationsfilmemacherin Sidney Padua. Sie hat sich durch Babbages Pläne gearbeitet. In ihrer Graphic Novel «*The Thrilling Adventures of Lovelace and Babbage*» haben Babbage und Ada die Maschine gebaut und benutzen sie, um Verbrechen in London aufzuklären – im Auftrag von Queen Victoria. Bemerkenswert sind die Zeichnungen der Maschine, die sind nämlich ziemlich akkurat. Auf dem YouTube-Kanal der Illustratorin gibt es noch immer die Videos zu sehen, in denen sie vor rund neun Jahren Teile der Maschine animiert hat, um deren Funktionsweise vereinfacht zu zeigen. Diese Videos und auch ihr Comic vermitteln in einer perfekten Mischung aus Witz und technischem Detailgrad einen Eindruck von der Funktionsweise der Analytischen Maschine. Paduas Arbeit gab auch den Anstoß für eine Initiative, deren Mitglieder bis heute versuchen, die Maschine nach den Plänen von Babbage zu bauen.

Würde sie gebaut, wäre die Maschine über sieben Meter lang und ungefähr drei Meter hoch. Zahnräder stapeln sich über Zahnräder – es sind Tausende, an Stangen aufgezogen, immer fünfzig übereinander. Im vorderen Teil der Maschine sind sie als Zylinder angeordnet, an den sich ein langgezogener Körper anschließt. Jede Säule aus Zahnrädern stellt eine Zahl mit fünfzig Dezimalstellen dar. Der vordere Teil der Maschine – der Zylinder – ist das Rechenwerk. Babbage nannte es *the mill* – die Mühle, die alle Daten verarbeitet. Wäre die Analytische Maschine ein moderner Computer, wäre es die CPU – die Central Processing Unit. Der langgezogene Teil der Maschine ist der Speicher, in Großbritannien bei frühen Computern und bei Babbages Maschine *the store* genannt, oder *storage*; im Amerikanischen heißt es heute *memory*.

An der Mühle befinden sich mehrere Lochkartenleser, über die ein Programm, das die Maschine ausführen soll, eingegeben wird. Am anderen Ende der Maschine wollte Babbage einen Drucker anbringen, der die Ergebnisse der Rechnungen live ausdrucken konnte. Auch dafür fertigte er verschiedene Designs an, die ein bisschen an eine frühe Schreibmaschine erinnern – wie er es also schon für die Differenzmaschine geplant hatte.

Während das Modell der Differenzmaschine noch mit einer Kurbel von einem Menschen angetrieben werden konnte, hätte reine Muskelkraft nicht mehr ausgereicht, um den riesigen Mechanismus der Analytischen Maschine am Laufen zu halten. Zu Babbages Zeit gab es nur eine Technologie, die dafür infrage kam: die Dampfmaschine. Wie schon die Flugmaschinen, von denen Ada Byron als Mädchen träumte, sollte auch die Analytische Maschine mit Dampf betrieben werden. Tatsächlich hat Babbage für den Antrieb seiner Maschine keine große Auswahl: elektrische Motoren, Strom zu nutzen, all das liegt noch in weiter Ferne. Die Lochkarten stellen für die Analytische Maschine gleichzeitig das Programm und den Speicher oder das Speichermedium für dieses Programm dar. Ihre Anwendung für die «Algebraischen Muster», die die Analytische Maschine webt, ist allerdings viel komplexer als die für die Stoffe des Jacquard-Webstuhls. So gibt es nicht nur eine, sondern drei verschiedene Arten von Lochkarten, die die Analytische Maschine verarbeiten kann: Operationskarten, Variablenkarten und Zahlenkarten. Entsprechend sind an CPU und Store drei verschiedene Lochkartenleser angebracht.

Über die Zahlenkarten werden die Zahlen eingegeben, die die Maschine für die jeweilige Operation braucht. Entsprechend den fünfzig Dezimalstellen, die die Zahlen der Zahnrädersäulen fassen, haben auch die Zahlenkarten fünfzig Dezimalstellen. Eine Zahl wird auf der Karte folgendermaßen codiert: Ein Loch bedeutet «keine Zahl», und kein Loch bedeutet «Zahl». Für eine Drei lautet demnach der Code: Loch, Loch, kein Loch. Wie beim Jacquard-Webstuhl geben die Lochkarten der Maschine den Befehl, an dieser bestimmten Stelle etwas zu tun oder eben nicht. Nur ist es in diesem Fall kein Stich, sondern meistens der Befehl an das Zahnrad, sich zu drehen. Die Zahlenkarten enthalten für die Maschine auch die Information, an welcher Stelle im *store* die Zahl eingestellt werden soll. Entsprechend wird an dieser Stelle das Zahnrad auf die gewünschte Zahl gedreht. Die Zahlen können über Stangen, die sich in der Maschine hin- und herbewegen und über ihre Zähne in die Zahnräder eingreifen, in der Maschine an verschiedene Positionen geschoben werden. Werden sie in der CPU für eine Rechnung benötigt, werden sie so in den vorderen Teil der Maschine befördert oder eben wieder zurück in den Store, damit die Maschine erneut darauf zugreifen kann. *Ingress Axis* und *Egress Axis* nannte Babbage dieses Rein- und Rausbewegen der Zahlen.

Die Operationskarten haben nur wenige Löcher. Denn im Prinzip kann die Analytische Maschine nur vier Operationen, und zwar die der Grundrechenarten: Addieren, Subtrahieren, Dividieren und Multiplizieren. Ein Programm für die

Analytische Maschine muss also mit der Kombination dieser Operationen auskommen. Die Operationskarten haben Löcher, die die mathematische Operation codieren, einen Lochcode, um eine Glocke zu läuten, und einen Lochcode, um die komplette Maschine zu stoppen. Die Abtastarme der Operationskarten sind mit dickeren rotierenden Stäben verbunden, die wiederum selbst viele Arme haben, die die Zahnräder in der Mühle bewegen können. Sie können in verschiedenen Bereichen in der Mühle Operationen aktivieren. Sie sagen der Maschine also, welche Zahnräder an welcher Stelle entsprechend der Operation gedreht werden müssen.

Die dritte Art von Karten, die Variablenkarten, koordinieren in der Maschine den Ort, an dem die Nummern im Speicher abgelegt werden und wohin sie in der Mühle gebracht werden sollen.

Spielen wir eine Operation der Analytischen Maschine durch, würde sie damit beginnen, dass man die Maschine mit den entsprechenden Zahlen der zu berechnenden Funktion füttert und diese im Store abgelegt werden. Dann würden im vorderen Teil der Maschine die Operationen eingelesen und die Maschine entsprechend eingestellt. Über die Variablenkarten würden die ersten Nummern zur Mühle gebracht, um dort in einer der Operationen verarbeitet zu werden. Ein Programm für diese Maschine muss also die Anweisungen für diese drei Teile separat codieren. Ist eine Operation in der Mühle fertig, würde das Ergebnis über die *Egres Axis* zurück in den Store gebracht und könnte von einem Drucker ausgedruckt oder für eine weitere Operation verwendet werden.

Stellt man sich vor, wie die Analytische Maschine läuft, erinnerte das wahrscheinlich ein bisschen an eine große Lokomotive, nur dass sie sich durch Feuer und Dampf nicht vorwärtsbewegt, sondern Tausende kleine Rädchen über-, unter- und hintereinander unablässig ineinanderklacken. Falls irgendwo etwas ins Stocken geraten sollte oder hängen bliebe, was bei den Rechenoperationen in jedem Computer immer wieder passiert, sollten Glöckchen läuten, die mit jeder Zahnradsäule verbunden sind. Zwischen dem Dampfen und Klackern wäre also auch immer mal wieder ein *«Ring-ring»* zu hören, bis ein Ingenieur den Ort erreichen und das Problem beheben könnte. Bei größeren Problemen würde die Maschine mit einem großen Ruck zum Halten kommen.

Das Unvorstellbare an dieser Lokomotive: Sie wäre tatsächlich ein funktionsfähiger Computer. Sie könnte alles ausführen, was ein moderner Computer auch könnte, nur mechanisch und sehr, sehr, sehr langsam. Die Kategorien für Maschinen, die als Computer gelten, gehen auf Alan Turing zurück – man nennt sie *Turing Complete*.

Dafür müssen zwei Merkmale erfüllt sein: Sie müssen einen ausreichend großen Speicherplatz besitzen, um ein Problem lösen zu können. Das ist in der Analytischen Maschine prinzipiell gegeben, schließlich könnte man sie sich mit beliebig vielen Zahnrädern vorstellen. Außerdem muss eine Maschine, um als *Turing Complete* zu gelten, Entscheidungen treffen können. Im Englischen sagt man, sie muss *«if-then-statements»* ausführen können. Wenn ich diese Aktion ausführe *(if)*, folgt daraus diese Aktion *(then)*, um ein bestimmtes Problem zu lösen. Gibt man der Maschine eine bestimmte Information – ein Loch in einer Lochkarte –, muss sie auf eine bestimmte Weise darauf reagieren, einen bestimmten Schluss daraus ziehen können und entsprechend weiterverfahren. Anders als die Differenzmaschine, die nur zur Synthese der Informationen fähig war, die man in sie eingab – so schreibt Ada Lovelace in ihren *«Notes»* –, wäre die Analytische Maschine «in gleicher Weise zur Analyse wie auch zur Synthese fähig».[10]

Beim Ausführen eines Programms könnte die Maschine vorwärts und rückwärts «springen». Also einige Lochkarten leerlaufen lassen und an einer anderen Stelle im Programm weitermachen, und sie könnte auch wieder zurück an einen früheren Zeitpunkt im Programm springen – Informatiker nennen so etwas noch heute «Schleifen».

DER AUFSATZ

All, and everything is naturally related and interconnected. A volume I could write on this subject.

— A. A. L.[1]

Während Babbage vor allem an den technischen Fragen seiner Maschine interessiert ist, sind diese für Ada nur der Ausgangspunkt für alles, was man mit dieser Maschine machen könnte. Und sie ist überzeugt: Wenn die englische Regierung das verstünde, würde sie Babbage alle Mittel zur Verfügung stellen, die er bräuchte, um sie zu verwirklichen.

Aber es sieht nicht gut aus für den Bau der Analytischen Maschine. Stundenlang kann Babbage sich beim Dinner darüber aufregen, wie wenig der britische Premier und das Königshaus sich für ihn und seine Maschine interessieren. Wären sie nur mehr wie die Italiener! In Turin hatte Babbage vor den wichtigsten Wissenschaftlern des Landes sprechen können, die verstanden hatten, wie umwälzend seine Erfindung, einmal umgesetzt, sein würde. Ein Jahr liegt der Kongress zurück, da erscheint der Aufsatz Luigi Menabreas, den Giovanni Plana gebeten hatte, über die Analytische Maschine zu schreiben. Menabrea ist als Ingenieur in der italienischen Armee aktiv. Im Oktober 1842 erscheint sein Paper auf Französisch in einer Schweizer Fachzeitschrift. An dem

Schwerpunkt, den der Ingenieur in seinem Aufsatz in Absprache mit Babbage und Plana setzt, erkennt man, worauf es den Männern ankommt: Er schreibt vor allem über die technischen Aspekte und die Funktionsweise der Maschine.

Nur wenige Wochen nach der Veröffentlichung, an einem Freitag im November 1842, hat Babbage ein Treffen mit dem englischen Premier, Sir Robert Peel, um die weitere finanzielle Förderung seiner Projekte zu besprechen. Aber das Treffen gerät zur Katastrophe. Wütend eilt Babbage danach zurück nach Hause, stürmt in sein Arbeitszimmer und schreibt das Gespräch aus seiner Erinnerung auf.* Babbage trifft auf einen ohnehin angespannten und ausgelaugten Prime Minister, der die wirtschaftlich prekäre Lage eines Großteils der englischen Bevölkerung nicht unter Kontrolle bekommt.

Die Industrialisierung kommt nicht allen zugute. Der Fortschritt basiert auf einzelnen Unternehmern, die über ausreichend Kapital verfügen, um einen Betrieb zu gründen oder einen bestehenden zu einer Fabrik auszubauen und die Produktion umzustellen.

Die herrschenden Missstände werden durch die industrielle Revolution, die auch den Kapitalismus als Wirtschaftsform vorantreibt, zementiert. Nur ein kleiner Teil der Bevölkerung profitiert von dem Geld, das die neuen Techniken und die industrielle Fertigung von Produkten einbringen, viele Menschen in England dagegen hungern im 19. Jahrhundert.

Die Sozialistin Flora Tristan ist im Jahr 1840 durch London gezogen und hat in ihrem «*London Journal*» aufgeschrieben, welches Elend sie in den Fabriken erlebt: «Brot wurde

* Das Dokument hat überlebt und wird heute in der British Library aufbewahrt. Zwar sind die Ausführungen schwierig zu entziffern, weil Babbage sie so hastig niedergeschrieben hat – manchmal fehlen Zeichen oder ganze Wörter –, dennoch lässt sich das Gespräch in Teilen rekonstruieren.

als Luxus gesehen. Den meisten Arbeitern fehlt es an Kleidung, Möbeln, Kohlen und gesundem Essen – es gibt nicht einmal Kartoffeln! Sie verbringen jeden Tag zwölf bis vierzehn Stunden eingesperrt in kleinen Räumen, wo sie mit jedem Atemzug der faulen Luft Fasern von Baumwolle, Wolle oder Flachs oder Teilchen von Stahl oder Eisen einatmen.»[2]

Es ist auch die Geburtsstunde des Kommunismus. Als Babbage sich mit Premierminister Peel trifft, ist Flora Tristan zurück in Frankreich und schreibt gerade an ihrem wichtigsten Werk, einem Manifest mit dem Titel *«L'Union Ouvrière»* – *«Die Arbeiterunion»*. Darin fordert sie die Arbeiter auf, ein Klassenbewusstsein zu entwickeln, sich weltweit zu organisieren und gegen die Zustände zu protestieren. Diese Idee wird mithilfe der kommunistischen Partei zu einer starken politischen Kraft, der Robert Peel als Premierminister hilflos gegenübersteht. Er lässt die Arbeiteraufstände niederschlagen.

An diesem Tag im Oktober sitzt er allerdings einem Charles Babbage gegenüber, dessen größtes Problem darin zu bestehen scheint, dass ihm so viele andere Wissenschaftler seinen Erfolg neiden. So jedenfalls hat Babbage laut seinen Notizen das Gespräch begonnen. Der Erfinder vermutet, dass einige Mitglieder der Regierung von diesem Neid beeinflusst seien und seine Maschine deshalb nicht fördern wollten. Als Peel sich nicht auf diese Diskussion einlässt, geht Babbage zum eigentlichen Thema seines Besuchs über: die Bedeutung seiner neuesten Erfindung, der Analytischen Maschine.

> Ich erklärte, dass die Gegenwart in der künftigen Wissenschaftsgeschichte wahrscheinlich eine markante Epoche bilden würde und wie viel von dem Ergebnis dieses Gesprächs abhinge.
>
> Ich fügte hinzu, dass die Differenzmaschine nur für

einen begrenzten Teil der Forschung Anwendung finden könne (obwohl dieser Teil sicherlich von großer Bedeutung wäre und die Maschine zu mehr unmittelbaren praktischen Anwendungen fähig war als jede andere), während die Analytische Maschine die gesamte Wissenschaft umfasse.

Ich erklärte, dass sie in der Tat bereits erfunden war und dass sie alle Erwartungen übertraf, die ich jemals in Bezug auf die Möglichkeiten der Anwendung von Maschinen in der Wissenschaft gehegt hatte.[3]

So gut, so abstrakt. Außer diese Behauptung aufzustellen, hat Babbage seinem Gegenüber offenbar keine Vorstellung davon vermittelt, worin sich die beiden Maschinen unterscheiden und warum die Analytische Maschine einen großen Nutzen hätte, in welchen Feldern und durch welche ihrer Eigenschaften. Babbage macht nicht klar, wie viel Arbeit sie den Wissenschaftlern und Ingenieuren abnehmen könnte, indem sie tägliche zeitraubende und komplizierte Rechnungen zuverlässiger als jeder Mitarbeiter erledigen würde.

Peel, der vorab gebrieft wurde, wie viel Geld die Differenzmaschine bisher verschlungen hat – zwei Kriegsschiffe hätte er mithilfe der Mittel finanzieren können –, ohne irgendeinen praktischen Nutzen zu bringen. Nun kommt der Wissenschaftler mit dem nächsten Projekt um die Ecke, das noch mehr Geld zu verschlingen verspricht als die Differenzmaschine und in der Umsetzung weit komplexer erscheint. Dabei präsentiert er weder einen Zeitplan für die Fertigstellung, noch hat er einen überzeugenden Grund für eine Finanzierung durch die Regierung vorzuweisen.

Stattdessen zitiert Babbage aus dem Brief, in dem der italienische Mathematiker Giovanni Plana so lobende Worte über die Maschine gefunden hatte, mit der man nun endlich auch über die «exekutive Abteilung der Analysis» Macht besitzen würde. Babbage versteht nicht, dass diese abstrakten Vergleiche zwar Mathematiker in große Begeisterung versetzen können, sie aber Normalsterblichen nicht viel sagen. Und vor allem keinem ausgebrannten Politiker wie Peel. Babbage findet im Gespräch mit dem Premier nicht die richtigen Worte und redet sich aus lauter Verunsicherung immer mehr in Rage. Statt beim Thema zu bleiben, beschwert er sich, dass die Pensionen für Wissenschaftler unterschiedlich hoch ausfallen. Peel hat er damit endgültig verloren, und der Premier kehrt ungeduldig zum Thema zurück: «Mr. Babbage, wie Sie selbst zugeben, haben Sie die Differenzmaschine durch die Erfindung einer besseren Maschine unbrauchbar gemacht.»[4]

Babbage darauf, defensiv: «Aber wenn ich die Differenzmaschine fertiggestellt habe, wird sie noch mehr leisten, als ich versprochen habe. Es ist wahr, dass sie durch bessere Maschinen ersetzt wurde, aber sie ist weit davon entfernt, ‹nutzlos› zu sein.»[5]

Statt sich für den Bau der neuen Maschine einzusetzen, beschwert er sich im Anschluss, dass die staatliche Förderung der Differenzmaschine seiner Reputation sogar geschadet habe. Seine Bekannten hätten ihn gefragt, ob er persönlich davon profitiert hätte: «Dieser Eindruck ist so weit verbreitet, dass mehrere meiner engsten Freunde gefragt haben, ob etwas Wahres daran sei.»[6]

Es folgt ein kurzer, heftiger Schlagabtausch: «Sie sind zu empfänglich für solche Angriffe, Mr. Babbage», antwortet Peel. «Männer mit Verstand scheren sich nicht darum.» Darauf Babbage: «Sir Robert, als Teil des öffentlichen Lebens haben Sie sicher schon oft beobachtet, dass die besten Köpfe und die höchsten Geister oft am anfälligsten für die Ungerechtigkeit oder Undankbarkeit des Publikums sind.»[7]

Peel wird an diesem Punkt immer ungeduldiger mit diesem arroganten Erfinder, der da vor ihm sitzt, sich selbst bemitleidet und sich beschwert, sogar über die Förderung, die er bereits erhalten hat, und seine Zeit verschwendet.

Babbage weiß sich nicht mehr zu helfen: «Ich bin der Meinung, dass ich von der Regierung sehr ungerecht behandelt worden bin. Aber da Sie anderer Meinung sind, kann ich nicht anders.»[8] Er steht auf, wünscht einen guten Tag und stürmt hinaus.

Als Ada von dem Treffen erfährt, erkennt sie, wie ernsthaft Babbages Ungeschick in der Kommunikation dem Bau der Analytischen Maschineim Wege steht, und sie sieht eine Möglichkeit, endlich mit Babbage zusammenzuarbeiten und ihre Fähigkeiten einzubringen. Ihr wird die größte Schwäche des Erfinders aufgefallen sein: Babbage hat es nicht geschafft, seinen Geldgebern zu vermitteln, für welche Anwendungsgebiete sie einen Wert haben würde und welche revolutionäre Kraft in ihr steckt.

Im Februar 1843 notiert Babbage auf den Rand eines Briefs, dass er Ada «unter veränderten Umständen» getroffen habe. Was das genau bedeutet, ist nicht klar. Wahrscheinlich hat sie Babbage mitgeteilt, dass sie mit der Übersetzung von Menabreas Aufsatz begonnen hat. An ihrem eigenen Text, den «*Notes*» – ihren «Notizen» zu der Übersetzung –, arbeitete Ada erst ab Mai und erst als Babbage sie dazu drängte. In seinen Memoiren schreibt er:

> Einige Zeit nach dem Erscheinen dieses Memoirs [Menabreas Aufsatz] in der Bibliothéque Universelle de la Génève teilte mir die Gräfin von Lovelace mit, dass sie das Memoir von Menabrea übersetzt habe. Ich fragte sie, warum sie nicht selbst ein Paper zu diesem Thema verfasst habe, mit dem sie sehr vertraut sei. Darauf antwortete Lady Love-

lace, dass ihr dieser Gedanke nicht gekommen sei. Woraufhin ich vorschlug, dass sie Menabreas Denkschrift Anmerkungen hinzufügen solle: eine Idee, die sofort von ihr aufgegriffen wurde.[9]

Es sind Äußerungen dieser Art, an denen offenbar wird, wie mächtig das Patriarchat ist. Ada Lovelace konnte sich, obwohl sie sehr von sich und ihren Fähigkeiten überzeugt war, nicht vorstellen, eine eigene Arbeit über die Analytische Maschine zu verfassen, um diese zu veröffentlichen. Es kam ihr nicht in den Sinn, weil sie keine Vorstellung von sich in dieser Rolle hatte.

In dieser Unfreiheit der Gedanken, die auf der realen Begrenztheit ihrer Möglichkeiten fußt, besteht die fortgesetzte Unterdrückung der Frau. Als Frau ist Ada gezwungen, sich Unmögliches vorzustellen, bevor sie einen Schritt aus dem vorgegebenen Rahmen tun kann. Zumal ihr dieser Schritt nicht einmal erstrebenswert oder klug erschienen sein wird. Denn jedes Überschreiten des eng gesteckten Bewegungsspielraums einer Frau ist auch mit der Gefahr verbunden, dass dieses geahndet wird. Die Hemmschwelle für Frauen, Außergewöhnliches zu tun, lag viel höher als für Männer.

Erst auf Babbages Vorschlag hin macht sich Ada also daran, selbst etwas über die Analytische Maschine zu schreiben. Aber als sie ihre Arbeit erst einmal aufgenommen hat, ist sie nicht mehr zu bremsen. Ihre *«Notes»* werden am Ende etwa dreimal so lang sein wie die Übersetzung selbst, und sie werden den Grundstein für die Informationstechnologie legen.

Babbage überlässt ihr alle seine (unübersichtlichen) Pläne für die Maschine. Mehrmals am Tag schicken die beiden in diesem Sommer Briefe hin und her; erst die Manuskripte, später die Korrekturen. Die Zusammenarbeit ist eng, dennoch geht aus den Briefen auch Adas Arbeitsautonomie hervor.* «Mein lieber Babbage. Ich arbeite sehr hart für Sie; wie der Teufel in der Tat (der ich vielleicht auch bin).»[10]

Manchmal arbeitet Ada achtzehn Stunden am Tag, schreibt und überarbeitet ihren Text, fragt Babbage immer wieder nach Details, wenn einer seiner Pläne oder seine Diagramme unklar sind. Das kommt häufiger vor, weil Babbages Arbeitsweise dazu führt, dass sich die Pläne ständig ändern und er Teile überarbeitet hat, sodass sie bald schon wieder überholt sind.

Ihre Briefe verschicken die beiden nicht in Briefumschlägen, sondern falteten das beschriebene Blatt Papier einfach zusammen, drückten ihr Siegel darauf und gaben das Schriftstück dann einem Boten in die Hand. Analoger Kurznachrichtendienst im 19. Jahrhundert. In manchen Briefen fehlt die Anrede. In einem von Babbage steht einfach nur: «Sende das Blatt mit zwei Korrekturen zurück. Richtig, die Karte erfordert eine neue Variable.»[11]

Ada versah ihre Übersetzung von Menabreas Aufsatz mit zwei verschiedenen Arten von Anmerkungen. Kurze Fußnoten, die in Menabreas Teil des Textes stehen und mit *«Note by Translator»* – Notiz der Übersetzerin – gekennzeichnet sind. Ihre anderen Notizen schließen als zusätzlicher Abschnitt an die Übersetzung an. Er ist mit *«Notes by the Translator»* – Notizen der Übersetzerin – überschrieben und etwa dreimal so lang wie Menabreas Text.

* Die Briefe, die Ada an Babbage schickte, werden heute im Archiv der British Library verwahrt. Sie sind der Teil ihrer Korrespondenz, von dem am meisten erhalten geblieben ist. Auch weil Lady Byron diese aufbewahrte. Vermutlich hatte sie dabei auch die Nachwelt im Kopf, die Ada vor allem als Wissenschaftlerin sehen sollte, während sie in ihren Augen problematische, persönliche Briefe zerstörte. In dicken Alben kann man die Briefe, die Babbage im Sommer 1843 erhielt, im Lesesaal der British Library durchblättern und Adas selbstbewusste und schwer lesbare Handschrift entziffern.

Dabei ist Ada während der Arbeit an ihrem Text immer wieder krank. Sie schreibt von Problemen zu atmen und von Schwindelgefühlen. So zum Beispiel am 13. Juli 1843: «Ich habe mich in der Tat sehr unwohl gefühlt; teils Verdauungsbeschwerden und teils das höchst miserable und veränderte Wetter.»[12] Mehrere solcher Beschreibungen ihres Unwohlseins sind lakonisch in die Briefe eingeflochten. Dann wieder hört man die Euphorie heraus, in die sie ihre Arbeit versetzt:

> «Ich glaube nicht, dass mein Vater ein solcher Dichter war (oder jemals hätte sein können), wie ich eine Analytikerin sein werde (& Metaphysikerin); denn bei mir ist beides untrennbar miteinander verbunden. – Die Ihre»[13]

Grundsätzlich macht sich Ada daran, die Analytische Maschine in Abgrenzung zur Differenzmaschine zu erklären. Vor allem Menabreas Text, aber auch große Teile von Adas Notizen beschäftigen sich mit technischen und mathematischen Details der Analytischen Maschine. Dazwischen finden sich allerdings immer wieder Abschnitte, in denen Ada darüber hinausgeht und grundlegende Prinzipien und Gedanken niederschreibt, die einem modernen Computer zugrunde liegen. Gedanken, mit denen sie Babbage überflügelt.

Ein zentraler Begriff, den Ada in ihren Notizen einführt, ist der Begriff «Operationen» oder übergeordnet – «Operationalität». Versteht man ihn, versteht man auch, warum es möglich ist, dass ein Computer funktioniert.

Er geht auf das Universalkalkül oder die Universallogik von Gottfried Leibniz zurück, die davon ausgeht, dass letztendlich die ganze Welt und alles, was darin vorgeht, in Gleichungen oder Operationen beschrieben und ausgedrückt werden kann. Ada formuliert das in ihrer Notiz A so:

> Es mag wünschenswert sein zu erläutern, dass wir mit dem Wort Operation hier jeden Prozess meinen, der die wechselseitige Beziehung von zwei oder mehr Dingen betrifft, welcher Art auch immer diese Beziehungen sein mögen. Dies ist die allgemeinste Definition, und sie würde alle Dinge des Universums einschließen.[14]

Die Welt lässt sich vollständig als mathematische Gleichungen darstellen, wenn wir für die Dinge, die wir beschreiben wollen, entsprechende mathematische Objekte finden, die wir miteinander in Beziehung setzen. Dafür muss man sich Rechnen nicht als das Kombinieren von Zahlen vorstellen, sondern als das Kombinieren mit jeglichen anderen Objekten, die durch Operationszeichen in Beziehung gesetzt werden. Die Operationen werden zum Mittel, um Relationen und Abläufe der betrachteten Objekte auszudrücken.

Die Philosophin Sybille Krämer, die zu Ada Lovelace forscht und in einem Paper erklärt, warum Adas Notizen so bahnbrechend sind, gibt als Beispiel diese einfache Gleichung an:

$$a + b = b + a$$

In diese kann man natürlich Zahlen einsetzen:

$$10 + 5 = 5 + 10$$

Dann hat man Mathematik. Aber man könnte auch Wörter einsetzen, dann hat man Logik. Oder man kann Körper oder Figuren einsetzen, dann hat man Geometrie.[15] Das Entscheidende ist, dass man die Objekte, die man benutzt, und ihr Verhältnis zueinander, durch eine Formel in Beziehung setzen kann. Schafft man das, hat man die Möglichkeit, ein Problem auf abstrakte Weise zu betrachten und eventuell eine Lösung zu finden. Die Stärke dieses Vorgehens besteht darin, dass sie auf eine Weise hergeleitet wurde, die exakter ist als andere, weil durch die mathematischen Regeln die Schritte notwendigerweise aufeinanderfolgen. Es gibt also immer nur ein richtiges Ergebnis. In Notiz A schreibt Ada:

> Eine Operation ist die ‹Relation zweier oder mehrerer Dinge zueinander›, sodass aus dem ‹Wahrsein› einiger weniger grundlegender Relationen notwendig gewisse andere Kombinationen von Relationen folgen; Kombinationen, deren Vielfalt und Umfang unbegrenzt sind.[16]

Aus den Kombinationsmöglichkeiten der Relationen und der dadurch entstehenden neuen Relationen und Kombinationsmöglichkeiten werden die denkbaren Arten und Weisen der Anwendung unendlich.

Was Ada hier aufschreibt, ist der Grundgedanke der Informatik. Ada nennt sie in ihrer Notiz A «Wissenschaft der Operationen», die sie von der «normalen» abstrakten Mathematik abgrenzt.

> In der abstrakten Mathematik verändern Operationen selbstverständlich die konkreten Beziehungen, die bei den Betrachtungen von Zahlen und Räumen beteiligt sind, und die Ergebnisse der Operationen sind die speziellen Ergebnisse, die mit der Natur der Subjekte der Operationen korrespondieren. Die Wissenschaft der Operationen jedoch, wie sie speziell von der Mathematik abgeleitet werden, ist eine eigenständige Wissenschaft, und sie hat ihre eigenen abstrakten Wahrheiten und Werte; genauso wie die Logik ihre eigenen Wahrheiten und Werte besitzt, ganz unabhängig von den Subjekten, auf welche wir ihre Erkenntnisse und Regeln anwenden mögen.[17]

Die Informatik oder *Computing* als eigenes Feld, als eigenes Fach, wurde von Ada Lovelace in den *«Notes»* etabliert. Denn gehen wir einen Schritt weiter, sind es Operationen, die verwendet werden können, um von einer Maschine ausgeführt zu werden – Computerprogramme.

> Durch die Schaffung eines Mechanismus, der die Kombination allgemeiner Symbole in Folgen unbegrenzter Vielfalt und unendlichen Umfangs erlaubt, wird eine Verbindung zwischen den rein mechanischen Vorgängen und den theoretischen gedanklichen Prozessen des abstraktesten Bereiches der Mathematik geknüpft.[18]

Erst durch diese Verallgemeinerung, die Abstraktion der Welt, die durch Mathematik möglich ist, wird der praktische Nutzen der Analytischen Maschine klar, den Ada in ihrem Text in den Vordergrund stellen will, damit Babbage die Idee endlich vernünftig an die britische Regierung verkaufen kann. Denn erst daraus lässt sich schließen, dass die Technik auf ganz andere Felder übertragbar wäre als nur das Rechnen. Anders als Babbage, der seine Maschine vor allem als Rechenmaschine sah, schreibt Ada:

> Der Operationsmechanismus [...] könnte ebenso mit ganz anderen Dingen als Zahlen arbeiten, wenn man Objekte finden würde, deren grundlegende gegenseitige Beziehungen durch die abstrakte Wissenschaft der Operationen darstellbar wären. Wenn beispielsweise die fundamentalen Beziehungen der Tonhöhen in der Wissenschaft der Harmonie und der musikalischen Komposition solchen Ausdrücken und Adaptionen zugänglich wären, so könnte die Maschine ausgefeilte und wissenschaftlich fundierte Musikstücke jedweder Komplexität und Länge komponieren.[19]

Finden wir statt Zahlen in unseren Formeln Werte, die die Tonhöhen und die anderen Regeln der Musik ausdrücken, können sie von einer Maschine mit mathematischer Präzision ausgeführt werden. Die Maschine könnte ein Musikstück komponieren.

Babbage nennt Adas Notiz A in seiner Antwort «bewundernswert» und «philosophisch». Er hat dem nichts hinzuzufügen, wünscht keine Änderungen und scheint selbst überrascht über ihre Erkenntnisse. Am 2. Juli 1843 schreibt er an Ada:

> Bitte ändern Sie es nicht ... All dies war für Sie unmöglich durch Intuition zu wissen, und je länger ich Ihre Notizen lese, desto überraschter bin ich und bedaure, dass ich nicht früher eine so reiche Ader des edelsten Metalls erforscht habe.[20]

Ich stelle mir diese Zeit für Ada als besonders erfüllende vor. Wie sie bereits morgens, bevor alle aufstehen, an ihrem Schreibtisch sitzt, über ihre Papiere gebeugt und dann mit von Tinte verschmierten Fingern zum Frühstückstisch hinunterkommt, an dem William schon sitzt. Er schaut sie ein bisschen spöttisch-liebevoll an, als er merkt, dass man nicht mehr über alltägliche Dinge mit ihr sprechen kann, weil sie in Gedanken noch bei ihren Variablen und Funktionen ist. Und wie sie dann auch gleich wieder verschwindet, bevor die Gouvernante sie finden kann, um über die Konzentrationsprobleme des jungen Byron zu sprechen. Wie sie mit zerzausten Haaren und wehendem Morgenrock wieder die Treppe hinaufstürmt und an Babbage schreibt:

> Mein Gehirn ist mehr als ein sterbliches Organ; die Zeit wird es zeigen; (vorausgesetzt mein Atmen & und einige

> andere Dinge entwickeln sich nicht zu schnell in Richtung Sterblichkeit statt davon weg).
>
> [...]
>
> Niemand weiß, welche fast schreckliche Energie und Kraft noch unentwickelt in diesem, meinem drahtigen kleinen System schlummert. Ich sage schrecklich, weil Sie sich vorstellen können, was sie unter bestimmten Umständen sein könnten.
>
> Lord L. sagt manchmal: «Was für ein General Sie doch wären!» Stellen Sie sich mich in Zeiten sozialer und politischer Unruhen vor (wären weltliche Macht, Herrschaft & Ehrgeiz meine Sache gewesen, was jetzt nie so sein könnte).
>
> Ein wahrhaft verzweifelter Geist; & mit einem Grad an tiefer und unergründlicher Klugheit, die seltsamerweise im Widerspruch zum Mut & Unternehmungsgeist des Charakters steht, eine Verbindung, die mir aller Wahrscheinlichkeit nach unbegrenzten Einfluss & Erfolg bescheren würde.[21]

In der Informatik wird Mathematik zu einer Sprache, mit der die Welt in einer Maschine verarbeitet werden kann. Der Aspekt der «Maschinensprache» ist ein weiterer zentraler Punkt in Adas Anmerkungen, und mit diesem formuliert sie Gedanken, die für die noch nicht existierende Informationstechnologie von bahnbrechender Bedeutung sind. Denn mit einer Maschine, die eine solche Sprache versteht, können abstrakte Operationen oder Formeln produktiv genutzt werden. Sie können für den Menschen arbeiten. Diese Formeln sind die mathematischen Entsprechungen für alltägliche Probleme wie «Ich brauche eine Wasserwaage» oder «Ich will ein Musikstück schreiben, ohne ein Komponist zu sein». Damit die Maschine das für uns machen kann, müssen die Operationen für sie zugänglich sein. Sie müssen in einer Sprache geschrieben werden, die sie verstehen kann. Die Gleichungen auf Papier können nicht eins zu eins von der Maschine gelesen werden. Ada fasst als Erste in Worte, dass Mathematiker die Operationen in einer Sprache aufschreiben müssen, die dem Mechanismus der Maschine entspricht – sodass diese sie auch verarbeiten kann. Sybille Krämer definiert das so: Operationen sind Prozeduren, die «mathematisierbar, vielfältig miteinander kombinierbar und maschinenexekutierbar sind. Es sind Prozeduren, für die ein Programm geschrieben werden kann.»[22]

Eine Maschinensprache ist nichts anderes als ein Programm, das die Operationen in Anweisungen für die Maschine übersetzt. Konkret bedeutet das: Wir müssen der Analytischen Maschine sagen, welches Zahnrad an welche Stelle gedreht werden muss, damit die Operation einen Schritt weitergehen kann. Die Maschine kann die Mathematik erst dann produktiv nutzen, wenn wir sie in eine Sprache bringen, die sie umsetzen kann. Dafür muss eine Symbolsprache konstruiert werden, die die Maschine versteht – ein «Code», den sie entziffern und in Aktion umsetzen kann. Ada schreibt:

> Für die zukünftige Nutzung der Analysis wird eine neue, umfangreiche und leistungsfähige Sprache entwickelt, welche es ermöglicht, ihre Wahrheiten so zu handhaben, dass weit schnellere und korrektere praktische Anwendungen für die Lösung von Aufgaben der Menschheit möglich sind, als sie je zuvor möglich waren. So werden also nicht nur das Geistige und das Materielle, sondern auch das Theoretische und das Praktische aus der Welt der Mathematik in eine intime und effektive Verbindung miteinander gebracht.[23]

Die Implikationen dieses sehr abstrakten Absatzes sind weitreichend. Ada sagt, dass eigentlich alle Vorgänge in dieser Welt von der Maschine beschrieben und verarbeitet werden können, wenn man sie zuvor in eine (mathematische) Formelsprache übertragen könnte, die wiederum durch den Mechanismus der Maschine verstanden wird. Damit beschreibt Ada im Prinzip die Digitalisierung: «Anwendungen für die Lösungen von Aufgaben der Menschheit». Und von dort aus könnten wir übergehen zu Fragen, die noch immer aktuell sind, zum Beispiel diese: Was passiert, wenn wir ein Programm entwickeln, das den Vorgängen im menschlichen Gehirn entspricht? Ada hat diese Fragen nicht gestellt, aber sie hat vorausgesehen, dass die Maschine am Ende wahrscheinlich intelligenter sein wird als der Mensch selbst. Das wird anhand der folgenden Zeilen deutlich – ein einziger, sehr langer Satz mit fast 150 Wörtern:

> Derjenige unter Ihnen, der in der Wissenschaft der Mathematik nicht nur eine Verkörperung abstrakter und unveränderlicher Wahrheiten sieht, deren innere Schönheit, Symmetrie und logische Vollständigkeit, miteinander zu einem Ganzen verbunden, sie zu einem bevorzugten Ort für die Interessen eines jeden tiefgründigen und logisch denkenden Geistes machen, sondern sich auch daran erinnert, sie als den Sprecher einer für die menschliche Rasse noch vorrangigeren Sprache, durch welche wir allein in der Lage sind, die großartigen Fakten der natürlichen Welt angemessen auszudrücken, sowie die unaufhörlichen Veränderungen der in den uns umgebenden Erscheinungen konstant stattfindenden, sichtbaren wie unsichtbaren, bewussten wie unbewussten, wechselseitigen Beziehungen: wer also die mathematische Wahrheit als das Instrument ansieht, durch das der schwache menschliche Geist in ef-

> fektivster Weise die Schöpfung verstehen kann, der wird mit speziellem Interesse all die Dinge verfolgen, die eine Übersetzung ihrer Prinzipien in eine konkrete, praktische Form zu ermöglichen den Anschein haben.[24]

Ada schlägt hier eine Brücke von der Mathematik zu anderen Wissenschaften und auch zur Philosophie und zur Religion. Für all diese sichtbaren und unsichtbaren Vorgänge würde eine Maschine, die abstrakte mathematische Formeln verarbeiten kann, einen großen Unterschied machen. Allein durch die Formalisierung vieler Probleme – dessen ist Ada sich sicher – wird sich der Blick auf die Welt verändern und mehr Erkenntnis möglich werden. Die letzte Anmerkung – Notiz G – ist das große Finale von Adas Arbeit. Sie enthält die Tabelle, in der sie das erste Computerprogramm niedergeschrieben hat.

Eine universelle Maschine, wie die Analytische Maschine und alle modernen Computer, werden durch Programme, die sie ausführen können, zu speziellen Maschinen mit vielen verschiedenen Anwendungsmöglichkeiten. Früher konnte man sie auf CD oder Diskette einzeln kaufen. Heute laden wir sie uns im Internet herunter und der Computer wird zum Musikstudio oder Zeichenblock. Im Jahr 1843 hat noch niemand bewiesen, dass es tatsächlich möglich ist, so ein Programm für eine Maschine, die es ja auch noch gar nicht gibt, zu schreiben.

Ada will mit ihrem Text vor allem zeigen, dass die Maschine praktische Anwendungsmöglichkeiten hätte, sodass es für die britische Regierung lohnenswert wäre, Geld in ihren Bau zu investieren. Um in diesem Punkt zu überzeugen, bedient sich Ada nicht nur Erklärungen, sondern sie demonstriert auch, was mit der Maschine möglich wird. Sie geht sozusagen auch den umgekehrten Weg: Sie beschreibt nicht nur die

Universalität der Analytischen Maschine, sondern auch, wie die Maschine einzustellen ist, sodass sie zu einer speziellen Maschine wird. Sie will zeigen, wie man sie programmieren könnte. Das scheint ihr von Anfang an ein Anliegen gewesen zu sein, denn schon als sie die Arbeit an ihrem Text aufnimmt, schreibt sie an Babbage, dass sie eine Anwendung verfassen will, wie die Analytische Maschine die Bernoulli-Zahlen berechnen könnte. Die Bernoulli-Zahlen sind eine Folge rationaler Zahlen, die in der Mathematik in verschiedenen Kontexten, vor allem in der Analysis, auftritt.

In einem Brief vom 10. Juli 1843 (oder dem 26. Juni, wie Toole vermutet) schreibt Ada an Babbage:

> Ich möchte etwas über die Bernoulli-Zahlen hinzufügen, zu einer meiner Anmerkungen, als Beispiel dafür, wie eine implizite Funktion durch die Maschine berechnet werden kann, ohne dass sie zuvor von einem menschlichen Kopf & Händen berechnet wurde. Senden Sie mir die erforderlichen Daten und Formeln. Hochachtungsvoll A. A. L.[25]

Ada beendet ihren Text mit diesem Programm, das sie in Tabellenform aufgeschrieben hat, und es macht sie zur ersten Programmiererin in der Geschichte der Informationstechnik. Eine Leistung, die über die Zeit immer wieder von Historikerinnen und Historikern angezweifelt wurde – aus verschiedenen Gründen. Einer dieser Gründe findet sich in einem Zitat aus Babbages Memoiren:

> Wir haben die verschiedenen Illustrationen besprochen, die eingefügt werden könnten: Ich habe mehrere vorgeschlagen, aber die Auswahl lag ganz bei ihr. Ebenso die algebraische Berechnung der verschiedenen Probleme, mit Ausnahme der Bernoulli-Zahlen, die ich angeboten hatte

> zu übernehmen, um Lady Lovelace die Mühe zu ersparen. Diese schickte sie mir zur Änderung zurück, nachdem sie einen schwerwiegenden Fehler entdeckt hatte, der mir unterlaufen war.[26]

Ada habe das Programm also nicht selbst geschrieben, sondern nur auf der Grundlage von Babbages Vorarbeit ausgearbeitet. Um dieses Argument zu entkräften, müssen wir eine Vorstellung davon haben, was es eigentlich heißt zu programmieren und was der Unterschied zwischen einem Algorithmus und einem Programm ist.

Sybille Krämer verdeutlicht in ihrem Aufsatz genau diesen Unterschied. Ein Algorithmus alleine ist noch kein Programm, schreibt sie: «Algorithmen sind das Rohmaterial für die Programmierung».[27] Was Babbage Ada zulieferte, ist die Formel, auf deren Grundlage sie das Programm schrieb.

Aber der Reihe nach: Die Vorteile, die die mathematische Sprache hat, sind einerseits, dass Operationen stets eindeutige Ergebnisse liefern (Mathematiker nennen dies «wohldefiniert») und daher von einem Computer durchgeführt werden können, und zum anderen, dass sie – bezüglich der gegebenen Informationen – immer zu einem korrekten Ergebnis kommen.

Und diese Eigenschaft vom Arbeiten mit Zahlen, diese fast triviale Erkenntnis, ist die Grundvoraussetzung dafür, dass Computer funktionieren. Die Grundvoraussetzung dafür also, dass ich diesen Text auf meinem Laptop tippen und auf meinem Bildschirm lesen kann. Und die Grundvoraussetzung für die große Macht, die Maschinen haben, die mit solchen Prozeduren arbeiten.

Ein Algorithmus ist eine Regel oder eine Formel für eine solche Prozedur. Damit eine Maschine mit einem Algorithmus arbeiten kann, müssen von diesem genaue Anweisungen für die Maschine abgeleitet werden können, das hat Ada bereits in ihrer Notiz Aerklärt – es muss ein Programm geschrieben werden, das die Maschine versteht.

In Adas Tabelle wird die Analytische Maschine mit ihren Zahnradsäulen fast lebendig. Sie sind mit V für «Variable» bezeichnet (V_1 bis V_{10}). In die Säulen werden über die Nummernkarten Zahlen eingegeben – das Zahnrad dreht sich an die richtige Stelle und zeigt die Nummer an.

Insgesamt 25 unterschiedliche Schritte muss die Analytische Maschine ausführen, um die achte Bernoulli-Zahl zu berechnen – so hat es sich Ada ausgedacht. Allerdings benutzte Ada 1843 eine andere Notation, als sie heute gängig ist. Nach der heutigen wäre es die siebte Bernoulli-Zahl, der Unterschied kommt daher, ob man bei 0 oder bei 1 zu zählen beginnt.

Für die Bernoulli-Zahlen gilt:

$$(B_n)_{n \in N}$$
$$B_n = {}^{n-1}{}_{k=0} \Sigma \, (n/K) \, B_K \, / \, n+1-K$$
$$B_0 = 1$$

Mit der Formel werden die Bernoulli-Zahlen *rekursiv* berechnet. Das heißt, wir können für eine feste natürliche Zahl n (n ist 1, 2, 3, 4, 5 ...) mithilfe der rekursiven Formel die n-te Bernoulli-Zahl aus den Bernoulli-Zahlen B_0, ..., B_{n–1} berechnen.

In der zweiten Spalte und ersten Zeile der Tabelle sehen wir, dass die Maschine eine Multiplikation ausführen soll *(Name of Operations: x)*. Dafür würde die entsprechende Operationskarte in den Kartenleser an der CPU eingegeben. Dann geht aus der Tabelle hervor, welche Variablen, also welche Zahnräder, aktiv sind (in der Spalte *Variables acted upon*).

In der Spalte mit der Überschrift *Data* sehen wir, welche Zahlen auf der Variablen liegen. Das sind in diesem Fall 2 und n. Die Operation lautet also «2xn» und das Ergebnis: «2n». Dieses Ergebnis liegt jetzt in einer Zahnradsäule, der Variable V_4, und kann damit in der nächsten Operation – einer Subtraktion – von der Maschine verwendet werden. Sie rechnet den Wert von V_4 minus V_1. Wie wir in der Spalte *Data* sehen, zeigt dieses Zahnrad eine 1. Die Maschine rechnet also: «2n–1» und überschreibt damit die Variable V_4.

In dieser Weise zerlegt Ada die Berechnung der Bernoulli-Zahlen für die Analytische Maschine in verschiedene Operationsschritte. Alle diese Schritte hat Ada nacheinander in der Tabelle aufgeschrieben. Und entsprechend müssten als Nächstes die Lochkarten mit den Befehlen für die Maschine präpariert werden.

Ab Operation dreizehn gibt es Schritte, die die Maschine wiederholen muss. Dafür ist es notwendig, dass bestimmte Zwischenergebnisse im Storage der Maschine gespeichert werden. Auf die kann die Maschine mit einer Variablenkarte dann wieder zugreifen. Man erkennt hier Praktiken, die auch heute noch verwendet werden: das Zwischenspeichern, um effizienter zu sein, sowie eine Wiederholungsanweisung – in der Informatik auch Schleife genannt. Auch dieses Vorgehen ist eine Erfindung von Ada Lovelace.

> Ich habe den ganzen Tag ununterbrochen & äußerst erfolgreich gearbeitet. Sie werden den Entwurf & das Diagramm sehr bewundern. Sie wurden mit äußerster Sorgfalt erstellt, & alle Indizes wurden sehr genau und gewissenhaft beachtet. Lord L. färbt sie im Moment freundlicherweise für mich ein. Ich musste sie mit Bleistift anfertigen.[28]

Diagram for the computation by the Engine of

Number of Operation.	Nature of Operation.	Variables acted upon.	Variables receiving results.	Indication of change in the value on any Variable.	Statement of Results.	Data. ${}^{1}V_1$ 0 0 0 1 [1]	${}^{1}V_2$ 0 0 0 2 [2]	${}^{1}V_3$ 0 0 0 4 [n]	${}^{0}V_4$ 0 0 0 0 [ ]	${}^{0}V_5$ 0 0 0 0 [ ]
1	×	${}^{1}V_2 \times {}^{1}V_3$	${}^{1}V_4, {}^{1}V_5, {}^{1}V_6$	$\left\{\begin{matrix} {}^{1}V_2 = {}^{1}V_2 \\ {}^{1}V_3 = {}^{1}V_3 \end{matrix}\right\}$	$= 2n$	...	2	n	$2n$	$2n$
2	−	${}^{1}V_4 - {}^{1}V_1$	${}^{2}V_4$	$\left\{\begin{matrix} {}^{1}V_4 = {}^{2}V_4 \\ {}^{1}V_1 = {}^{1}V_1 \end{matrix}\right\}$	$= 2n - 1$	1	...	...	$2n - 1$	
3	+	${}^{1}V_5 + {}^{1}V_1$	${}^{2}V_5$	$\left\{\begin{matrix} {}^{1}V_5 = {}^{2}V_5 \\ {}^{1}V_1 = {}^{1}V_1 \end{matrix}\right\}$	$= 2n + 1$	1	...	...	...	$2n+1$
4	÷	${}^{2}V_5 \div {}^{2}V_4$	${}^{1}V_{11}$	$\left\{\begin{matrix} {}^{2}V_5 = {}^{0}V_5 \\ {}^{2}V_4 = {}^{0}V_4 \end{matrix}\right\}$	$= \frac{2n-1}{2n+1}$	...	...	...	0	0
5	÷	${}^{1}V_{11} \div {}^{1}V_2$	${}^{2}V_{11}$	$\left\{\begin{matrix} {}^{1}V_{11} = {}^{2}V_{11} \\ {}^{1}V_2 = {}^{1}V_2 \end{matrix}\right\}$	$= \frac{1}{2} \cdot \frac{2n-1}{2n+1}$	...	2	...	...	...
6	−	${}^{0}V_{13} - {}^{2}V_{11}$	${}^{1}V_{13}$	$\left\{\begin{matrix} {}^{2}V_{11} = {}^{0}V_{11} \\ {}^{0}V_{13} = {}^{1}V_{13} \end{matrix}\right\}$	$= -\frac{1}{2} \cdot \frac{2n-1}{2n+1} = A_0$	...	...	...	...	...
7	−	${}^{1}V_3 - {}^{1}V_1$	${}^{1}V_{10}$	$\left\{\begin{matrix} {}^{1}V_3 = {}^{1}V_3 \\ {}^{1}V_1 = {}^{1}V_1 \end{matrix}\right\}$	$= n - 1 \ (= 3)$	1	...	n	...	...
8	+	${}^{1}V_2 + {}^{0}V_7$	${}^{1}V_7$	$\left\{\begin{matrix} {}^{1}V_2 = {}^{1}V_2 \\ {}^{0}V_7 = {}^{1}V_7 \end{matrix}\right\}$	$= 2 + 0 = 2$	...	2	...	...	...
9	÷	${}^{1}V_6 \div {}^{1}V_7$	${}^{3}V_{11}$	$\left\{\begin{matrix} {}^{1}V_6 = {}^{1}V_6 \\ {}^{0}V_{11} = {}^{3}V_{11} \end{matrix}\right\}$	$= \frac{2n}{2} = A_1$	...	...	...	...	...
10	×	${}^{1}V_{21} \times {}^{3}V_{11}$	${}^{1}V_{12}$	$\left\{\begin{matrix} {}^{1}V_{21} = {}^{1}V_{21} \\ {}^{3}V_{11} = {}^{3}V_{11} \end{matrix}\right\}$	$= B_1 \cdot \frac{2n}{2} = B_1 A_1$	...	...	...	...	...
11	+	${}^{1}V_{12} + {}^{1}V_{13}$	${}^{2}V_{13}$	$\left\{\begin{matrix} {}^{1}V_{12} = {}^{0}V_{12} \\ {}^{1}V_{13} = {}^{2}V_{13} \end{matrix}\right\}$	$= -\frac{1}{2} \cdot \frac{2n-1}{2n+1} + B_1 \cdot \frac{2n}{2}$ ...	...	...	...	...	...
12	−	${}^{1}V_{10} - {}^{1}V_1$	${}^{2}V_{10}$	$\left\{\begin{matrix} {}^{1}V_{10} = {}^{2}V_{10} \\ {}^{1}V_1 = {}^{1}V_1 \end{matrix}\right\}$	$= n - 2 \ (= 2)$	1	...	...	...	...
13	−	${}^{1}V_6 - {}^{1}V_1$	${}^{2}V_6$	$\left\{\begin{matrix} {}^{1}V_6 = {}^{2}V_6 \\ {}^{1}V_1 = {}^{1}V_1 \end{matrix}\right\}$	$= 2n - 1$	1	...	...	...	...
14	+	${}^{1}V_1 + {}^{1}V_7$	${}^{2}V_7$	$\left\{\begin{matrix} {}^{1}V_1 = {}^{1}V_1 \\ {}^{1}V_7 = {}^{2}V_7 \end{matrix}\right\}$	$= 2 + 1 = 3$	1	...	...	...	...
15	÷	${}^{2}V_6 \div {}^{2}V_7$	${}^{1}V_8$	$\left\{\begin{matrix} {}^{2}V_6 = {}^{2}V_6 \\ {}^{2}V_7 = {}^{2}V_7 \end{matrix}\right\}$	$= \frac{2n-1}{3}$	...	...	...	...	...
16	×	${}^{1}V_8 \times {}^{3}V_{11}$	${}^{4}V_{11}$	$\left\{\begin{matrix} {}^{1}V_8 = {}^{0}V_8 \\ {}^{3}V_{11} = {}^{4}V_{11} \end{matrix}\right\}$	$= \frac{2n}{2} \cdot \frac{2n-1}{3}$	...	...	...	...	...
17	−	${}^{2}V_6 - {}^{1}V_1$	${}^{3}V_6$	$\left\{\begin{matrix} {}^{2}V_6 = {}^{3}V_6 \\ {}^{1}V_1 = {}^{1}V_1 \end{matrix}\right\}$	$= 2n - 2$	1	...	...	...	...
18	+	${}^{1}V_1 + {}^{2}V_7$	${}^{3}V_7$	$\left\{\begin{matrix} {}^{2}V_7 = {}^{3}V_7 \\ {}^{1}V_1 = {}^{1}V_1 \end{matrix}\right\}$	$= 3 + 1 = 4$	1	...	...	...	...
19	÷	${}^{3}V_6 \div {}^{3}V_7$	${}^{1}V_9$	$\left\{\begin{matrix} {}^{3}V_6 = {}^{3}V_6 \\ {}^{3}V_7 = {}^{3}V_7 \end{matrix}\right\}$	$= \frac{2n-2}{4}$	...	...	...	...	...
20	×	${}^{1}V_9 \times {}^{4}V_{11}$	${}^{5}V_{11}$	$\left\{\begin{matrix} {}^{1}V_9 = {}^{0}V_9 \\ {}^{4}V_{11} = {}^{5}V_{11} \end{matrix}\right\}$	$= \frac{2n}{2} \cdot \frac{2n-1}{3} \cdot \frac{2n-2}{4} = A_3$	...	...	...	...	...
21	×	${}^{1}V_{22} \times {}^{5}V_{11}$	${}^{0}V_{12}$	$\left\{\begin{matrix} {}^{1}V_{22} = {}^{1}V_{22} \\ {}^{0}V_{12} = {}^{2}V_{12} \end{matrix}\right\}$	$= B_3 \cdot \frac{2n}{2} \cdot \frac{2n-1}{3} \cdot \frac{2n-2}{3} = B_3 A_3$	...	...	...	...	...
22	+	${}^{2}V_{12} + {}^{2}V_{13}$	${}^{3}V_{13}$	$\left\{\begin{matrix} {}^{2}V_{12} = {}^{0}V_{12} \\ {}^{2}V_{13} = {}^{3}V_{13} \end{matrix}\right\}$	$= A_0 + B_1 A_1 + B_3 A_3$	...	...	...	...	...
23	−	${}^{2}V_{10} - {}^{1}V_1$	${}^{3}V_{10}$	$\left\{\begin{matrix} {}^{2}V_{10} = {}^{3}V_{10} \\ {}^{1}V_1 = {}^{1}V_1 \end{matrix}\right\}$	$= n - 3 \ (= 1)$	1	...	...	...	...
					Here follows a repetiti					
24	+	${}^{4}V_{13} + {}^{0}V_{24}$	${}^{1}V_{24}$	$\left\{\begin{matrix} {}^{4}V_{13} = {}^{0}V_{13} \\ {}^{0}V_{24} = {}^{1}V_{24} \end{matrix}\right\}$	$= B_7$	...	...	...	...	...
25	+	${}^{1}V_1 + {}^{1}V_3$	${}^{1}V_3$	$\left\{\begin{matrix} {}^{1}V_1 = {}^{1}V_1 \\ {}^{1}V_3 = {}^{1}V_3 \\ {}^{5}V_6 = {}^{0}V_6 \\ {}^{4}V_7 = {}^{0}V_7 \end{matrix}\right\}$	$= n + 1 = 4 + 1 = 5$ .... by a Variable-card. by a Variable card.	1	...	$n + 1$	...	...

…bers of Bernoulli. See Note G. (page 722 *et seq.*)

Working Variables.						Result Variables.			
$^0V_8$ ○ 0 0 0	$^0V_9$ ○ 0 0 0	$^0V_{10}$ ○ 0 0 0	$^0V_{11}$ ○ 0 0 0	$^0V_{12}$ ○ 0 0 0	$^0V_{13}$ .... ○ 0 0 0	$^1V_{21}$ ○ B_1 in a decimal fraction.	$^1V_{22}$ ○ B_3 in a decimal fraction.	$^1V_{23}$ ○ B_5 in a decimal fraction.	$^0V_{24}$... ○ 0 0 0
						B_1	B_3	B_5	B_7
...	...	...	$\frac{2n-1}{2n+1}$						
...	...	...	$\frac{1}{2}\cdot\frac{2n-1}{2n+1}$						
...	...	...	0	....	$-\frac{1}{2}\cdot\frac{2n-1}{2n+1}=A_0$				
...	...	$n-1$							
...	...	...	$\frac{2n}{2}=A_1$						
...	...	...	$\frac{2n}{2}=A_1$	$B_1\cdot\frac{2n}{2}=B_1A_1$	....	B_1			
...	...	...	....	0	$\left\{-\frac{1}{2}\cdot\frac{2n-1}{2n+1}+B_1\cdot\frac{2n}{2}\right\}$				
...	...	$n-2$							
$\frac{2n-1}{3}$									
0	...	...	$\frac{2n}{2}\cdot\frac{2n-1}{3}$						
...	$\frac{2n-2}{4}$	...	$\left\{\frac{2n}{2}\cdot\frac{2n-1}{3}\cdot\frac{2n-2}{3}=A_3\right\}$						
...	0								
...	...	...	0	B_3A_3	....	......	B_3		
...	...	...	....	0	$\left\{A_3+B_1A_1+B_3A_3\right\}$				
...	...	$n-3$							
…tions thirteen to twenty-three.									
...	...	...	....	....	....	......	......	......	B_7

Die letzten Seiten von Adas *«Notes»* sind mit dieser großen Tabelle gefüllt.

Informatiker haben Adas Programm aus der Notiz G über hundert Jahre später getestet: Ihr einziger Fehler war ein falsch gesetztes Minus als Vorzeichen – nachdem das korrigiert war, konnte Adas Programm die Bernoulli-Zahlen korrekt berechnen.

Heute ist es ganz normal zu sagen, dass Computer aus Hardware und Software bestehen – also der physischen Maschine und einem Programm. Früher konnte man solche Programme auf Diskette oder CD-ROM kaufen und auf den Computer aufspielen, heute kann man sie meistens einfach herunterladen.

Als Ada ihre Anmerkungen an einem Donnerstagmorgen im Juli 1843 abschließt, ist sie in einem Zustand der Euphorie.

> Ich freue mich, dass für die Anmerkungen kaum Korrekturen anfallen – um ehrlich zu sein, gerate ich über sie ins Staunen & kann nicht anders, als mich – *malgrè moi* – von der wirklich meisterhaften Natur des Stils und seiner Überlegenheit gegenüber dem Memoir beeindruckt zu zeigen.
>
> Ich habe Lord L. zum Lachen gebracht, indem ich trocken bemerkte: «Nun, ich bin sehr zufrieden mit meinem ersten Kind. Es ist ein ungewöhnlich schönes Baby & wird sich zu einem Mann von herausragender Größe und Macht auswachsen.»
>
> [...]
>
> Lord L. scheint über die Maßen erfreut über den sehr gebildeten und verständigen Aspekt der Physiognomie meines Babys, das er kurz in Augenschein nahm. Mit freundlichen Grüßen A. L.[29]

Auch aus dem folgenden Schreiben, das um die gleiche Zeit entstanden sein muss, geht die Freude über ihre gelungene Arbeit hervor:

> Es gibt nicht viel zu korrigieren in Notiz A; (Ich sende Ihnen hier alles); Und ich denke, dass der Großteil davon lediglich auszustreichende Absätze & einzufügende oder zu ändernde Satzzeichen sind. Ich kann nicht umhin, mein Erstaunen über mein Kind auszudrücken. Die prägnante & kraftvolle Art des Stils scheint mir besonders auffällig zu sein, und es liegt darin manchmal eine halb satirische & humorvolle Trockenheit, die mich vermutlich zu einem hervorragenden Rezensenten machen würde. Ich bin völlig überwältigt von der Kraft des Geschriebenen. Es unterscheidet sich sicherlich entschieden von dem Stil einer Frau; aber mit dem eines Mannes lässt es sich auch nicht recht vergleichen.[30]

In diesen Zeilen schwingt auch die Auseinandersetzung mit den Geschlechterrollen mit, die Adas Leben bestimmen. Ada fragt sich, wer sie als wissenschaftlich arbeitende Frau eigentlich ist, welche Ausdrucksweise ihr entspricht. Prägnanz und Kraft sind Wörter, die Männern zugeschrieben werden, aber die Ada ebenfalls in ihrem Text findet. Die Schlussfolgerung bleibt offen, denn es gibt viel zu tun: Auch bei den letzten Abstimmungen mit der Redaktion und den Druckern ist Ada federführend. Häufig regt sie sich über die Fehler auf, die dabei typisch sind, etwa wenn ihre gewünschten Änderungen an die falsche Stelle gesetzt oder nicht wie verlangt übernommen werden.

Am 30. Juli 1843 schreibt sie an Babbage:

> Von mehreren vorgenommenen Korrekturen wurde keine eingefügt; auch die hochgestellten Indizes wurden nicht hinzugefügt; ebenso wenig die kleine Fußnote. Ich sende Ihnen den gesamten letzten Teil der Überarbeitung & die entsprechenden Korrekturfahnen zurück, damit Sie sich

die Angelegenheit umgehend ansehen können. Ich kann mir eine solche Nachlässigkeit nicht erklären ...

Ich glaube nicht, dass Sie auch nur halb so viel wie ich vorausdenken & alle möglichen Eventualitäten (wahrscheinliche & unwahrscheinliche gleichermaßen) vorhersehen können.[31]

Ihr Selbstbewusstsein gegenüber Babbage wächst mit der Zeit, und sie ärgert ihn mit seinen Fehlern: «Ich wünschte, Sie wären so genau & so zuverlässig, wie ich es bin.»

Einmal verschludert Babbage anscheinend fast einen Teil ihrer Notiz G:

Der fehlende Teil muss entweder bei Ihnen zu Hause oder beim Drucker sein; & es scheint mir sehr unwahrscheinlich, dass Sie ihn behalten haben sollten. Ich würde also fast alles darauf verwetten, dass er sich im Büro befindet oder dass er, falls er verloren gegangen ist, dort verloren gegangen ist. – Gleichzeitig habe ich immer vermutet, dass Sie ein wenig unbedacht & hin und wieder ungenau sind, was die exakte Reihenfolge und Anordnung von Blättern, Seiten & Absätzen usw. betrifft (siehe den Absatz, den Sie so achtlos überklebt haben!).[32]

Und wenn Babbage etwas abändert, das Ada nicht gefällt, ändert sie es einfach wieder:

Übrigens hoffe ich, dass Sie es nicht auf sich nehmen, irgendwelche meiner Korrekturen zu ändern.

Ich muss Sie bitten, das nicht zu tun. Sie haben alle einen sehr guten Grund. Und Sie haben an ein oder zwei Stellen ein ziemliches Durcheinander angerichtet (was ich Ihnen irgendwann zeigen werde).[33]

Der Aufsatz und die Briefe von Ada und Babbage zeigen zweierlei: Erstens, Ada ist die alleinige Autorin der *«Notes»*, und zweitens arbeitete sie eng mit Babbage zusammen. Er nahm die Rolle eines Lektors ein, der den Text redigierte und auf Fehler kontrollierte.

Ada hat sich auf diese Weise die Umstände geschaffen, in denen es ihre Genialität aus ihr heraus und an die Öffentlichkeit schaffen konnte. Es gehört zu ihrem Genie, dass sie diesen Weg fand und die Gelegenheit beim Schopf packte. Sie ist ein Kind ihrer Zeit, treibt Fortschritt durch Technik und Wissenschaft voran. Sie steht auf den Schultern von Mary Somerville, an deren Beispiel sie gelernt hat, wie sie als Frau durch die Welt der Wissenschaft navigieren kann. Sie steht auf den Schultern von Charles Babbage, der ihr Talent erkannte, sie arbeiten ließ und sie dabei unterstützte. Sie hat ihre Vorahnung und ihren Traum erfüllt, etwas Größeres zu schaffen.

Durch Babbages wirre Arbeitsweise war das Konzept für die Analytische Maschine zudem immer unfertig, immer im Fluss. Dass Ada trotzdem erkannte, welches Potenzial in der Maschine steckte, gehört zu ihren Leistungen, die heute als bahnbrechend gelten:

> Sie [Ada] war die erste Person, die bekanntermaßen die intellektuelle Schwelle zwischen der Vorstellung von Datenverarbeitung als reines Rechenverfahren einerseits und der Datenverarbeitung, wie wir sie heute kennen, andererseits überschritten hat: mit breiteren Anwendungsmöglichkeiten, möglich gemacht durch symbolische Substitution.[34]

DER FEHLER

It is not my wish to proclaim who has written it.

— A. A. L.[1]

Überschreiten Frauen den Rahmen dessen, was als «normal» und «weiblich» gilt, gehen sie das Risiko ein, öffentlich angegriffen oder verspottet zu werden.

Frauen haben deshalb häufig Wege gesucht, ihren Träumen nachzujagen und sie zu erfüllen, ohne dabei aufzufallen. Mitglieder unterdrückter Gruppen versuchen auf diese Weise, die gleichen Möglichkeiten auszuschöpfen, die von der herrschenden Klasse selbstverständlich wahrgenommen werden, und teilzuhaben an den Lebensweisen, die dieser Klasse ohne Vorbehalte zur Verfügung stehen. Oft hieß (und heißt) das aber, dass die Arbeit im Verborgenen bleiben musste, damit man ihr überhaupt nachgehen konnte. Das gilt für Frauen, die sich vor der Öffentlichkeit verschlossene Räume und Communities suchten, ebenso wie für queere Menschen oder *People of Colour*. Der Vorteil: In diesen geschützten Räumen konnten Kunst und Literatur entstehen. Der Nachteil: Die Ergebnisse der Arbeit und der Bemühungen drangen nicht oder nicht in eindeutiger Autorschaft nach außen. So zogen im 19. Jahrhundert afroamerikanische und karibische Künstlerinnen und Künstler nach Paris und beeinflussten Bewegungen wie den Kubismus, was, anders als der Name Pablo Picasso, der als «Vater» der Strömung gilt, wenig bekannt ist. Auch das Leben der französischen Autorin Colette ist ein Zeugnis für das Unsichtbarmachen weiblicher Autorenschaft. Colette veröffentlichte ihre ersten Romane zur Jahrhundertwende unter dem Pseudonym ihres Ehemannes. Erst in einem Rechtsstreit erreichte sie später, dass sein Name als Co-Autor vom Buchtitel verschwand – eine Entscheidung, die nach ihrem Tod durch die Klage von einem seiner Söhne allerdings wieder rückgängig gemacht wurde.

Für die Nachwelt wurde es dadurch häufig schwieriger, die erbrachte Leistung von Frauen, queeren Menschen oder *People of Colour* vollumfänglich zu würdigen, oder zumindest einfacher, es nicht zu tun. Auch das ist eine Folge von Unterdrückung. Es geht darum, welcher Name unter einem Werk steht. Es geht um Autorschaft. Namen sind wichtige Marker für strukturelle Unterdrückung. Wir erkennen weibliche Namen, wir erkennen «fremde» Namen, und in rassistischen Systemen wie den westlichen Gesellschaften wurden und werden Leistungen, denen diese Namen beigeordnet sind, automatisch abgewertet. Gleichzeitig gelten Namen als der wichtigste Beweis für eine Leistung, und in der Geschichtsschreibung wird oft so getan, als wäre der Name das sicherste und eindeutige Beweismittel, um einer Person eine Leistung zuschreiben zu können. Dass die Mitglieder unterdrückter Gruppen oft nicht mit ihrem Namen unterschreiben konnten oder durften oder dass stattdessen ein anderer Name unter einem Werk verwendet wurde, um die Autorenschaft zu verschleiern und damit unmittelbaren Nachteilen zu entgehen, wird häufig übersehen und führte dazu, dass in Geschichtsbüchern viele wichtige Namen fehlen.

So konnten Frauen im 19. Jahrhundert keine Patente anmelden, und viele Erfindungen, die eigentlich Frauen zuzuschreiben sind, wurden ihren Männern oder männlichen Vormündern zugesprochen. Das beschreibt die amerikanische Frauenrechtlerin Matilda Joslyn Gage im Jahr 1883 in ihrem Essay «*Woman as an Inventor*». Sie schlägt einen Bogen durch die Geschichte und zählt eine Erfindung nach der anderen auf, die von Frauen stammen – von der Seidenproduktion in China 4000 Jahre v. Chr. hin zur *Cotton Gin* in den 1790er-Jahren, einer Maschine, die die Verarbeitung von Baumwolle revolutionierte.

Außerdem haben Frauen sich häufig bewusst entschieden, ihre Namen nicht zu nennen. So benutzten im 19. Jahrhundert in Großbritannien Schriftstellerinnen wie die Brontë-Schwestern oder Mary Ann Evans meistens männliche Pseudonyme, um ihre Romane überhaupt veröffentlichen zu können. Jane Austens Bücher wurden zunächst anonym veröffentlicht. Nur als Männer oder durch die Verschleierung ihrer Identität hatten diese Schriftstellerinnen überhaupt eine Chance, ihr Schreiben zu veröffentlichen und für ihre Literatur ernst genommen zu werden. Das schreibt auch Charlotte Brontë im Jahr 1850:

> Wir haben uns nicht als Frauen zu erkennen gegeben, denn – ohne jemals anzunehmen, dass unser Schreiben und Denken nicht dem entsprechen, was «feminin» genannt wird – hatten wir die vage Vermutung, dass auf Autorinnen mit Vorurteilen geschaut wird.[2]

Ein Name, der Weiblichkeit anzeigte, wurde anders betrachtet als ein männlicher. Kritiker urteilten über das zugehörige Werk anders – auch das lässt sich beweisen, wenn man die Kritiken von Büchern von männlichen und weiblichen Autoren jener Zeit vergleicht. Authentische Figuren, eine kraftvolle und direkte Sprache – all das wurde bei Männern von Kritikern gelobt. Schlug eine Frau diesen Ton an, erhielt sie dafür kein Lob, sondern galt als «unnormal», weil es nicht feminin war, so zu denken. «Die meisten talentierten weiblichen Autoren dieser Periode wurden kritisiert für ihre ‹Grobheit› oder das Fehlen weiblicher Kultiviertheit.»[3] Bei «Jane Eyre», dem wichtigsten Buch von Charlotte Brontë, «gaben viele Kritiker direkt zu, dass sie fanden, das Buch sei ein Meisterwerk, wenn es ein Mann geschrieben hat, und schockierend oder abartig, wenn es von einer Frau stammt».[4]

Auch Wissenschaftlerinnen waren vor diesem Urteil nicht sicher, da Männer als rational denkend galten und Frauen als emotional denkend. Frauen waren aus der Sphäre der Wissenschaft ausgeschlossen, weil ihre Gehirne als denen des Mannes unterlegen gelabelt wurden. So wie Augustus De Morgan Ada ein den Männern ebenbürtiges Talent zuschreibt, um dann im gleichen Atemzug abzuraten, dass sie den Weg eines Mathematikers einschlägt, weil sie als Frau dem nicht gewachsen sei. Für Frauen, die es wagen, genauso gut zu rechnen oder zu schreiben wie Männer, greifen diese impliziten gesellschaftlichen Verbote. Der viktorianischen Gesellschaft liegt das Ideal der Hausfrau und Mutter zugrunde, das auch heute noch der Heilige Gral der konservativen westlichen Kräfte ist. Frauen, die dem nicht entsprechen, müssen mit schwerwiegenden ökonomischen und sozialen Folgen rechnen, da sie als unverheiratete Frauen nicht für sich selbst sorgen können und von ihren Familien abhängig bleiben. In der ökonomischen Abhängigkeit liegt das mächtigste Instrument des Patriarchats. Es zwingt Frauen, sich ihrer zugedachten Rolle entsprechend zu verhalten, um einen künftigen Ehemann, der für sie sorgen kann, nicht abzuschrecken. Frauen, die zu wissenschaftlich, zu politisch, zu künstlerisch denken, sind nicht das, was ein Ehemann sucht.

Auch Ada und Lady Somerville minimierten das Risiko zu fallen, indem sie das «Unnormale» ihrer Tätigkeiten so gut wie möglich herunterspielten und es neben der ansonsten tadellosen Erfüllung ihrer weiblichen Pflichten so klein wie möglich erscheinen lassen. Solange Tätigkeiten wie wissenschaftliches Arbeiten oder Bücherschreiben oder Malen für Frauen als Hobbys bezeichnet werden konnten und nicht als ernsthafte Berufe, wurden sie von der Mehrheitsgesellschaft akzeptiert. Aus diesem Grund hatte eine der bedeutsamsten englischen Schriftstellerinnen kein Arbeitszimmer: Jane Austen schrieb den größten Teil ihrer Romane im Wohnzimmer, wo ständig Leute ein und aus gingen und sie unterbrachen. Vor den Bediensteten und Gästen versteckte sie ihre Manuskripte immer wieder. Nur so konnte sie ihren «Beruf» mit ihrem Leben vereinbaren.

Ada Lovelace war durch ihren Stand, ihre Familie und den Namen ihres Mannes vor sozialen Konsequenzen, vor Gerede, das ihrem Ruf schaden könnte, relativ gut geschützt. Andererseits war sie als Tochter von Lord Byron in der Situation, dass die Leute immer darauf schielten, dass sie vielleicht doch ein bisschen so sein könnte wie ihr Vater – ein angeborenes Skandalpotenzial sozusagen. Vermutlich hat Ada befürchtet, ihr mathematisches Werk könnte weniger ernst genommen werden, wenn bekannt würde, dass es von ihr stammt, und ihre *«Notes»* damit den Zweck verfehlen: die Förderung und damit den Bau der Analytischen Maschine.

Das wird deutlich, als es um ihre eigene Autorschaft geht. Die Übersetzung des hauptsächlich technischen Aufsatzes von Menabrea und ihre umfangreichen *«Notes»* erscheinen im August 1843 in einer Ausgabe der *«Scientific Memoirs*

Selected from the Transactions of Foreign Academies of Science and Learned Societies» unter dem Titel: «Ein Konzept für die Analytische Maschine. Eine Erfindung von Charles Babbage. Von L.F. Menabrea mit Notizen des Übersetzers». Adas Name kommt also im Titel nicht vor und auch nicht im Rest des Textes.

Weil Autorinnen im 19. Jahrhundert nicht vorgesehen sind und sie kein «Recht, Titel oder Macht über die Werke ihres eigenen Verstandes»[5] haben (so formuliert es Matilda Joslyn Gage in ihrem Essay), liegt die Entscheidung, wie Ada ihre *«Notes»* unterschreibt, bei ihrem Ehemann.

In einem Brief, verschickt am 4. Juli 1843, teilt Ada Babbage mit, worauf sie und William sich geeinigt haben:

> Lord L. schlägt vor, dass ich die Übersetzung & die Anmerkungen unterschreibe; damit meint er, dass ich einfach am Ende der Übersetzung «übersetzt von A. A. L.» anfüge & zu jeder Anmerkung die Initialen A. A. L. hinzufüge.
>
> Es ist nicht mein Wunsch, zu verkünden, wer sie verfasst hat; gleichzeitig möchte ich aber alles anfügen, was dazu beitragen könnte, sie zu individualisieren & mit anderen Werken der besagten A. A. L. zu identifizieren.[6]

Ada und William wollen also nicht bekannt geben, dass sie die Autorin der *«Notes»* ist. Dennoch will Ada sicherstellen, dass künftig andere ihrer Publikationen dem Namenskürzel zugeordnet werden können. Es soll klar sein, dass diese von der gleichen Person stammen. Wer sich dahinter verbirgt, soll aber möglichst geheim bleiben. Ada versucht auf diese Weise, die eigentlich unmögliche Aufgabe zu lösen, eine Autorschaft zu kennzeichnen, ohne sie zu kennzeichnen.

In der Originalausgabe erscheinen Adas Initialen ganz am Ende der *«Notes by the Translator»*. Aber dort steht nicht

A. A. L., für Ada Augusta Lovelace, sondern A. L. L. Ein Druckfehler, der dazu beitragen wird, dass Adas Leistung lange in Vergessenheit gerät.

Adas Verhalten in dieser Frage mag verwundern. Es scheint nicht zu der stürmischen, mutigen, größenwahnsinnigen Person zu passen, die in ihren Briefen aufscheint. Hätte eine Person, die wirklich davon überzeugt ist, für Höheres bestimmt zu sein, nicht mit ihrem Ehemann gerungen und sich dafür eingesetzt, dass ihr Name unter dem eigenen Werk steht? Hätte sie nicht vor Wut toben müssen, dass ihr diese Kennzeichnung verwehrt wurde? In Adas Brust scheinen zwei Herzen geschlagen zu haben. Oder: Sie wurde «gut erzogen». Es war schließlich immer Lady Byrons Ziel, aus Ada eine echte Lady zu machen, die ihren Emotionen nicht nachgibt und die ein sicheres Leben führt. Es ist einfach, heute aus einer privilegierten Position von anderen eine Revolution zu erwarten. Aber kann man es Ada und ihrer Mutter wirklich vorwerfen, dass sie aus den Möglichkeiten, die ihnen das Leben gegeben hat, das meiste herausholen wollten?

Vor diesem Hintergrund muss auch das Verhältnis von Ada und ihrer Mutter gesehen werden. Ich habe mich bei der Recherche und beim Schreiben oft gefragt, ob Lady Byron im literarischen Sinn ein guter oder ein böser Charakter in dieser Geschichte ist, und ich glaube, die Antwort liegt wie so oft in einer Dimension dazwischen. Hat sie nicht einfach nur getan, was eine Mutter in ihrer Situation eben tut – nämlich ihre Tochter beschützen und das Beste für sie wollen? Natürlich hätte es auch für Lady Byron negative Konsequenzen gehabt, wäre Ada aus der Gesellschaft ausgebrochen und hätte für «Skandale» gesorgt wie ihr Vater. Hat sie ihre Tochter deshalb zu sehr gezügelt, vielleicht sogar unterdrückt? Hat sie dafür gesorgt, dass Ada nicht so viel geschafft hat, wie sie hätte schaffen können, oder hat sie nicht auch einen Anteil daran, dass ihre Tochter das Genie werden konnte, das sie geworden ist?

Adas Handeln entspricht, anders als ihre mutigen Briefe, ganz ihrer gesellschaftlichen Position und Rolle als Frau und Adelige. So wie ihre Mutter das immer wollte, oder ähnlich der Vorgehensweise von Mary Somerville, die nie aus den weiblichen Normen ausgebrochen ist, sondern vielmehr innerhalb dieses vorgegebenen Rahmens ihren Weg gegangen ist und die Freiheiten nutzte, die ihre Klasse ihr bot.

So hielt es auch Mary Ann Evans. Als Evans aus der Provinz nach London zog, ließ ein Freund von ihr sie unter männlichem Pseudonym als Redakteurin für die *«Westminster Review»* arbeiten. Zwischen 1851 und 1853 leitete sie die Zeitung faktisch. Wie Ada schreibt sie in vielen Briefen davon, wie sehr sie unter ihren Ambitionen, ihrem Willen, Schriftstellerin zu werden, leidet.

Und die beiden Frauen haben noch etwas gemeinsam: Männer haben sie bei ihren Vorhaben unterstützt. Evans Freund gibt ihr einen Job bei der Zeitung, und ihr späterer Partner (die beiden tun so, als wären sie verheiratet, leben aber unverheiratet zusammen) wird sie zum Schreiben ermutigen. Für Ada ist es William, der ihren Arbeiten als Ehemann nicht im Weg steht, obwohl er die Macht hätte, es ihr zu verbieten. Er erkennt, wie sehr es zu Adas Zufriedenheit beiträgt, und sieht die Mathematik für seine Frau als sinnvolleren Zeitvertreib als Musik oder Malerei. Und Babbage bleibt Adas wichtigster Partner, der ihre Arbeit fördert und sie bestärkt. Allerdings wird deutlich, dass diese Unterstützung Grenzen hat, als Ada versucht, ihren Einfluss in der Zusammenarbeit an der Analytischen Maschine auszubauen.

Denn außer über ihre verschiedenen Arbeitsweisen (strukturiert vs. unstrukturiert) streiten Ada und Babbage auch über einen weiteren Punkt: Noch während die beiden an den verschiedenen Revisionen der «*Notes*» arbeiten, teilt Babbage Ada eine Idee mit. Er will der Übersetzung einen eigenen Text beigeben (und beides auch an Prince Albert schicken), in dem er sich über die mangelnde Unterstützung für sein Projekt vonseiten der britischen Regierung beschwert. Diesen Text will er der Übersetzung in Form eines Vorwortes voranstellen, wodurch weiter verunklart würde, wer ihr Autor ist. Ada und auch der Verleger Richard Taylor sind dagegen. Daraufhin verlangt Babbage, dass Ada ihre Übersetzung zurückzieht und eine komplett neue verfasst. Ada wird wütend und wertet dieses Verhalten als einen weiteren Beweis für Babbages Unbeständigkeit und Ziellosigkeit.

> Seien Sie versichert, dass ich Ihre beste Freundin bin; aber dass ich Sie niemals dabei unterstützen kann oder werde, nach Grundsätzen zu handeln, die ich nicht nur für falsch, sondern auch für selbstmörderisch halte.[7]

Sie wird sich durchsetzen, und Babbages Beschwerde wird anonym und in einer anderen Ausgabe der Zeitschrift erscheinen. Babbage hat wieder bewiesen, dass er im Umgang mit potenziellen Geldgebern kein Talent hat. Vor diesem Hintergrund ist auch der längste von Adas Briefen im Fundus der British Library zu sehen – ganze sechzehn Seiten schreibt Ada an Babbage. Sie will weiter mit ihm zusammenarbeiten, versucht aber, das Verhältnis zu klären. Zuerst geht sie auf die Auseinandersetzung über das Vorwort ein. Am Montag, dem 14. August 1843, schreibt sie:

> Mein lieber Babbage. Sie hätten schon vor einigen Tagen von mir gehört, wenn die Zusammenarbeit mit den Druckern nicht so drängend gewesen wäre. Dies ist nun alles glücklich abgeschlossen. Ich habe mich bemüht, alles bis

zur äußersten Perfektion auszuarbeiten, soweit dies möglich ist; & jetzt bin ich im Großen und Ganzen sehr zufrieden, da ich denke, dass innerhalb des von mir gesetzten Perspektivrahmens, in dessen Übereinstimmung der gesamte Inhalt & die Struktur der Notizen gestaltet ist, diese vollständig & sogar bewundernswert sind. Ich könnte die Sache jetzt noch weitaus besser machen; aber das würde bedeuten, von völlig anderen Voraussetzungen auszugehen. –

Ich sage, Sie hätten schon früher von mir gehört. Ihre Nachricht (die am Montag meinem Paper und allem weiteren beilag) ist von solcher Art, dass sie eine sehr ausführliche Antwort von mir verlangt, da der Verfasser ein so alter & so geschätzter Freund ist & einer, dessen Genie ich nicht nur selbst sehr schätze, sondern von dem ich mir wünsche, dass es auch von anderen angemessen geschätzt wird.

Wäre da nicht dieser Wunsch (der Lord L. – & mir mehr am Herzen liegt, als Ihnen bisher bewusst ist), gepaart mit unserer langjährigen Wertschätzung & unserem regen Austausch, würde ich sagen, dass je weniger ich von dieser Nachricht Notiz nehme – desto besser; & sie wäre es nur wert, mit einem verächtlichen Lächeln abgetan zu werden. Der Tonfall ist unmissverständlich; und da ich selbst immer eine sehr «explizite Funktion von x» bin, werde ich nicht so tun, als ob ich es nicht wäre; & ich überlasse es Ihnen (wenn es Ihnen recht ist), den «impliziten» Stil fortzusetzen, der in der besagten Nachricht überaus deutlich zum Ausdruck kommt.

Da ich weiß, dass Sie nicht explizit genug sein werden, um Ihren tatsächlichen Gefühlszustand mir gegenüber zum jetzigen Zeitpunkt zu äußern, werde ich dies für Sie übernehmen. Sie haben das Gefühl, mein lieber Babbage, dass ich (wenn auch auf negative Weise) zu der langen

Liste an Verletzungen, Enttäuschungen und Missverständnissen beigetragen habe, die Sie in Ihrem keineswegs reibungslosen und glücklichen Leben bereits erfahren haben. Es ist Ihnen sicher bewusst, dass dies Ihr Empfinden ist; & dass Sie zutiefst verletzt sind; & dass Sie versuchen, aus Gedanken wie «Nun, sie weiß nicht oder beabsichtigt nicht, dass sie Schaden angerichtet hat» und dergleichen einen schwachen und kläglichen Trost zu ziehen.

[...]

Es wäre zwecklos, wenn ich versuchen würde, Sie dazu zu bewegen, meine Perspektive einzunehmen; denn [...] niemand kann die Ansichten und die Gefühlswelt eines ganzen Lebens in einem Augenblick verändern. Aber ich möchte, dass Sie verstehen, dass ich glaube, (wie fehlerhaft mein Leben auch sein mag) Ihre Interessen durch die Veröffentlichung des Artikels weitaus mehr gefördert zu haben, als ich es durch einen der von Ihnen vorgeschlagenen Ansätze getan hätte. Ich darf zu Recht von Ihnen erwarten, mir zu glauben, dass ich diese Ansicht aufrichtig und ehrlich vertrete. Wenn Ihr Wissen über mich dafür nicht ausreicht, kann ich nur sagen, dass in diesem Leben kein gegenseitiges Wissen zweier Menschen eine stabile & verlässliche Grundlage für Vertrauen & Sicherheit bieten kann. Dann adieu zu jeglichem Vertrauen & zu allem Edelsten in dieser Welt!

Außer ihrem ziemlich guten Joke, sie sei eine «explizite Funktion von x», mag ich an diesem ersten Teil des Briefes, dass Ada sich nicht für ihr Verhalten entschuldigt. Es ist ein Lehrbuchbeispiel dafür, wie junge Frauen mit ihrem männlichen Geschäftspartner reden sollten. Ada bleibt bei ihrem Standpunkt und macht deutlich, warum sie gehandelt hat, wie sie gehandelt und warum sich an ihrer Beziehung und ihrer Wertschätzung für Babbage grundlegend nichts geändert hat. Aber sie geht auch nicht besonders behutsam mit seinen Schwächen um und baut damit die Rampe für ihr Angebot.

> Ich komme nun zu einer praktischen Frage, die Zukunft betreffend. Ihre Angelegenheiten haben mich & Lord Lovelace sehr in Anspruch genommen, & tun dies noch immer. Wir haben uns intensiv damit befasst und uns ausführlich darüber ausgetauscht. Das Resultat ist, dass ich Pläne für Sie habe, von denen ich denke, dass sie noch nicht spruchreif sind; die ich jedoch entweder weiterentwickeln, oder meine Energie, meine Zeit & mein Schreiben in den Dienst einer anderen Abteilung für Wahrheit & Wissenschaft stellen werde, je nachdem, wie Ihre Antwort auf das, was ich Ihnen jetzt mitteile, ausfällt. Ich bitte Sie daher inständig & eindringlich, darüber nachzudenken, inwieweit Sie meine Bedingungen akzeptieren können oder nicht. Ich lasse Ihnen die erste Wahl & biete Ihnen meine Dienste und meinen Intellekt an. Lehnen Sie diese nicht leichtfertig ab. Ich sage Ihnen dies zu Ihrem eigenen Besten, das können Sie mir glauben.
>
> Meine Möglichkeiten, meine wissenschaftlichen & schriftstellerischen Fähigkeiten zu entwikkeln [sic!] & zu trainieren, sind vielfältig, & einige davon sind äußerst reizvoll. Aber ich wünsche, dass mein alter Freund die Wahl hat.
>
> Erstens: Ich möchte von Ihnen wissen, ob, wenn ich fortfahre an & über Ihr so bedeutendes Thema zu arbeiten, Sie sich verpflichten, sich in allen praktischen Dingen, die in irgendeiner Weise mit zwischenmenschlichen Beziehungen zu tun haben, voll und ganz auf mein Urteil (oder an das irgendwelcher Personen, die Sie jetzt als Schiedsrichter benennen können, wenn wir unterschiedlicher Meinung sind) zu halten.

Zweitens: Können Sie sich dafür verbürgen, Ihre Aufmerksamkeit vollständig & ungeteilt, als ein primäres Forschungsobjekt, das durch keine anderweitige Beschäftigung behindert werden darf, der Erörterung jener Belange zu widmen, in denen ich von Zeit zu Zeit auf Ihre intellektuelle Unterstützung & Anleitung angewiesen sein werde; & können Sie versprechen, die Dinge nicht zu verschleppen & zu überstürzen; oder nichts zu verlegen & es nicht zu erlauben, dass Verwirrung & Fehler Eingang in Dokumente finden, usw.?

Drittens: Wenn es mir gelingt, Ihnen im Ablauf von einem oder zwei Jahren unzweifelhafte & achtbare Vorschläge für die Realisierung Ihrer Maschine vorzulegen (bestätigt von Personen, die Sie jetzt benennen können, um ihre Befürwortung einzuholen), bestünde dann die Möglichkeit, dass Sie es mir und jenen Beteiligten überlassen, die Geschäfte für Sie zu führen; während Ihre Energie uneingeschränkt in die Umsetzung der Arbeit fließt; und alle anderen Belange für Sie nach Bedingungen geregelt werden, die Ihre eigenen Freunde absegnen sollten?

Sie werden sich über dieses letzte Ersuchen wundern. Aber ich rate Ihnen dringend, es nicht als Chimären abzutun. Sie sind nicht mit den Hintergründen vertraut, derentwegen ich davon ausgehe, dass ich diese Option bewältigen könnte, & bevor ich meinem Verstand erlaube, seine Energien weiter auf dieses Thema zu verwenden, möchte ich wissen, dass ich nicht umsonst oder vergeblich Gedanken & Kraft verschwende.

Ebenso muss ich Ihre Beziehung zu mir als Ganzes in einem fairen und gerechten Licht betrachten. Unsere Beweggründe & Sichtweisen sind sehr unterschiedlich; & es mag für Sie eine heikle Frage sein, zu entscheiden, in welchem Maße die Vorzüge & die Zweckmäßigkeit, einen

> Geist meiner besonderen Klasse in Ihren Dienst zu nehmen, den Ärger aufwiegen können, den diese Meinungsverschiedenheiten Ihnen zu möglicherweise vielen Gelegenheiten verursachen werden. Ich halte mich an mein eigenes unverrückbares Prinzip, mich zu bemühen, Wahrheit & Gott Ruhm & Ehre oder auch nur Anerkennung vorzuziehen; & freigiebig & unerschütterlich an das Gute im Menschen zu glauben (wie ruhend & verborgen es auch oft erscheinen mag).

Hier kommt Ada auf den sensiblen Punkt zu sprechen, dass Babbage, wenn er eine Frau als Geschäftspartnerin hinzuzieht, unweigerlich Gefahr läuft, sich der Kritik und die Verurteilung durch andere auszusetzen. Obwohl sie in dem Brief häufig auf ihren Ehemann verweist und ihn als Autorität anführt, ist sie in der Begründung für ihre Forderung weniger apologetisch. Sie verweist vielmehr auf die edlen Anliegen der Wissenschaft – Argumente, mit denen sie bei Babbage vermutlich punkten konnte. Dass sie ihren Ehemann als Legitimation benutzt, sehe ich nicht als Schwäche des Briefes, Ada verdeutlicht auf diese Weise, dass sie die Erlaubnis für ihr Angebot bereits eingeholt hat und dass es nicht an William scheitern würde, sollte Babbage zustimmen.

> Sie sind Wahrheit & Gott zugetan (ja, zutiefst & beständig), aber noch mehr lieben Sie Ruhm, Ehre, Würden. Sie werden das abstreiten; aber in jeder Ihrer zwischenmenschlichen Beziehungen (soweit ich diese erlebt & beobachtet habe) überragt dieses Empfinden alles. Wohlgemerkt, ich urteile nicht darüber. Ich gebe lediglich meine Sicht dieser Tatsache wieder. Diese Tatsache mag eine sehr edle & noble Sache sein. Das ist eine andere Frage.
>
> Es liegt mir fern, den Einfluss von Ehrgeiz & Ruhm

zu leugnen. Keine lebende Seele war jemals mehr davon durchdrungen als ich. Meine Auffassung von Pflicht besteht darin, dass es mir obliegt, diese große & nützliche Eigenschaft in angemessene Verhältnisse zu setzen; aber ich würde mich sicherlich nicht für andere selbst täuschen, indem ich vorgebe, dass es sich dabei um etwas anderes handelt als einen entscheidenden Beweggrund und Bestandteil meines Charakters & meiner Natur.

Ich möchte meinen Teil dazu beitragen, den Allmächtigen & seine Gesetze & Werke zu erklären & zu interpretieren, damit die Menschheit diese bestmöglich nutzen kann. Und ich würde es sicherlich als einen nicht geringen Ruhm empfinden, wenn ich in dieser Welt einer seiner bekanntesten Propheten (wobei ich dieses Wort in meinem eigenen Sinne verwende) sein könnte. Und ich würde es zweifellos vorziehen, als Wohltäterin dieser Art bekannt zu sein, als tatsächlich ebenso groß zu sein, aber Wahrheiten aus der Dunkelheit & Vergessenheit zu verkünden.

Zugleich bin ich mir nicht sicher, ob ich in 30 Jahren menschlichem Ruhm auch nur so viel Wert beimessen würde wie diesem. Jedes weitere Jahr bestärkt mich in meinem grenzenlosen Vertrauen & der Hoffnung, die ich in den Schöpfer setze, & schmälert den Wert meiner Beziehungen zu der Menschheit, abgesehen von meinem Dienst für Ihn, & aus dieser Warte werden diese Beziehungen für mich mit jedem Jahr interessanter. Durch meine gegenwärtigen Beziehungen zu den Menschen werde ich zweifellos für Beziehungen einer anderen Ordnung im Jenseits bereit sein; vielleicht sogar unmittelbar mit der großen Macht von Ihm selbst. Natürlich nimmt meine Wahrnehmung in Bezug auf jeden noch so flüchtigen sozialen Kontakt & Umgang eine entsprechende Färbung an; & wird dies zunehmend tun, sollte sich diese Wahrnehmung immer wieder bestätigen.

Mein lieber Freund, wenn Sie wüssten, welch traurige & schreckliche Erfahrungen ich gemacht habe, von denen Sie nicht wissen können, würden Sie verstehen, dass eine gewisse Last von Gott und den Menschen herrührt. So wie es steht, werden Sie nur lächeln & sagen: «Armes kleines Ding; sie weiß nichts vom Leben oder von der Bosheit!» –

Ich habe Ihnen nun dargelegt, welcher Natur meine Prinzipien sind & unter allein welchen Bedingungen Sie meine Dienste in Anspruch nehmen können; in genau dem Maß, das ich für absolut notwendig für eine angenehme Verständigung & eine Zusammenarbeit zwischen uns erachte, dies im Rahmen einer systematisierten & fortgesetzten intellektuellen Auseinandersetzung. Die Entscheidung liegt bei Ihnen. Versuchen Sie nicht, sich selbst oder mir vorzugaukeln, unsere Prinzipien würden völlig übereinstimmen. Das tun sie nicht, jedenfalls können sie es gegenwärtig nicht (denn die Ansichten der Leute lassen sich nicht von jetzt auf gleich ändern).

Kommen Sie am Montag für ein paar Tage her? Ich hoffe darauf. Lord L. – ist sehr darauf erpicht, Sie zu treffen & sich mit Ihnen zu unterhalten & war verärgert, dass die Bahn ihn von hier wegbeordert, bevor er von Ihnen selbst Ihre Ansichten zu der jüngsten Angelegenheit erfahren hat.

Ich brauche leider Ihren *Calculus of Functions*. Also bete ich, dass Sie ihn mir besorgen. Ich verstehe die Beispiele nicht.

Ich habe es gewagt, in einen Passus der Notiz G eine kurze Fußnote einzufügen, die ich für durchaus vertretbar halte. Darin erkläre ich, dass die Maschine bemerkenswert gut geeignet ist für das arithmetische Kalkül von endlichen Werten, & ich spiele auf die Berechnung der Bernoullischen Zahlen mittels der Differenz von Null als schönes Beispiel für ihre Prozesse an. Ich hoffe, dass dies tatsächlich der Fall ist.

Dieser Brief ist leider voller Flecken & fehlerhaft. Machen Sie sich nichts daraus.

Ich frage mich, ob Sie die Feen-Dame in Ihren Diensten halten werden oder nicht. Hochachtungsvoll.

A. A. L.[8]

Ein mutiger und vielleicht auch etwas dreister Brief. Ich habe ihn fast vollständig aufgenommen, weil er das Verhältnis von Ada und Babbage in einer spannenden Situation zeigt. Er unterstreicht, wie sehr Ada durch ihre Arbeit an den *«Notes»* und die Schwächen, die sie bei Babbage in dieser Zeit bemerkt hat, an Selbstbewusstsein gewinnt. Adas Brief liegt in der British Library vor und ist auf dünnerem Papier geschrieben als die anderen. Babbage dürfte beim Lesen ein paarmal laut ausgeatmet haben. Vielleicht war er auch ein bisschen sauer.

Er trifft sich mit Ada. Auf der ersten Seite des Briefs ist dünn in Bleistift eine Notiz in Babbages Handschrift zu entziffern: «Habe heute Morgen A. A. L. getroffen und alle Bedingungen zurückgewiesen.» Warum er ablehnte und was er genau sagte, ist nicht bekannt. Vermutlich wollte er die Zusammenarbeit nicht in der Form verstetigen und formalisieren, wie Ada es ihm vorschlug, und sah in den Bedingungen eine Beschneidung seiner Freiheit – das würde zum Selbstbild passen, das Babbage von sich hatte, das eher dem eines Künstlers als dem eines Erfinders entsprach. Ada fordert in dem Brief Rechte ein, die sie hätte, wenn die beiden zusammenarbeiten würden. Das hätte von Babbage verlangt, seine Arbeitsweise an ihre Bedingungen anzupassen – strukturierter arbeiten, Kompromisse eingehen. Dazu war er offenbar nicht bereit. Es hätte wahrscheinlich auch dazu geführt, dass er seinen Ruhm später eventuell hätte teilen müssen, wäre die Zusammenarbeit offiziell bekannt geworden. Von einigen Freunden aus der Wissenschaft wäre er vermutlich auch dafür belächelt worden, dass er mit einer Frau zusammenarbeitete.

Vielleicht wäre die Geschichte des Computers anders verlaufen, hätte Babbage das Angebot angenommen. Was Ada Babbage hier vorschlägt, ist nichts anderes, als dass sie Geschäftspartner werden. Sie will in leitender Funktion an der Entwicklung der Analytischen Maschine beteiligt sein und selbst Vorschläge für deren Ausführung vorlegen. Und: Ada will für Babbage die Öffentlichkeitsarbeit übernehmen und die Verhandlung mit möglichen Geldgebern. Etwas, das Babbage erwiesenermaßen nicht liegt.

Ada hatte gute Kontakte und sie wusste besser, wie sie die Analytische Maschine über ihren Gebrauchswert «verkaufen» konnte. Hätte sie mehr erreichen und dem ersten mechanischen Computer zum Bau verhelfen können? Dagegen spricht: Ihre Ausführungen wurden im Jahr 1843 nicht vollumfänglich und mit allen Implikationen verstanden. Adas Biograf James Essinger stellt sogar infrage, dass Charles Babbage sie wirklich verstand. Dagegen spricht natürlich auch Adas Geschlecht, das trotz allen Ansehens und trotz aller Adelstitel dazu beigetragen hätte, dass Ada weniger ernst genommen worden wäre, was ihren Worten das Gewicht genommen hätte. Babbage hatte also Grund, zu bezweifeln, dass eine derartige Zusammenarbeit wirklich sinnvoll und dass es die Einwilligung in die gestellten Bedingungen wert gewesen wäre.

Ada zeigt in dem Brief auch die Grenzen ihrer Ambitionen auf und dass sie die Grenzen der Konventionen nicht mehr ausreizen wird, als sie es bisher getan hat. Sie wird es nicht alleine versuchen, sondern kann sich ihr wissenschaftliches Arbeiten nur in Kooperation mit Babbage vorstellen. Sie wird nach der Veröffentlichung der *«Notes»* eine Zeit lang nach einem neuen Projekt suchen, aber sie wird nicht noch einmal so produktiv an etwas arbeiten wie an der Analytischen Maschine.

Nachdem die *«Notes»* erschienen sind, erhält Ada von engen Freunden und anderen Wissenschaftlern, denen sie ihren Text meistens direkt schickt, viel Lob und Zuspruch. Über diesen Kreis hinaus bleibt Adas Autorschaft unbekannt. Doch schon nach ein paar Monaten ist die Euphorie verflogen, und die Publikation ändert nichts. Weder für Adas Leben noch für Charles Babbage. Er wird seine Maschine niemals fertigstellen. Er wird seine Angewohnheit, immer Neues anzufangen und kein Projekt abzuschließen, nicht überwinden. Der erste Computer wird eine Theorie in seinem Kopf und auf Papier bleiben.

DIE SUCHE

It is evidently his impression that I am the rising star of science.

— A. A. L.[1]

Ada ist nach der wirkungslosen Veröffentlichung der *«Notes»* und nachdem Babbage eine weitere Zusammenarbeit ablehnt, erst einmal ziemlich *lost* und wieder auf der Suche nach ihrer Berufung. Dabei ist sie umgeben von Aufbruchstimmung und Fortschritt, die Moderne kündigt sich an, die Wissenschaft und Technik sind ihre Zugpferde, und Ada kennt einige ihrer wichtigsten Vertreter, die meisten sind schließlich mindestens einmal bei den Soiréen von Babbage gewesen. Charles Wheatstone, einer der Erfinder des elektrischen Telegrafen, jetzt überall in Gebrauch, ist zum Beispiel einer von ihnen. Ada ist mittendrin, aber dann doch außen vor. Ihre Beziehung mit Babbage hat den Streit über die Zusammenarbeit überlebt. Die Briefe aus dieser Zeit zeigen, wie nah sie sich weiter stehen. Allerdings hat sich ihre Freundschaft verändert. Er ist nicht mehr ihr Kollege, auf dessen Arbeit sie ihre Karriere aufbauen will. Zwar war in ihren Briefen, selbst als es um die *«Notes»* ging, auch immer Platz für ein bisschen Gossip, aber von nun an bestimmen Alltägliches und Verabredungen zu Besuchen und Dinners den Ton.

Das Gefühl, dass die Zeit an Ada vorüberzieht, ohne dass etwas Bedeutsames passiert, ohne dass sie wirklich einen Teil dazu beitragen kann, muss sie geschmerzt und noch rastloser gemacht haben. Es zeigt sich die gläserne Decke, an die Ada wegen ihres Geschlechts und trotz ihrer privilegierten Position stößt: Sie kann in ihrer Freizeit so viel lesen und lernen, wie sie will, und Aufsätze schreiben. Aber wirklich am wissenschaftlichen Leben teilnehmen und forschen – dazu fehlt ihr der Zugang zu den notwendigen Institutionen und Einrichtungen, zu Labors oder den Akademien. Dazu nimmt auch ihre Familie zu viel Raum ein, dazu fehlt ihr die Freiheit. Und so verfolgt Ada weiter die Strategie, die ihr ganzes wissenschaftliches Leben bestimmt hat, weil ihr die offiziellen Wege verschlossen sind: Sie versucht selbst, ein Netzwerk aufzubauen und eine Lücke zu finden, wo sie etwas Eigenes beitragen kann.

Einer der bekanntesten Wissenschaftler ist damals der Chemiker Michael Faraday. Er wird eine wichtige Bezugsperson für Ada, auch wenn ihre Freundschaft lange nicht so eng und produktiv wird wie die mit Charles Babbage. Aber Faraday vermittelt Ada eine Zeit lang die Hoffnung, eine Zukunft als Wissenschaftlerin zu haben. Als Ada dem Chemiker einen Brief schreibt und ihn um Hilfe bei ihrer Forschung bittet, ist Faraday mit seinen Experimenten zu Elektromagnetismus bereits berühmt. Er hat den ersten elektrischen Motor gebaut – einen Apparat, mit dem er beweisen wollte, dass sich ein magnetischer Pol immer im Kreis um einen Draht drehen würde, wenn dadurch Strom fließt. So hatte er zum ersten Mal elektrische Energie in mechanische umgewandelt.

Während es bei Ada ihr Geschlecht ist, das verhindert, dass sie vollumfänglich ihre Talente entwickeln und eine geradlinige Laufbahn als Mathematikerin einschlagen kann, ist es bei Faraday anfangs seine Herkunft: Sein Vater war Schmied und seine Mutter Bäuerin. Weil sein Vater wegen einer chronischen Krankheit nicht normal arbeiten kann, haben die vier Kinder häufig nicht genug zu essen. Der Junge erhält nur eine rudimentäre Schulbildung und macht eine Ausbildung zum Buchbinder. Durch Zufall liest er von chemischen Experimenten und ist *hooked.* Er hört sich Vorlesungen des Chemikers Humphry Davy an und fragt ihn, ob er als sein Laborassistent anfangen könne. Als schließlich eine Stelle frei wird, ist das Michael Faradays Chance.

Wie Ada ist auch Faraday überzeugt davon, dass alle Kräfte, die es in der Natur gibt, Ausdruck einer einzigen alles überspannenden universellen Kraft sind. Dass sie sich mit einem so berühmten Wissenschaftler wie Faraday austauschen kann und dass er so viel von ihr hält, gibt Ada eine Zeit lang Halt. Im November 1844 schreibt sie:

> Übrigens zeigt sich Faraday absolut erstaunt über das, was er (wie ich finde sehr treffend & hübsch) als die «Elastizität meines Intellekts» bezeichnet.
>
> Trotz der spärlichen Korrespondenz, die wir zuletzt unterhielten, scheint er von dieser Eigenschaft seltsam beeindruckt zu sein; & er sagt, dass er sich selbst im Vergleich wie eine «einfache Schildkröte» vorkomme. –
>
> Was ihn selbst betrifft, so ist er dermaßen bescheiden, dass ich diese Selbsteinschätzung unmöglich teilen kann. Was mich betrifft, ist es wohl so, dass er (ob zu Recht oder nicht) über die Maßen verblüfft ist.
>
> Offensichtlich hat er den Eindruck, dass ich der aufgehende Stern der Wissenschaft bin.[2]

Faraday und Ada haben auch gemeinsam, dass ihre Körper ihrem geistigen Schaffen Grenzen setzen. Im Jahr 1839, mit

48 Jahren, hatte Faraday einen Nervenzusammenbruch, Erschöpfung vom unaufhörlichen Arbeiten und eine Art Schlaganfall. Er nimmt eine Auszeit, und als Ada ihn bittet, ihr bei dem Aufbau ihrer Experimente zu helfen, muss er ablehnen. Er wird erst im folgenden Jahr 1845, nach sechs Jahren Pause, zu seinen Experimenten mit Elektrizität zurückkehren. Faraday weiß nicht, dass es Ada ebenso wie ihm nicht gut geht. Und so ermutigt er sie in einem Brief ironischerweise mit ihrer «ungehemmten Gesundheit und Jugend in Körper & Geist»,[3] der Wissenschaft und ihren Zielen nachzueifern.

Dabei ist Ada alles andere als gesund. Es ist schwierig, Adas Krankheiten anhand der vorliegenden Quellen zu diagnostizieren. Andere Biografen haben das in unterschiedlicher Ausführlichkeit getan. Während Betty Toole sich mit posthumen Diagnosen und Spekulationen zurückhält, räumt Dorothy Stein ihnen viel Platz ein, fügt ihrer Biografie gar einen ganzen Appendix über Adas mentalen Zustand an. Alle können sich jedoch darauf einigen, dass Ada einen empfindlichen Magen hat, mit Symptomen, die im 19. Jahrhundert unter dem Modewort «Gastritis» zusammengefasst werden. Sie leidet an Asthma und Heuschnupfen, und wie in ihrer Kindheit hat sie weiterhin Migräne und Schwindelanfälle. Immer häufiger begibt sie sich zu Gesundheitskuren an die Küste nach Brighton.

Im Jahr 1841 hatte sie eine heftige Kopfschmerzattacke, und in einem Brief an Sophia de Morgan bezeichnet sie ihre starken Stimmungsschwankungen als «Manien»: «Die Manien & Launen, denen ich ausgesetzt bin, nehmen kein Ende.»[4]

Dorothy Stein vermutet, dass Ada an manischen Depressionen litt, dieser Diagnose schlossen sich aber sonst keine anderen Experten an. Opium ist die Behandlungsmethode der Wahl im 19. Jahrhundert, und sie hilft sowohl gegen Adas Kopfschmerzen und Stimmungsschwankungen als auch gegen die Magenprobleme. Nach einem Anfall, bei dem ihr ganzer Körper anschwillt und ihr Arz ihr Opium verabreicht, beschreibt die sie Wirkung des Mittels:

> Das Opium hat eine bemerkenswerte Wirkung auf meine Augen, scheint sie zu befreien & zu öffnen & kühlen. Dann stimmt es mich philosophisch & befreit mich von all dem nagenden Eifer & den Ängsten. Es scheint die gesamte Konstitution zu harmonisieren, alle Funktionen in ein ausgewogenes Verhältnis zu setzen (Urteilsvermögen, Besonnenheit und Mäßigung).[5]

Auch wegen ihrer Krankheit beschäftigt sich Ada immer mehr mit dem Körper und vor allem dem Nervensystem. Das bringt sie von der Funktionsweise der Synapsen im Gehirn, die man als elektrische Übertragung von Informationen von der einen Zelle zur nächsten beschreiben kann, zu Experimenten mit Elektrizität und erklärt, warum sie Kontakt zu Faraday suchte. Ihr Vorhaben: Sie will für Vorgänge im Gehirn mathematische Gesetzmäßigkeiten finden und sie beschreiben. Sie ist überzeugt, dass das Gehirn und das Nervensystem nach Konstanten und Gesetzmäßigkeiten wie der Gravitation und den Bahnen der Planeten und Sterne funktioniert. Ihre Experimente, die praktische Arbeit, sind es, an denen sie bisher scheitert. An ihren Freund und Vertrauten Woronzow Greig schreibt sie:

> Die gewaltige Herausforderung liegt in den praktischen Experimenten. Um die von mir gewünschten Phänomene zu erzielen, muss ich bei den experimentellen Testungen

als ein Versuchsleiter äußerst geschickt vorgehen; & das mit Materialien, die äußerst schwer zu handhaben sind, nämlich dem Gehirn, Blut & Nerven von Tieren.[6]

Weil Faraday ihr bei den Experimenten nicht helfen kann, wendet sich Ada an Andrew Crosse. Es ist reiner Zufall, dass sie auf ihn trifft, er ist ein Nachbar der Lovelaces. Die Familie Crosse hat ein Anwesen in Somerset, rund zwanzig Meilen von Ashley Combe entfernt. Crosse experimentiert mit Elektrizität und Geräuschen und hat in der Nachbarschaft den Ruf, etwas *peculiar*, ein bisschen seltsam zu sein. Er hat in seinem Haus ein Labor eingerichtet, und Ada will es unbedingt sehen und vielleicht für ihre eigenen Studien benutzen. Crosse ist ein Amateurwissenschaftler, aber in seinem Labor baut er zum Beispiel eine frühe riesige Batterie, die man mit Strom wieder aufladen kann. Der Lärm, der dabei entsteht, macht ihn in der Nachbarschaft als «Gewittermann» bekannt.

Um Ada und William das Labor zu zeigen, lädt er sie zu sich nach Broomfield ein. Ada schreibt Andrew Crosse mehrere Briefe in Vorbereitung auf diesen Besuch, erklärt die Versuche, die sie durchführen will, und fügt Aufsätze zum Thema an.

Mir ist sehr daran gelegen, die genannten Versuche durchzuführen; und Sie werden dafür möglicherweise einige Vorbereitungen treffen müssen [...]

Einige meiner Ansichten erfordern es, dass ich Elektrizität als wichtigste Komponente einsetze, um bestimmte Punkte hinsichtlich der Beschaffenheit und Zusammensetzung (Konstitution) der Moleküle der Materie experimentell zu überprüfen. [...] Indem ich meine Versuche schließlich der hohen Analysis unterziehe, hoffe ich, eines Tages viel erreichen zu können.[7]

Die Versuche sind für Ada also nur der erste Schritt, um dann die «hohe Analysis» also die mathematische Beschreibung der beobachteten Phänomene anzugehen.

Andrew Crosse holt Ada und William mit der Kutsche ab, aber kurz vor der Abfahrt entscheidet sich William anders und bleibt zu Hause. Ada schickt ihm Briefe, in denen sie beschreibt, was sie auf Broomfield erlebt. Sie trifft dort das erste Mal auf Andrew Crosses Sohn, John. An einem Samstagmorgen im November 1844 fasst sie ihre Erlebnisse zusammen:

> Da ich keine Anzeichen eines Frühstücks (oder eines gedeckten Tisches) oder von Menschen vorfand, habe ich mich in meinem Schal & meiner Boa in dem überaus kalten Wohnzimmer niedergelassen, um Ihnen zu schreiben.
>
> Ich war um neun Uhr unten, weil mir gesagt wurde, es werde ein Frühstück geben. Wir waren gestern lange auf und lasen & sprachen bis nachts um eins über Philosophie.
>
> [...]
>
> Ich stelle fest, dass mein Besuch hier von größerer Bedeutung ist, als ich erwartet hatte. John, der älteste Sohn, gibt mir Auskünfte über das wissenschaftliche Geschehen in Deutschland, die ich unbedingt kennen sollte, & er verpflichtet sich, wenn ich es wünsche, in jeder Hinsicht meine Augen und Ohren zu sein, um mich betreffend deutscher Mathematik & Naturphilosophie auf dem Laufenden zu halten. Er ist ein sehr belesener & auch sehr cleverer junger Mann. Ich kann von & durch ihn erfahren, was ich von niemandem sonst erfahren könnte.[8]

Ada trifft John Crosse in einer Zeit, in der ihre Ehe mit William ihr wenig emotionale und intellektuelle Erfüllung verschaffen. Als viktorianischer Gutsherr ist William vor allem interessiert an den Bauvorhaben auf seinen diversen Anwesen. Er hat begonnen, Tunnel für seine Bediensteten zu bauen, in denen sie bei Regen trocken bleiben. Er experimentiert mit Lehm und anderen Baustoffen und will verbesserte Ziegelsteine herstellen. Diese seine Welt ist zu klein für Adas große wissenschaftliche Träume. Sie ist enttäuscht von ihrem Ehemann, dessen Ambitionen nicht über seine Grundstücksgrenzen hinausreichen. Ihre Beziehung ist nicht kalt oder durch Groll geprägt, aber sie dreht sich inzwischen doch ausschließlich um alltägliche Fragen, und William ist für Ada niemand, der ihre Leidenschaft für die Wissenschaft verstehen und spiegeln kann. Zwar ist er es, der Ada ausredet, nach der Veröffentlichung der *«Notes»* und dem Ausbleiben einer größeren Wirkung eine Karriere als Musikerin anzustreben, was sie kurz in Betracht zog. Aber trotzdem ist das Gefühl, das die Beziehung zu ihrem Mann nach fast zehn Jahren Ehe am besten beschreibt, vermutlich Langeweile. Mit John Crosse dagegen kann sie über die Themen diskutieren, die ihr so wichtig sind. Er ist ihr intellektuell gewachsen, scheint damit zu spielen und mit ihr zu flirten. In einem von Adas Briefen an William klingt das so:

> Der junge John Crosse ist ein hervorragender Mathematiker, wie auch Metaphysiker etc.; & er bearbeitet mein Gehirn ganz famos, indem er – absichtlich – allem widerspricht, was ich vorbringe; allerdings in allerbester Laune.[9]

Crosse ermutigt Ada, darüber nachzudenken, ihre nächsten wissenschaftlichen Arbeiten über die physiologischen Abläufe im Gehirn auf Deutsch zu verfassen. Solche mathematischen Texte könne sie an deutsche Verlage gerade viel besser verkaufen. In einer Zeit, in der Ada das Gefühl hat, ihr eigener Ehemann nehme sie und ihre Ambitionen als Wissenschaftlerin nicht ernst, müssen diese Gespräche eine starke Anziehung auf Ada ausgeübt haben.

Sie ist auch fasziniert und fühlt sich gleichzeitig angezogen und abgestoßen von der chaotischen Lebensweise auf dem Anwesen der Familie Crosse:

> Liebste Krähe. Dies ist mit Sicherheit ein ganz außergewöhnliches Domizil für einen Besuch. Es scheint mir das unorganisierteste häusliche System zu sein, das ich je kennengelernt habe. Alles scheint in gewisser Weise zufällig zu geschehen. [...] Es gibt zumindest einen sehr ungewöhnlichen und angenehmen Umstand: Ich werde völlig unbefangen behandelt & kann tun und lassen, was ich will.
>
> Niemand hält irgendwelche Stücke auf mich, oder macht sich meinetwegen Umstände. Das kommt mir sehr gelegen. Hier bin ich ein Niemand; auch wenn man mich mit allem nötigen Respekt behandelt.
>
> Der älteste Sohn [John!] ist ein offener & herzlicher Mensch; & ich glaube, wir verstehen einander gut.
>
> Er verfügt über ein schier unerschöpfliches Lektürewissen & steckt voller Referenzen, die für mich von unschätzbarem Wert sind. Er betrachtet mich offensichtlich eher wie einen jungen Mann denn wie eine feine Dame. Damit will ich nicht sagen, dass es ihm an Umgangsformen mangelt, die einer Frau gebühren. Ganz im Gegenteil, aber Dame & Frau gehen in seinem reinen Verständnis von Intellekt & Streben gänzlich darin auf. Er spricht sie an, nicht Lady Lovelace ...

Und gleich am nächsten Tag schreibt sie über John Crosse: «Er wird in vielerlei Hinsicht eine Ergänzung meiner nützlichen & intellektuellen Freunde sein.»[10]

Nur wenige Wochen nach dem Besuch auf Broomfield ist Ada zurück in London und voller Euphorie über die vielen neuen Ideen für ihre nächsten Aufsätze. Sie versucht, einen Schritt über die Geschlechtergrenzen hinauszugehen: Sie will der *Royal Society Library* beitreten, was Frauen offiziell verboten ist. Für ihre Arbeit über die molekulare Struktur von Materie ist sie auf Bücher und Aufsätze über Physiologie, Mathematik und die neuesten wissenschaftlichen Fortschritte angewiesen. Diese möchte sie sich in der Bibliothek der Gesellschaft ausleihen, und sie versucht, ihre gesellschaftliche Position auszunutzen, um Zugang zu erlangen. In ihrem Haus am St. James's Square schreibt Ada deshalb einen Brief an Woronzow Greig:

> Du könntest mir einen Gefallen tun, es sei denn, du siehst darin etwas Verwerfliches. Bitte denk darüber nach. –
>
> Als Lovelace vor einigen Jahren Mitglied der Royal Society wurde, geschah dies ausschließlich auf meine Initiative hin. Aber die Unannehmlichkeit, dass ich nicht dorthin gehen kann, um mir bestimmte Arbeiten & so fort anzusehen, die ich haben möchte, macht die Vorteile, die ich daraus ziehen könnte, dauerhaft zunichte. – Könnten Sie den Sekretär fragen, ob ich ab und zu (natürlich am frühen Morgen) hineinkönnte, um die Dinge herauszusuchen, die ich benötige? [...] Da Sie mit dem Sekretär bekannt sind, können Sie besser beurteilen, ob er ein diskreter Mann ist, der die Sache nicht ausplaudern oder sie stadtbekannt machen würde; einer, der, kurz gesagt, verstehen könnte, warum & wie ich auf eine diskrete und unaufdringliche Weise Zugang zu ihrer Bibliothek erhalten möchte.[11]

Und Greig forscht in Adas Namen bei der Bibliothek nach. Aber: Ihr Anliegen wird abgelehnt. Gerüchte über ihren Besuch auf dem Anwesen eines anderen Mannes und eine angebliche Affäre mit John Crosse haben die Runde gemacht. Betty Toole schreibt, dass auch eine frühere Beziehung zu einem anderen Nachbar, Frederick Knight, eine Rolle gespielt haben soll.

Adas Versuch, ihre wissenschaftliche Karriere ernsthaft zu verfolgen, stößt an die Grenzen des Patriarchats. Selbst eine Lady Lovelace kann sich nicht zu viel herausnehmen. Es zeigt sich der sehr schmale Grat, auf dem Frauen sich bewegen konnten, und welche sozialen Folgen ein Verstoß gegen die gesellschaftlichen Normen nach sich zog. Die Ereignisse zeigen auch, dass Lady Byrons Sorgen über den Ruf ihrer Tochter vielleicht doch nicht so übertrieben waren, wie es aus heutiger Sicht erscheinen mag. Aus erster Hand will jemand von Adas skandalösem Verhalten erfahren haben.

Und Ada? Die will sich wehren. «Ich versuche, den Verräter zu ermitteln», schreibt sie an Greig:

> Es ist nicht so, dass ich denke, diese eine Falschmeldung wäre für uns besonders folgenreich, oder dass ich mich darüber ärgere, dass diese spezielle Sache verkündet worden ist. Sie ist so absurd, dass sie kaum große Verbreitung finden wird.
>
> Aber es ist von Bedeutung, zu wissen, wer die vertrauensunwürdige & bösartige Person ist, die man auf keinen Fall als Spion unter unserem Dach beherbergen darf.[12]

Sie versuchte auch nicht, den Verdacht vor William zu vertuschen, und offenbar glaubte er ihr. Ende des Jahres 1844 schreibt sie an ihren Mann:

> Eine Freundin meiner Mutter & von uns speiste bei Murray's und hörte dort in aller Öffentlichkeit den Bericht

> dieses niederträchtigen Besuchers; konnte aber weder den Namen der Person noch das Geschlecht in Erfahrung bringen. Nur, dass jeder dem Bericht Glauben schenkte, weil der Informant behauptete, er (oder sie) käme gerade erst aus Ockham zurück & wisse über alles ganz genau Bescheid. Ohne Zweifel war es ein Mann ...
>
> Es ist eine äußerst gemeine & skandalöse Unterstellung allgemeiner Natur. Der Berichterstatter hat keinerlei Fakten genannt. Das konnte er auch gar nicht, es sei denn, er hätte sie frei erfunden.
>
> Jetzt gilt es wirklich herauszufinden, um wen es sich dabei handeln könnte; denn man sollte keine Schlange in seinem Haus beherbergen.[13]

Was genau zwischen Ada und John Crosse vorgefallen ist und ob sie wirklich miteinander geschlafen haben, ist nicht ganz klar. Dagegen spricht, dass Ada bereits ab Mitte der 1840er-Jahre immer wieder Symptome wie starke Blutungen im Genitalbereich hatte. Es ist der Gebärmutterkrebs, der sich ankündigt, sodass Sex nicht unbedingt ohne Schmerzen möglich war. Die Krankheit entwickelt sich allerdings nicht linear, und es ist durchaus möglich, dass sie phasenweise komplett ohne Beschwerden war. Fest steht, dass John Crosse und Ada auch nach ihrem Besuch eng befreundet bleiben. Fest steht auch, dass Lady Byron alle Briefe von John Crosse an Ada zerstörte. Und sie gab ihm Geld dafür, dass er ihr Adas Briefe nach ihrem Tod aushändigte, die sie ebenfalls zerstörte.

Es gibt Hinweise, dass Ada mit verschiedenen Männern mindestens geflirtet hat. Zuerst ist da der Publizist Frederick Knight. Ada machte bereits 1838 seine Bekanntschaft. Auch mit einem Hauslehrer, Dr. Carpenter, flirtet sie später, es scheint ihr auch einfach Spaß gemacht zu haben. Dann ist da einer ihrer Ärzte, Dr. James Phillips Kay. Die meisten Briefe der beiden sind nicht erhalten, aber einer vom 21. Oktober 1841 klingt dann doch sehr nach Liebesbrief:

> Ich habe mir einen neuen Namen für dich einfallen lassen, angeregt von deiner Eigenwilligkeit, Schönheit & Ungreifbarkeit – ständig entziehst du dich mir und scheinst es zu genießen, mich in irgendeinen Sumpf zu führen, während ich dich halb mit Bewunderung, halb mit Verwunderung und mit einer gewissen Vorahnung und alles in allem mit Wohlwollen betrachte. Fortan taufe ich dich auf den Namen «Will-o'-the Whisp» [sic]. Ein trügerisches & hübsches Licht, das auf Abwegen über jeder gefahrvollen Fallgrube flackert.[14]

Im September und Oktober 1841 schreibt Ada zudem fünf Briefe an Augustus De Morgan, in denen sie ankündigt, nach London zu kommen, und dann kurzfristig ihre Pläne ändert. Was sie zurückhält und ob sie sich in dieser Zeit stattdessen mit Dr. Kay getroffen hat, ist nicht bekannt, aber Dr. Kay kommt nicht mehr zu Ada, nachdem er heiratet. Nach Adas Tod schreibt Kay an Lady Byron:

> Keiner meiner Lebensabschnitte war so voller Wunder und Freundschaft, wie ich sie durch Ihre Tochter erfahren durfte. Ich hatte das Gefühl, dass eine Freundschaft, wie sie mir von ihr entgegengebracht wurde, nach meiner Heirat nicht mehr so offen gezeigt werden konnte.[15]

Es scheint fast so, als teste Ada in dieser Zeit die Grenzen ihrer Rolle aus, als versuche sie nicht nur ihren Handlungsspielraum in der Wissenschaft auszubauen, sondern auch in ihren romantischen Beziehungen. Aber Adas Versuche, sich eine wissenschaftliche Karriere aufzubauen, scheitern. Die Welt der großen Experimente bleibt ihr verschlossen, und die Rückschläge der patriarchalen Gesellschaftsordnung zeigen sich mit unerwarteter Wucht. Adas wissenschaftliches Arbeiten wird durch die ihr vorgeworfenen Affären ausgebremst und tritt hinter dem Namen eines anderen zurück.

Statt ihre eigenen Texte zu schreiben, hilft sie John Crosse dabei. Eine Rezension zweier Bücher, die in der *«Westminster Review»* erscheint – ein recht radikales Magazin, in dem vornehmlich philosophische und wissenschaftliche Essays veröffentlicht werden. Der Text widmet sich dem ersten Band der Reihe «Kosmos – Entwurf einer physischen Weltbeschreibung» von Alexander von Humboldt und einem Buch, das gerade erschienen ist und für Furore sorgt. Der Titel lautet *«The Vestiges of the Natural History of Creation»* – «Spuren der Naturgeschichte der Schöpfung». Der Autor bleibt anonym, vermutlich weil er fürchtet, der Blasphemie beschuldigt zu werden. Das Buch ist eine Art Vorläufer zu Charles Darwins Evolutionstheorie. Dessen Studien zur Entstehung der Arten erscheinen erst fünfzehn Jahre später.

Ada hat beide Werke verschlungen und hält ihre Gedanken dazu in umfangreichen Notizen fest. Viele der Ideen, die sie darin entwickelt, tauchen später in der Rezension in der *«Westminster Review»* auf, die allein mit dem Namen John Crosse unterschrieben ist. Im Text argumentiert der Autor, dass solche populärwissenschaftlichen Bücher wichtig seien, um so vielen Menschen wie möglich die Welt zu erklären, vergleicht die Werke mit jenen von Mary Somerville und spricht von einer «höheren Analysis», die der Natur zugrunde liege. Es ist die gleiche Formulierung, die Ada in ihrem Brief an Andrew Crosse verwendete, bevor sie nach Broomfield reiste.

Über den Autor der *«Vestiges»* wird in der Londoner Gesellschaft lange spekuliert. Babbage ist zu einem Witz verleitet, den er vielleicht auch ein bisschen ernst meint. Er fragt William, ob Ada das Buch gelesen habe, und fügt an: «wenn sie es nicht selbst geschrieben hat».[16]

DIE ROLLEN

You will not concede me philosophical poetry. Invert the order! Will you give me poetical philosophy, poetical science?

— A. A. L.[1]

Ada verheddert sich in dem Versuch, alles zu sein: Ehefrau, Mutter und Wissenschaftlerin. Im Jahr 1845 wird sie dreißig Jahre alt, ist zehn Jahre verheiratet und hat drei kleine Kinder.

William und Ada entfremden sich immer mehr. Er kauft ein weiteres Anwesen, die East Horsley Towers. Es ist vom gleichen Architekten gebaut, der auch die Gebäude des britischen Parlaments in London entworfen hat. Das Anwesen umfasst 4000 Quadratmeter, und William beginnt erneut, alles umzubauen, die Größe des Gebäudes zu verdoppeln und auch hier Tunnel anzulegen. Gleichzeitig ist er mit dem anderen Landhaus Ashley Combe nie richtig fertig geworden, renoviert dort ständig weiter. Ada, die Menschen (und Männer) bewundert, die eine Berufung haben und nach Höherem streben, kann diese Ziellosigkeit nicht verstehen. Sie will die Welt verändern und kann es nicht, während ihr Mann alle Freiheiten hat, sie aber nur dazu verwendet, den nächsten Tunnel graben zu lassen. Sie sucht den Streit, und sie wirft William vor, nicht mitfühlend genug mit ihr zu sein und sie zu wenig zu unterstützen. Dennoch analysiert sie ihre Situation immer wieder auch von außen. Sie weiß, dass sie es mit ihrem Ehemann viel schlechter hätte treffen können. An Woronzow Greig schreibt sie:

> Ich hege nicht den Wunsch, mich im Leben anders entschieden zu haben; & ich habe meinen Frieden damit gemacht, dass kein Mann mein Ideal zufriedenstellend erfüllen könnte. Mehr als das kann man vernünftigerweise nicht begehren. –
>
> Ich bereite mich eifrig auf die Arbeit vor & werde bald keine Zeit mehr haben, an etwas anderes zu denken.[2]

Aus diesem Brief geht hervor, wie wenig Ada dem Bild einer viktorianischen Ehefrau entsprochen hat, zumindest dem, das in dieser Zeit von allen Seiten als Ideal verkauft wurde: eine Frau, die sich für andere und vor allem für ihre Kinder und ihren Ehemann aufopfert und in dieser Rolle aufgeht. Die keine anderen Bedürfnisse hat, als für andere da zu sein. Das Haus gestaltet sie als Refugium für ihren Ehemann, in dem er sich von der Arbeit draußen in der anstrengenden Welt erholen kann. Die wichtigste Eigenschaft des viktorianischen *Angel of the House* ist aber die Reinheit der Frau. Die rührt von der Vorstellung her, dass sie selbst keine sexuellen Wünsche hat oder Begehren empfindet, ihr Körper nur für die Bedürfnisse ihres Ehemannes zugänglich und empfänglich ist.

Obwohl es diese Ansprüche, die ökonomischen Zwänge und Abhängigkeiten vom Ehemann gab, sind die Auseinandersetzung mit den Rollenerwartungen und die Wege, die Frauen fanden, um daraus auszubrechen oder zumindest darum herumzuleben, vielfältig und komplex. Wieder kommt mir Mary Ann Evans in den Sinn, die Schriftstellerin George Eliot, die nicht nur eine Karriere als Journalistin und Bestsellerautorin machte, sondern auch mit ihrem Partner George Henry Lewes zusammenlebte, ohne mit ihm verheiratet zu sein. Erst nach seinem Tod heiratete Evans den 21 Jahre jüngeren John Cross. Von den Brontë-Schwestern heiratete nur Charlotte, die älteste. Die drei Schwestern lebten zwar in so ärmlichen Verhältnissen, dass manchmal das Papier knapp wurde, auf dem sie ihre Romane und Gedichte schrieben, aber sie unterstützten sich gegenseitig und ermöglichten einander so die Arbeit als Schriftstellerinnen.

Im Vergleich dazu war Ada angepasster, vielleicht auch weil die gesellschaftlichen Erwartungen an Frauen aus der Oberschicht höher waren, weil sie für ihre Väter und Männer mehr «Wert» hatten, wenn sie «begehrenswert» waren. Wenn sie schön tanzen und singen konnten und natürlich unschuldig waren. Bei Ada war es ihre Mutter, die lange Zeit streng darüber wachte, dass sie nicht aus der Rolle fiel und ein gutes Match fand. Dass sie gleichzeitig Mathe mochte, ist ein Zufall, und dass sie Ada diese Tür nicht verschloss und Ada diese Lücke nutzen konnte, um sich zu verwirklichen, ist wahrscheinlich ein Grund dafür, dass Ada nicht stärker rebellierte. Dennoch: Wie Mary Somerville, Jane Austen und viele andere nutzte sie jede freie Minute, die sich ihr bot, um zu arbeiten. Dass ihr die Enge trotzdem zusetzte und ihre Ideen und Gedanken darüber hinaussprudelten, wird in dieser Zeit immer deutlicher.

Sie wird immer exzentrischer. Bewusst oder unbewusst übernimmt sie Verhaltensweisen und Gewohnheiten ihres Vaters: Zu Hause ist sie, wohin sie auch geht, von einer Horde Tiere umgeben, Hunde und Vögel, die ihr durch die Räume folgen. Ist Lady Byron zu Besuch und sie sitzen zusammen beim Tee, hat Adas Mutter deshalb oft eine versteinerte Miene, wenn die Tiere einmal mehr die Konversation unterbrechen. Besonders Adas Papagei, der laut dazwischenruft und Ada amüsiert, ärgert sie. Dann räuspert sie sich laut und ermahnt Ada, den Unsinn mit dem Vogel zu unterbinden. Schon den Papagei ihres Ehemannes hatte sie am wenigsten gemocht. Ich kann mir gut vorstellen, dass Lord Byron seinem Vogel deshalb erst recht Flüche und anstößige Worte beibrachte, die der Papagei wiederholte, wenn Annabella im Raum war. Und nun muss Lady Byron dieses Spektakel erneut über sich ergehen lassen. Alles, was sie bei Ada an Lord Byron erinnert, belastet die Beziehung der beiden.

Ab 1845 wird ihr Verhältnis immer schlechter. Von Anfang an kritisiert Lady Byron Adas Entscheidung, ihre Schmerzen und verschiedenen Beschwerden mit Laudanum und Opium behandeln zu lassen. Adas Arzt, Dr. Locock, ein Allgemeinmediziner, der Ada bereits seit der Geburt ihres zweiten Kindes betreut, muss sich immer wieder Lady Byrons Ansichten über Mesmerismus, über Hypnose, anhören. Die entnimmt sie vor allem aus den populärwissenschaftlichen Büchern von Harriet Martineau. In *«Letters on Mesmerism»* beschreibt Martineau, wie damit ihre Tumore geheilt worden seien. Lady Byron drängt Ada, das Buch zu lesen und Martineau Briefe zu schreiben. Sie haben mindestens einmal auf einer Soirée bei Babbage auch persönlich mit ihr Bekanntschaft gemacht. Ada tut, was ihre Mutter von ihr verlangt, bleibt aber skeptisch. Sie holt sich Rat bei ihrem Arzt. An ihre Mutter schreibt sie:

> Insgesamt hinterließ er bei mir den Eindruck, er glaube keinesfalls, dass irgendeine organische Krankheit jemals durch Mesmerismus geheilt worden wäre oder geheilt werden könnte, dass er aber glaubte, dass Formen von Gesundheit durch diese Maßnahmen begünstigt worden sind & werden könnten.

Dr. Locock vertritt die Ansicht, dass sie sich allein auf

> ihren allgemeinen Gesundheitszustand ausgewirkt haben und dass die Tumore entweder noch vorhanden sind oder durch das Jod absorbiert wurden. Er sagt, dass sich Gebärmuttertumore oft verlagern, sodass sie keine Beschwerden mehr verursachen. Dr. Forbes sagte das Gleiche.[3]

Ada hat nach dem Erscheinen der «*Notes*», als sie dachte, ihre wissenschaftliche «Karriere» würde nun richtig abheben, ihre beiden jüngeren Kinder in Lady Byrons Obhut gegeben – Ralph und Annabella. Sie leben eine Zeit lang auf dem Landhaus Esher ihrer Großmutter. Lady Byron hatte das selbst vorgeschlagen, aber auch diese Entscheidung erweist sich mit der Zeit als Stoff für Konflikte. Ada ist nicht einverstanden mit Annabellas Gouvernante Miss Lamont, wobei die eigentlich nur genau das umsetzt, was Lady Byron von ihr verlangt. Ada hadert damit, dass ihre Mutter ihren eigenen Kindern die gleiche strenge Erziehung auferlegt, die sie selbst erfahren hat. Noch dazu fühlt sich die kleine Annabella bei ihrer Großmutter nicht wohl. Ihren ältesten Sohn, Byron, hat Ada auf Vorschlag ihrer Mutter erst in Brighton bei Dr. King und seiner Frau untergebracht, der auch Ada schon auf den richtigen – christlichen – Weg hatte bringen sollen. Aber die ewigen Predigten von dem Geistlichen gehen nicht nur Ada und William auf die Nerven, sondern auch ihrem Sohn, und schließlich bleibt Byron bei Adas Cousin mütterlicherseits, Charles Noel, auf einem Anwesen in Leicestershire, das ebenfalls Lady Byron gehörte. Für Frauen der Oberschicht ist es nicht ganz ungewöhnlich, dass ihre Kinder vor allem während der Saison in London bei Verwandten oder auf Internaten bleiben, wo sie ungestört unterrichtet werden.

Außerdem geben die Lovelaces ihr Haus in London am St. James's Square auf und müssen zweimal ihre Sachen packen lassen, bis sie schließlich mit Babbages Hilfe ein Haus auf Great Cumberland Place finden, in der Nähe vom Hyde Park. Zum Streit mit ihrer Mutter über die Erziehung der Kinder kommt also noch ein logistisches Durcheinander hinzu und frisst Zeit und Energie der eh schon belasteten Ada. Es scheint eine widersprüchliche Verbindung zwischen den beiden gewesen zu sein: Auf der einen Seite nimmt Ada die Hilfe ihrer Mutter an und macht sich von ihr abhängig, um sich auf der anderen Seite über ihren Einfluss zu beschweren. Die starke christliche Überzeugung von Lady Byron ist eine Sache – Ada definiert sich selbst als Agnostikerin; ist also nicht von der Existenz Gottes überzeugt, aber auch nicht von seiner Nichtexistenz –, doch aus einigen ihrer Briefe spricht auch der alte Konflikt über Lady Byrons Bestehen auf einer naturwissenschaftlichen und die Ablehnung einer künstlerischen Erziehung, der in Bezug auf Adas Kinder wieder aufzubrechen scheint. Ada schreibt ihrer Mutter einen Brief, den sie vermutlich nicht abgeschickt hat,* und arbeitet darin alte Wunden auf. Dabei benutzt sie zum ersten Mal den Begriff: *«poetical science»*, also «poetische Wissenschaft», der ihren Zugang zur Mathematik ziemlich gut zusammenfasst:

> […] eine Person, die noch nicht 30 ist (& trotz meiner Leiden bin ich noch vital genug, da bin ich mir sicher), kann alles erreichen, wenn sie nur eine Schule besucht. Es ist nicht die schlechteste Lebensphase, um sich zu bilden.
>
> Sind wir jetzt d'accord betreffend Poesie & Musik & Philosophie? – Ich glaube nicht, dass ich bisher ausgiebig Gebrauch von der Musik gemacht habe; oft war es sogar eher törichter Missbrauch.

* Toole schätzt, dass Ada das undatierte Fragment vor Dezember 1845 geschrieben haben muss.

> Philosophische Poesie wollen Sie mir nicht gestatten. Dann drehen Sie die Reihenfolge um!
>
> Gestehen Sie mir poetische Philosophie zu, poetische Wissenschaft?[4]

Ada entfernt sich von ihrer Mutter, je mehr sie sich zu ihrem toten Vater und seiner Vergangenheit hingezogen fühlt. Sie trifft seinen ältesten Freund aus Cambridge-Zeiten John Hobhouse und seinen Verleger John Murray. Über Charles Babbage nimmt sie Kontakt zu einer von Lord Byrons letzten Affären auf, Gräfin Teresa Guiccioli, die mit ihrem Ehemann Baron Boissy durch Europa tourt und eine Zeit lang in London ist. Der ist offenbar stolz darauf, die ehemalige Geliebte von Lord Byron geheiratet zu haben, und stellt Guiccioli stets als dessen *«former mistress»* vor. Es ist nicht so ganz klar, ob Ada und Teresa sich wirklich getroffen haben, aber ihre sozialen Netze sind eng miteinander verwoben, besonders über Babbage, der sie traf und der offenbar versuchte, Ada in ihre Gesellschaft zu bringen. Es gibt mehrere Briefe von Ada an Babbage, in denen es um ein Treffen mit einer Countess «Italia-Italia» geht.

> Mein Lieber Babbage ...
>
> Ich weiß nicht, was ich wegen der Gräfin Italia-Italia & Co. tun soll. Lovelace brennt darauf, sie kennenzulernen – und dass ich sie kennenlerne – & wünscht, dass ich sie am Montag zum Essen einlade. – Aber nehme ich mir nicht zu viel heraus, solange mich nicht jemand vorgestellt hat?[5]

Für Lady Byron ist es nur schwer zu ertragen, dass Ada versucht, mehr über ihren Vater herauszufinden. Sie hat das Gefühl, dass Ada die Seite wechseln könnte und zu seinen Bewunderern überläuft, statt ihre Version des Ehemanns, der sie quälte, über alles zu stellen.

Dann, im Herbst 1850, gehen Ada und William auf Reisen und besuchen auch das frühere Familienanwesen der Byrons Newstead Abbey. Ihr Vater hatte es wegen seiner Schulden schließlich doch verkaufen müssen, kurz bevor er England verließ. Was davon übrig blieb, vermachte Lord Byron in seinem Testament seiner Halbschwester Augusta, nicht Ada. Von Lady Byron dachten eine Zeit lang die meisten um sie herum, dass sie früh sterben würde. So sehr hatte sie mit ihrer Hypochondrie alle verrückt gemacht, und Lord Byron hatte Grund anzunehmen, dass Ada nach ihrem nahen Tod von dem Vermögen ihrer Mutter gut würde leben können. Von Newstead Abbey schreibt Ada ihrer Mutter auch davon, was der Ort in ihr auslöst, wird aber schnell bereuen, dass sie so viel von ihren Gefühlen preisgegeben hat.

> Meine ersten und äußerst melancholischen Eindrücke von Newstead schlugen allmählich in echte Zuneigung für diesen Ort um, ehe ich ihn wieder verließ. Es fühlte sich langsam an, als wäre es ein vertrautes Zuhause, – & ich verließ es mit Bedauern und Widerwillen, – & ich spüre, dass ich noch vor Ablauf eines Jahres wieder dorthin zurückkehren muss.[6]

Der neue Besitzer des Anwesens ist ein Colonel Thomas Wildman, der das Gebäude, und insbesondere das alte gotische Kloster, das es umschließt, renoviert. Er führt William und Ada über das Anwesen.

> Es war Newsteads Rettung, dass er [Colonel Wildman] sich seiner angenommen hat. Niemand sonst auf der Welt hätte es, & dann auch noch mit all den Reminiszenzen, zum Leben erwecken können wie er.

> Und kein Byron hätte es sich leisten können, das Gebäude auch nur vor dem Einsturz zu bewahren. – Der erforderliche Aufwand war enorm.
>
> [...]
>
> Überhaupt ist mein Besuch dort lebensverändernd. Das Gefühl der Monumentalität & Trostlosigkeit ist verschwunden. – Es kommt mir vor wie ein Abstieg ins Grab, aber ich bin auferstanden. – Ich liebe diesen ehrwürdigen alten Ort & alle meine verruchten Vorfahren![7]

Die Reaktion von Lady Byron ist heftig. Sie hat Angst, dass Adas Besuch in Newstead das Bild verändern könnte, das sie ihrer Tochter über ihren gefährlichen und unmoralischen Vater in den Kopf gesetzt hat. Der Besuch vermittle Ada ein *«mythic image»* ihres Vaters, antwortet sie wütend. Sie wirft ihrer Tochter vor, dass sie ihren Vater verklären würde, und will es nicht zulassen, dass sie Frieden mit ihm schließt. Außerdem will sie wissen, was über sie geredet wurde. Hat sich jemand über sie lustig gemacht? Ada antwortet an ihre Mutter:

> Es fällt mir etwas schwer, auf Ihr gestriges Schreiben zu antworten – denn es kommt mir vor, als ob es an ein Phantom gerichtet ist, oder an etwas, das nicht existiert. Kein Gefühl oder keine Meinung über die moralische Natur meines Vaters oder Ihre Beziehungen zu ihm könnte durch meinen Besuch in Newstead geändert werden, auch nicht durch den Ton, der von welcher Seite auch immer angeschlagen wird.
>
> [...]
>
> Weit davon entfernt, eine mythische Verehrung für meinen Vater zu hegen, kann ich (um allein bei persönlichen Erwägungen zu bleiben) sein Verhalten mir selbst

gegenüber nicht vergessen – ein Verhalten, das ungerecht & rachsüchtig war.[8]

In der Auseinandersetzung mit ihrem Vater liegt für Ada die Emanzipation von ihrer Mutter. Sie fällt aus ihrer Rolle als gehorsame Tochter.

Als Lady Byron die Bekanntschaft des populären Evangelisten Mr. Robertson macht und in seinen Einfluss gerät, entfremden sich William und Ada noch mehr von ihr.

Zu alldem kommen Adas finanzielle Schwierigkeiten. Dass sie sich Gedanken um Geld machen muss, mag überraschen, wenn man das große Vermögen ihrer Mutter und die großen Anwesen ihres Mannes vor Augen hat. Aber die Realität sieht anders aus: William hatte als Großgrundbesitzer kurzfristig kaum Zugang zu Bargeld. Sein Vermögen steckte in seinen Häusern und Ländereien. Der Ehevertrag sicherte William die Hälfte des Vermögens zu, das Ada erben würde, sobald Lady Byron starb. Bis dahin hat Ada kein eigenes Vermögen, sondern ist von ihrem Ehemann abhängig. William zahlt Ada ab 1835 jährlich 300 Pfund aus; als eigenes Einkommen und als Ausgleich für seinen zu erwartenden Reichtum. Das ist etwas weniger als das Gehalt von Hauslehrern – der von Adas Kindern erhält 400 Pfund im Jahr, und Lady Byron greift laut der Schätzung von Betty Toole auf ein Einkommen von 7000 Pfund im Jahr zu. Ihre Tochter unterstützt Lady Byron davon höchstens mit dreißig bis fünfzig Pfund im Jahr, wofür Ada ihr immer wieder überschwänglich dankt. Laut der Haushaltsbücher kauft Ada von ihrem Geld vor allem Bücher, die im 19. Jahrhundert sehr teuer sind; sie kauft sich Kleider für Bälle, aber sie bezahlt auch den Zahnarzt und den Reitlehrer für die Kinder und verschiedene andere kleinere Posten. In den Briefen an ihren Anwalt Woronzow Greig kreist sie oft um finanzielle Probleme.

Für Adas Mutter sind Geld und die Kosten, die sie übernimmt, immer ein Druckmittel, um Einfluss auf das Leben ihrer Tochter auszuüben. Indem sie Annabella und Ralph zu sich nimmt, trägt sie auch die Ausgaben für deren Erziehung. Ada weiß, dass ihre Mutter nur Lehrer einstellt, die sie selbst ausgesucht hat und mit denen sie einverstanden ist. Auch hier geht Ada auf Distanz zu ihrer Mutter und nimmt Annabella im Jahr 1950, als sie dreizehn Jahre alt ist, wieder zu sich. Damit sie die Gouvernante für ihre Tochter bezahlen kann, muss sie sich von ihrem Nachbarn, dem Banker Mr. Currie, Geld leihen. Adas ältester Sohn Byron geht in dieser Zeit zur Navy. Der jüngste Sohn Ralph verbringt von allen Kindern die längste Zeit mit seiner Großmutter und gerät am stärksten in Lady Byrons Einfluss. Er wird sich später gegen seine Mutter und seinen Vater richten und mit zu dem Bild beitragen, dass seine Mutter eine charakterschwache Frau war.

Am meisten Stoff bietet ein neues Hobby: Ab etwa 1850 besucht Ada häufig Pferderennen und wettet. Es ist Teil der normalen sozialen Zeitvertreibe der Oberschicht, und die Lovelaces nehmen an vielen Events Teil; am königlichen Hof oder zusammen mit Babbage, dessen Haus weiterhin wichtiger Treffpunkt für die Intelligenzia in London ist. Pferderennen zu besuchen, wird Adas neue Leidenschaft, und zwischenzeitlich überlegt sie, selbst Rennpferde zu züchten. Wahrscheinlich ist dieser Traum im 19. Jahrhundert so gängig, wie heute alle einen alten Bauernhof auf dem Land kaufen wollen oder mit Freunden eine Bar eröffnen. Etwas, das eigentlich jeder irgendwie schön fände und was man in Gesprächen mit Bekannten eben so sagt.

Ada verbringt viel Zeit mit ihrem neuen Hobby. In den Briefen an ihre Mutter berichtet sie oft von den Derbys. Eine Station auf der Reise nach Newstead Abbey ist der *Doncaster Cup* und das Duell der beiden berühmtesten Rennpferde

Flying Dutchman und *Voltigeur.* Adas Brief an Lady Byron ist fast euphorisch.

> Der zweite Sieg von Voltigeur am Freitag, als er den Cup gewann, indem er den unbesiegbaren Flying Dutchman schlug – von dem man angenommen hatte, dass kein Pferd ihm das Wasser reichen könne – ist der größte Triumph, der je im Rennsport erzielt wurde! – Es war ein großartiger Wettkampf zwischen diesen beiden großartigsten Pferden! – Wie ein Zweikampf zwischen zwei Helden. – Ich bin froh, dieses größte aller Rennen gesehen zu haben, das in die Geschichte eingehen wird.[9]

Man muss sagen, dass Ada nicht nur Misserfolge mit ihren Wetten hatte. Es gibt die Legende, sie hätte versucht, wissenschaftlich an die Sache heranzugehen. So, wie sie eine Zeit lang mathematische Strategien – man könnte auch sagen, Algorithmen – für Brettspiele entworfen hat, habe sie auch über Pferderennen nachgedacht und weiter mit Babbage zusammengearbeitet. In einigen Briefen aus den Jahren 1848 und 1849 erwähnen beide häufiger ein «Buch», das sie sich wohl hin- und hergegeben haben. James Essinger vermutet, sie hätten gemeinsam an einem weiteren Schreibprojekt gearbeitet. Für alle diese Behauptungen gibt es allerdings keine Beweise. Nur einige Zettel sind erhalten geblieben, mit ihren Tipps für die Pferderennen, die sie wohl ihrem Hausmädchen gab, um sie einzureichen. Laut Woronzow Greig, der sich um Adas Finanzen kümmerte, erzielte sie im Jahr 1851 einen Gewinn von 1000 Pfund.

Das Wetten scheint für Ada eine Flucht gewesen zu sein, auch wenn ich bezweifle, dass es eine Sucht war. Wie sie damit umgeht, vermittelt einen Eindruck davon, welche Richtung ihr Leben vermutlich genommen hätte, hätte sie die

Mathematik nicht als Kanal für ihre Schaffenskraft gefunden. Die Rolle als Frau, Mutter und Tochter, die ihr nie gereicht haben, um sich darüber zu definieren, ist das Einzige, was ihr noch bleibt. Vermutlich realisiert Ada, dass sie kein nennenswertes Werk mehr würde schreiben können. Für ihre *«Notes»* interessiert sich niemand. Sie flüchtet sich ins Spiel und in die Zerstreuung. Ohne neue Herausforderungen und Projekte entgleitet ihr das Leben. Und dann entgleitet ihr auch ihr Körper.

DIE KRANKHEIT

I have much more to say but I hear the fatal horn which (like death) waits.

— A. A. L.[1]

Selten war Adas Terminkalender so voll wie im Mai 1851. Mit Charles Babbage, William und Annabella geht sie viele Male auf die Weltausstellung. Ihre Freunde Michael Faraday, der Physiker Sir David Brewster und John Crosse begleiten sie. Es muss sich ein bisschen angefühlt haben wie heute eine Fußballweltmeisterschaft oder die Olympischen Spiele. Und Ada lässt sich von der festlichen Stimmung in London mitreißen.

Über 500 Meter lang ist der Glaspalast; und von oben bis unten gefüllt mit Ständen und Ausstellern aus der ganzen Welt, die indische Flagge weht neben der australischen, neben der türkischen Flagge. Ein ausgestopfter Elefant steht einer Lokomotive gegenüber. Adas erstes Ziel sind die Maschinen. Der Jacquard-Webstuhl, die Dampfmaschinen, die Cotton-Gins, Teleskope, Telegrafen, Mikroskope, Barometer. An einem Stand wird die Daguerreotypie, der Vorläufer der Fotografie, vorgeführt.

Goldene Armbanduhren füllen den Schweizer Stand, aber William und Adas Tochter Annabella gehen am liebsten in die *monkey closets*. Für einen Penny können die Besucher zum ersten Mal eine öffentliche Toilette benutzen; die kleinen Kabinen mit der ersten Toilette mit Wasserspülung, Waschbecken und Frotteehandtuch, einem Kamm und Schuhputzgerät.

Die Idee von Prince Albert wird ein unglaublicher Erfolg: Millionen Menschen werden die Weltausstellung besuchen, sie wird fast 200 000 Pfund einbringen – und sie markiert die Geburtsstunde des Massentourismus. Auch in anderen Städten, zuerst vor allem in Europa und Amerika, dann überall auf der Welt werden von da an regelmäßig Weltausstellungen stattfinden.

Auf ein Dinner der Royal Society zu Ehren der Weltausstellung geht William alleine. Vielleicht scheut Ada diese Gesellschaft nach den Gerüchten über ihre Affäre. Aber sie gehen zusammen auf den Ball, den Queen Victoria und Prince Albert im Buckingham Palace geben – mit 2000 geladenen Gästen. Mit einer *Great Exhibition Quadrille* wird ab 22 Uhr getanzt, Dinner um Mitternacht. Die Gäste bleiben bis zum Sonnenaufgang.

Zur Weltausstellung kommt ein weiteres Großereignis: die *York Races*, noch ein historisches Pferderennen, dem Ada entgegenfiebert. Es ist ein wahrer Taumel aus Neuigkeiten und Aufregungen, in den sich Ada 1851 stürzt.

Doch nur ein paar Wochen nach der aufregenden Zeit, mit der die Londoner High Society den Beginn der Moderne feiert, bricht Adas fragiler Gesundheitszustand in sich zusammen. Es ist, als würde ihr Körper diesem historischen Moment nicht standhalten können. Nach den vielen Symptomen, den Schmerzen und unregelmäßigen Monatsblutungen, ihren Schwäche- und Schwindelanfällen, ihren Stimmungsschwankungen, hat sie im Sommer zum ersten Mal so schwere Blutungen, dass die Ärzte schließlich Gebärmutterkrebs diagnostizieren.

Von da an beginnt ein Auf und Ab aus Hoffen und Verzweifeln.

In ihren Briefen zwingt Ada sich, optimistisch zu sein und vor allem vor ihren Kindern nicht zu viel von ihrem wahren Zustand preiszugeben.

Als «weibliche Krankheit» gilt Krebs im 19. Jahrhundert, weil an Brust- und Gebärmutterkrebs viel mehr Frauen erkranken und sterben als Männer an Prostata- und Hodenkrebs. Es ist eine der wenigen Krankheiten, für die Frauen anfälliger sind und eine höhere Sterberate haben als Männer. Dabei ist das Bild in ganz Europa ähnlich. Die erste umfängliche Statistik legt im Jahr 1842 ein italienischer Arzt vor, der die Krankheits- und Sterberate der Stadt Verona auswertet. Er kommt zu dem Schluss: Mehr Frauen als Männer sterben an Tumorerkrankungen, und am häufigsten sind Brust und Gebärmutter betroffen. Da Krebs bei beiden Geschlechtern immer häufiger wird, folgerte er, dass die Krebsgefahr mit steigendem Alter (die Lebenserwartung stieg mit der Industrialisierung) zunimmt. Außerdem erkrankten mehr Menschen in der Stadt als auf dem Land.

Auch dass häufiger Frauen betroffen sind, die schlechter essen, schwerere Arbeit leisten und mehr Kinder bekommen, wird in Großbritannien ab 1851 beschrieben und erforscht: der Zusammenhang von sozialer Klasse und Krebs.

Ab Beginn des Jahres 1852 ist Ada unheilbar krank – gerade erst ist sie 36 Jahre alt geworden. Die meiste Zeit ist sie in London, um in der Nähe ihrer Ärzte zu sein. Dr. Locock bleibt an Adas Seite. Wenn er nicht zugegen ist, übernimmt Dr. Cape.

Wie Ada lassen sich Vermögende von ihren Ärzten in ihrem Zuhause privat behandeln. Aber obwohl die Versorgung für sie besser ist, als sich die meisten anderen Menschen in England vorstellen können, ist Adas Behandlung im Jahr

1852 bereits eine palliative. Die medizinischen Möglichkeiten sind begrenzt. Operationen werden wegen der fehlenden Betäubungsmittel und der hohen Sterberate durch den Eingriff erst ab 1880 häufiger durchgeführt, als Chloroform weitere Verbreitung findet. Es ist ein holistischer Ansatz, mit dem die meisten Ärzte im 19. Jahrhundert Patientinnen versorgen. Sie sollen nur in moderaten Mengen essen, jede Anstrengung und Sex vermeiden. Dazu wurden Opium und Morphium als Mittel gegen die Schmerzen verabreicht.

Die Diagnose, die Dr. West stellt, der zu einer weiteren Begutachtung hinzugezogen wird, verdeutlicht all dies:

> Lady Lovelace hat Krebs; die endgültigen Symptome traten vor achtzehn Monaten bis zwei Jahren auf und äußerten sich nicht in Schmerzen, sondern in häufigen und beunruhigend heftigen Blutungen. Im Dezember ließen die Blutungen nach, aber es traten Schmerzen auf, die bis heute an Häufigkeit und Intensität zugenommen haben und mit denen ein Fortschreiten der Krankheit einherging: ein Übergreifen auf andere Organe. Ein Zustand wie der ihre ist somit ein sehr schwerwiegender; es handelt sich nicht nur um eine lokale Beeinträchtigung, die täglich zunimmt und bei der auch chirurgisches Geschick nichts ausrichten kann, sondern auch das Blut selbst ist vergiftet, und unsere Heilmittel sind dem nicht gewachsen. Die Aufgabe des Arztes ist daher eine sehr traurige; denn der höchste Erfolg, den er zu erreichen hoffen kann, ist nicht die Genesung, sondern der sanfte Tod.[2]

William wie auch Lady Byron lassen Ada in dieser Zeit erstaunlich oft alleine. Ihre Mutter bleibt zunächst auf dem Landhaus Esher und wirkt fast etwas verärgert darüber, dass es Ada so schlecht geht. Sie haben sich schon länger nicht mehr gesehen. Es ist, als würde Lady Byron ihre Tochter beschuldigen, ihr mit ihrer ernsten Krankheit nun die Show als ewig Leidende zu stehlen. Und William bleibt versunken in seine Umbauarbeiten an den Horsley Towers.

Der Krebs tötet Ada langsam, und immer wieder erlebt sie Phasen, in denen die Schmerzen unvorstellbar sind. Es gibt noch keine Schmerzmittel, die direkt injiziert werden können. Die vorhandenen sind deshalb weniger effektiv. Ada ist auf Opium und Laudanum angewiesen, und später kommt auch Chloroform dazu. Die schmerzlindernde Wirkung von Cannabis ist bereits bekannt, Ada schreibt in einem undatierten Brief:

> Von Sir G. Wilkinson habe ich viel über Cannabis gehört, der damit sehr vertraut ist. Man sollte es nicht leichtfertig verwenden, aber die Wirkung … ist eindeutig. Ich bin zu meinem alten Freund Opium zurückgekehrt & dankbar dafür. Es scheint, dass der Mesmerismus wirkungslos ist, wenn ich ernsthafte Schmerzen habe, und nicht nur einige leichte Krämpfe.[3]

Lady Byron scheint noch immer versucht zu haben, Ada davon zu überzeugen, es anstelle von Medikamenten mit Hypnose zu versuchen, dabei werden ihre Schmerzen immer schlimmer. Anfang 1852 schreibt Ada an ihre Mutter:

> Wenn ich feststelle, dass nicht nur das ganze Sein zu einer einzigen *Qual* auf Erden werden kann, sondern dass in diesem Zustand, & *danach* der eigene *Verstand* mehr oder weniger verschwunden ist, – dann wird der Eindruck der *Vergänglichkeit* entsetzlich, & nicht nur der Vergänglichkeit, sondern der Vergänglichkeit als *Qual* & *Kampf* …

> Je mehr man leidet, desto entsetzlicher ist das Gefühl, dass all das nur darauf hinausläuft, *«wie ein Hund zu sterben»*, wie man sagt ...[4]

Wieder übt Lady Byron finanziellen Druck aus, um Einfluss auf ihre Tochter zu nehmen. Als William ihr den Ernst der Lage klarmacht und von Adas Spielschulden berichtet, bekommt er als Antwort ein Schreiben ihres Anwalts, Stephen Lushington (der ihr seit der Scheidung von Lord Byron zur Seite steht), in dem sie ihn dafür verantwortlich macht, dass Ada überhaupt mit dem Wetten angefangen hat. Sie stellt außerdem klar, dass sie nichts von den Wetten gewusst habe. Das Verhältnis zu William ist von da an zerrüttet. In ihren Augen hat William als Ehemann versagt, weil er Ada nicht beschützt hat und sie nicht versorgen konnte.

Die muss jetzt von zwei Krankenschwestern betreut werden. Sie bezieht zwei Räume im Erdgeschoss in ihrem Haus in London und kann nur noch in einem Rollstuhl – ein Sessel mit Rädern – herumgeschoben werden.

Lushington fährt zu Ada und lässt sich eine Liste mit ihren Schulden geben – ihre Mutter hat sich bereit erklärt, diese zu übernehmen; aber nicht, ohne ihrem Anwalt zu Protokoll zu geben, dass es sich nicht um Spielschulden handele. Am 19. und am 21. Mai 1852 sind Zahlungen von Lady Byron vermerkt. Sie zahlt insgesamt 2800 Pfund. Als Gegenleistung für die Hilfe ihrer Mutter stimmt Ada zu, sie zu sehen – sie hat sie seit Monaten nicht mehr besucht. Lushington hatte Lady Byron entsetzt erzählt, in welch schlechtem Zustand sie war, wie bleich und schwach und halb betäubt von den Schmerzmitteln. Auf der Schuldenliste ist auch Geld für Opium und Laudanum aufgeführt, die gegen Adas Schmerzen am besten helfen und mit deren Hilfe ihr Arzt Dr. Locock ihr das Leben erträglich machen will.

Trotzdem beschuldigt Lady Byron Dr. Locock, ihre Tochter mit den vielen Drogen nicht richtig zu behandeln. «Warum lassen sie uns nicht in Ruhe?»,[5] schreibt der Arzt an Ada, als deutlich wird, dass Lady Byron ihn durch Ärzte ihres Vertrauens austauschen will. Für ihre finanzielle Hilfe erwartet sie außerdem, dass ihre Tochter es noch einmal mit Hypnose probiert. Ada willigt ein. William, dem Lady Byron selbst so wenig wie möglich begegnen will, sagt sie, dass er Ada nicht so häufig besuchen soll. Stück für Stück beginnt sie so, die Kontrolle über das Leben ihrer Tochter zurückzugewinnen.

Einmal mehr will sie ihre Tochter auf den richtigen Weg bringen. Das schreibt sie in Briefen an eine Freundin. Dafür müssen alle ihrer Meinung nach schlechten Einflüsse auf ihre Tochter «zum Verstummen» gebracht werden. Allerdings kann die Hypnose Ada auch nicht helfen, sondern beschert ihr nur eine unerträgliche Woche ohne die schmerzlindernden Drogen.

Ada weiß inzwischen, dass sie sterben wird. Mitte August schreibt sie an ihre Mutter:

> Zustand ist erträglich, & mich fallen zu lassen *sehr leicht.* Ich beginne den *Tod* zu verstehen, der mit jeder Minute leise & Schritt um Schritt voranschreitet, & wohl nie Sache eines bestimmten Moments sein wird.[6]

Sie bittet Charles Babbage, ihr Testament zu regeln. Am 12. August ist er bei Ada, und sie gibt ihm einen Brief mit dem offiziellen Auftrag.

> Lieber Babbage. Für den Fall meines plötzlichen Ablebens vor der Fertigstellung eines Testaments schreibe ich Ihnen diesen Brief, um Sie zu bitten, als mein Testamentsvollstre-

cker die folgenden Anweisungen zu befolgen; 1. werden Sie bei meiner Mutter die Summe von 600 Pfund einholen, die von Ihnen verwendet werden soll, wie ich Sie andernorts im Vertrauen angewiesen habe. 2. werden Sie zu den Bankiers, den Herren Drummonds, gehen und von ihnen mein Konto & meinen Kontostand (falls vorhanden) und auch alle meine alten Wechsel anfordern. 3. werden Sie über alle von mir bei Ihnen hinterlegten Papiere und Gegenstände verfügen, wie Sie es nach eingehender Prüfung für richtig halten.

Jegliches Guthaben bei meinen Bankiers werden Sie zu den oben genannten 600 Pfund hinzufügen, um es in gleicher Weise zu verwenden.

Im vollsten Vertrauen auf Ihre treue Erfüllung des oben genannten, verbleibe ich aufrichtig und herzlichst Ihre

Ada Augusta Lovelace[7]

Lady Byron ist wütend. Babbage hat eingewilligt, Adas letzten Wunsch zu erfüllen, Adas Testament zu vollstrecken und ihre Unterlagen zu prüfen. Noch während seines Besuchs konfrontiert Lady Byron ihn und sie. Babbage verlässt daraufhin wütend das Haus, er darf keinen Fuß mehr hineinsetzen, während Lady Byron die juristische Gültigkeit von Adas Brief infrage stellen lässt und recht bekommt. Hätte Babbage nach Adas Tod über deren private Angelegenheiten verfügen können, vielleicht wäre ihr Leben heute besser dokumentiert, aber das wird nicht geschehen. Lady Byron hat gesiegt. Am 20. August zieht sie zu Ada in die Nummer 6 am Cumberland Place. Zuerst entlässt sie Adas Zofe und Vertraute Mary Wilson.

Es gibt noch einen letzten Wunsch, den Ada im August 1852 hat. Sie verlangt nach dem Schriftsteller Charles Dickens. Er soll ihr aus seinem Roman «Dombey und Sohn» vorlesen. Die Freundschaft der beiden reicht lange zurück. Ähnlich wie Babbage hatte Ada Dickens kennengelernt, kurz nachdem sie in die Gesellschaft eingeführt worden war. Wie eng sie genau waren, ist schwierig zu sagen, weil auch dieser Briefwechsel verloren gegangen ist. Vermutlich war es zwar eine gute, aber keine besonders enge Freundschaft. Im Jahr 1849 besuchte Ada Dickens länger in Brighton, nicht lange zuvor war «Dombey und Sohn» erschienen. Immer wieder finden sich in Adas Briefen Erwähnungen, wenn sie Bücher von Dickens gelesen hatte. Sie schätzte ihn sehr. William schreibt in sein Tagebuch:

> Ada äußerte den dringenden Wunsch, Ch. Dickens zu sehen – der Absatz über den Tod des Jungen an der Küste des Ozeans in seinem *Dombey* hatte sie tief berührt, & sie wollte, dass er davon erfährt, und ich schrieb ihm, er solle sich beeilen, wenn er sie lebend sehen wolle.[8]

Und Charles Dickens kommt an Adas Krankenbett. In der Szene im Roman, die er ihr vorliest, stirbt ein kleiner Junge in den Armen seiner Schwester, und er hört in seinen letzten Atemzügen das Meer rauschen, und der Tod wird zu einer Reise in ein anderes Land:

> Jetzt hatte das Boot die See erreicht und glitt ruhig weiter. Dort sah er eine Küste vor sich. [...] Das goldene Wogen an der Wand kam wieder zurück, und nichts anderes rührte sich im Zimmer. Die alte, alte Weise! Die Weise, die uns anfliegt mit unseren ersten Gewändern und unveränderlich weilt, bis unsere Pilgerfahrt vollendet ist und das weite Firmament sich wie ein Blatt Papier aufrollt. Die alte, alte Weise – der Tod![9]

Sechs Tage nach seinem Besuch bei Ada schreibt Dickens einen Brief an eine Freundin, die britische Philanthropin Angela Burdett-Coutts.

> Am Abend, bevor ich die Stadt verließ […], erhielt ich eine Nachricht von Lord Lovelace, dass Lady Lovelace im Sterben liege und dass der Tod des Kindes in Dombey sie so sehr beschäftigt und besänftigt habe, dass sie mich noch einmal sehen wolle, wenn man meiner habhaft werden könnte. Ich ging hin und saß für einige Zeit allein bei ihr. Es war sehr feierlich und traurig, aber ihre Tapferkeit war ganz erstaunlich; und ihre Überzeugung, dass all die Qualen, die sie durchgemacht hat (die sehr groß waren), eine Absicht in der Güte Gottes haben, beeindruckte mich sehr.[10]

Dickens ist die letzte Person, abgesehen von ihrer Familie und ihren Ärzten, die Ada lebend sieht. Ihre klaren Momente werden immer seltener. In einem davon legt sie fest, dass sie in der Gruft begraben wird, in die auch die Überreste ihres Vaters Lord Byron zur Ruhe gelegt wurden. William schreibt:

> Sie ging eine Zeit lang an meinem Arm durch den Raum und sprach fast schon zufrieden über die posthumen Arrangements & die einfache Inschrift, die zeigte, dass sie auf ihren eigenen Wunsch neben ihm beigesetzt wurde.[11]

Es ist auch ein letztes Aufbäumen gegen ihre Mutter. Die bürdet ihr Anfang September, rund zwei Monate vor ihrem Tod, noch auf, William ihre «Sünden» zu gestehen. Was genau Ada ihrem Mann sagt, ist nicht klar. Lady Byron schreibt in Briefen an eine Freundin, dass sie diese Information nicht teilen kann. Auch William spricht sein Leben lang mit niemandem darüber. Dafür, dass Ada William an diesem Tag tatsächlich ihre Untreue gesteht, spricht seine Reaktion: Er verlässt wortlos das Zimmer. Und dann schreibt er eine Notiz an die Bediensteten: «Lady Byron ist die Dame meines Hauses», teilt er darin mit. Es sei nun nur noch ihren Befehlen zu gehorchen. Denn Ada sei nicht mehr «Our Bird».[12]

Am 27. November 1852 um halb zehn am Abend gibt Adas Körper auf. Sie stirbt mit 36 Jahren. Im gleichen Alter starb auch ihr Vater, Lord Byron. Neben ihm und der Urne mit seinem Herzen und seinem Gehirn, die aus Griechenland zurückgebracht wurden, wird sie in der Gruft auf dem kleinen Friedhof in der Nähe von Newstead Abbey beigesetzt.

Ihre Mutter ist nicht anwesend.

DAS ERBE

The Analytical Engine has no pretensions to originate anything. It can do whatever we know how to order it to perform.

— A. A. L.[1]

Manchester, hundert Jahre später. Zoom in das Efeu bewachsene Backsteinhaus des Mathematikers Alan Turing. Der Begründer der Computerwissenschaften sitzt am Schreibtisch und arbeitet an einem Aufsatz. *«Lady Lovelace's Objection»* steht auf dem Papier.

Turing erdachte eine universelle Maschine, die Probleme auf der Grundlage des binären Zahlensystems aus Nullen und Einsen lösen könnte. Die Maschine ist eine Art Gedankenexperiment: Ein Maschinenkopf fährt über ein Band mit Binärcode und liest Informationen aus. Diese bestehen aus Fragen oder Problemen, die der Code an die Maschine stellt. Die wiederum löst die Probleme und liefert die Antworten, die sie in Form von Code auf das Papierband schreibt. Weil das Band in diesem Gedankenexperiment lang genug ist – nämlich unendlich lang –, würde sie irgendwann alle denkbaren Probleme gelöst haben. Deshalb nennt man universelle Maschinen, die potenziell jede Art von Problem lösen können, heute *Turing Complete* – so auch die Analytische

Maschine, die Ada Lovelace in ihren *«Notes»* als «neutrale» Maschine beschreibt, und die man durch verschiedene Programme zu vielen verschiedenen «speziellen» Maschinen machen kann. Auch wenn Ada den Begriff «universell» selbst nicht verwendet, erkennt sie das riesige Potenzial, das in ihnen steckt. Indem Ada außerdem das Schreiben von Maschinensprache als eigenes Feld der Mathematik definiert (in ihrer Notiz A nennt sie es «Wissenschaft der Operationen»), wäre auch Ada eine Anwärterin auf den Titel «Begründer der Computerwissenschaft».

Alan Turing hat während des Zweiten Weltkriegs an der Entwicklung der ersten elektronischen Computer mitgewirkt. Mithilfe dieser Maschinen, die die britische Regierung in einem geheimen Projekt in Bletchley Park bauen ließ, konnten die Alliierten codierte Funknachrichten der Nazis schneller entschlüsseln. Turing und seinem Team gelang es im Jahr 1940, den Code der deutschen Verschlüsselungsmaschine Enigma zu knacken.

Ein weiteres Projekt, an dem in Bletchley Park in einem anderen Gebäudekomplex gearbeitet wurde, war der erste britische Computer *Colossus,* ohne den der D-Day wahrscheinlich nicht möglich gewesen wäre. *Colossus* war allerdings noch keine universelle Maschine. Er war speziell dafür gebaut, die verschiedenen Möglichkeiten für die Lorenz-Maschine zu berechnen – mit dieser Maschine, deren Chiffrierung noch einmal komplizierter war als die von Enigma, hatten die Nazis aufgerüstet, als sie bemerkten, dass die Nachrichten abgehört wurden.

In den USA ist der Krieg ebenfalls ein Treiber für technische Entwicklung: Auch hier werden während des Zweiten Weltkriegs die ersten Computer gebaut. Und bei einem – dem ENIAC *(Electronic Numerical Integrator and Computer)* – handelt es sich um die erste Rechenmaschine, die unterschiedliche Programme ausführen kann. Die Maschine soll Flugbahnen berechnen, die Schützen zeigen, in welchem Winkel sie eine Kanone aufstellen müssen, um ein Ziel in einer bestimmten Entfernung zu treffen.

In Ausmaß und Komplexität erinnern die ersten Computer an die Analytische Maschine. Es sind riesige Apparaturen, die einen ganzen Raum ausfüllen. Aber anders als bei der Analytischen Maschine gibt es keine Zahnräder. Die Computer funktionieren nicht mechanisch, sondern elektronisch. Mit Elektronenröhren und Hochvakuumpumpen lassen sich elektrische Signale zum ersten Mal so sehr verstärken, dass der Strom in einem ganz anderen Maße genutzt werden kann als mit einem Stromkabel. Für den Fortschritt ist das wichtig – die Röhren werden auch in Radios, Fernseher und Fernsprechgeräte eingebaut. Mit der Analytischen Maschine gemein haben die ersten Computer die Lochkarten, durch die sie mit Daten gefüttert werden.

Und: Sie werden sowohl in England als auch in den USA zum großen Teil von Frauen programmiert.

Das hat verschiedene Gründe: Bevor es den ENIAC gab, wurden die Berechnungen der Flugbahnen von menschlichen *Computern* durchgeführt; in jeweils dreißig bis vierzig Arbeitsstunden. Der Begriff *Computer* bezeichnete ursprünglich Personen, die Berechnungen anstellten. In den USA bezeichnete er bis in die 1940er-Jahre vor allem Frauen, die in großen Büros und bei Unternehmen diesen Job ausübten. *Computing* ist also eine traditionell weibliche Tätigkeit. Deren Wurzeln reichen weit zurück und lassen sich über mehrere Jahrhunderte nachzeichnen, so wie es die Soziologin Janet Abbate getan hat. Laut Abbate wurde bereits im Jahr 1773 mit Mary Edwards ein weiblicher *Computer* von der britischen Regierung beauftragt, mathematische Tabellen für das nautische Jahrbuch zu erstellen.

Während der Wirtschaftskrise in den 1930er-Jahren nahm die US-Regierung ein Großprojekt für mathematische Tabellen in Angriff, um arbeitslosen Wissenschaftlern dadurch zu einer Beschäftigung zu verhelfen. Die technische Leitung hatte die Mathematikerin Gertrude Blanch. Sie leitete die Gruppe auch noch während des Zweiten Weltkriegs, dann zur Unterstützung verschiedener Kriegsprojekte. Auch militärische Dienststellen beschäftigten laut Abbate ihre eigenen rechnenden Mitarbeiterinnen. Für das ballistische Forschungslabor der US-Armee arbeiteten demnach beispielsweise zweihundert weibliche *Computer*.[2]

Der ENIAC soll tausendmal schneller rechnen können als diese menschlichen Computer. Die Professoren John W. Mauchly und John Presper Eckert hatten die Maschine während des Zweiten Weltkriegs an der Universität von Pennsylvania im Auftrag der US-Armee entworfen und ein kleines Team Frauen zusammengestellt, das die Maschine steuern sollte. Eine von ihnen ist Jean Jennings. Jennings hatte am College Mathematik studiert und mit diesem Abschluss eigentlich nur die Wahl, Lehrerin zu werden oder einen Bürojob anzunehmen. Sie ist bereits seit Beginn des Krieges bei der Armee als weiblicher *Computer* im Einsatz – berechnet per Hand kriegsrelevante Gleichungen. Als sie von dem neuen Job erfährt, bewirbt sie sich sofort: «Ich wusste zwar nicht genau, worum es ging, aber ich wusste, dass es nicht so langweilig sein konnte, wie dazusitzen und auf die Rechenmaschine einzuhauen, und es war etwas ganz Neues»,[3] erzählt sie später.

Jean Jennings wurde zusammen mit Betty Snyder Teil eines sechsköpfigen weiblichen Teams. Die Frauen arbeiteten als *Operators* am ENIAC. Vor Antritt der Stelle absolvierten sie dreimonatige Intensivkurse in Trigonometrie, Algebra, analytischer Geometrie und ballistischen Berechnungen, bis sie eines Tages an der Universität vor einer riesigen Maschine standen, von der niemand von ihnen wusste, wie man sie genau bediente, weil es noch nie zuvor eine solche Maschine gegeben hatte.

Um den ENIAC für eine Operation zu programmieren, galt es, Steckschalter und Kabel an verschiedenen Positionen einzustecken. Sollte der ENIAC ein bestimmtes Problem lösen, mussten Jean Jennings, Betty Snyder und ihre Kolleginnen also die Formel für das zu lösende Problem (zum Beispiel die Berechnung von Flugbahnen) in die Sprache der Steckschalter, in die Sprache der Maschine übertragen. Den Code zu schreiben, ist in dieser Zeit fast gleichbedeutend mit dessen Eingabe in die Maschine. Die Frauen waren dabei auf sich alleine gestellt, denn die beteiligten Ingenieure taten das «Programmieren» der Maschine als Nebensache ab. Hätten sie diese Einschätzung nicht getroffen, ist es zu bezweifeln, dass Frauen diese Tätigkeit hätten ausführen dürfen. Aber so erdachten die sechs *Operators* mit der Zeit wiederverwendbare Strategien, weil einige Operationen immer wieder vorkamen. Wie Ada in ihrer Tabelle entwickelten sie Pläne für die Schritte, die die Maschine ausführen musste, um zum richtigen Ergebnis zu kommen. Allerdings hieß das Programmieren des ENIAC auch, ihn zu «bedienen». Der erste Computer hatte noch keinen Speicher, für jede Operation musste er also neu konfiguriert werden. Tagein, tagaus steckten die Frauen Stecker um und testeten die Abläufe der Berechnungen – und wurden darin immer besser. «Weil wir sowohl die Anwendungen als auch die Maschine kannten, konnten wir Fehler genauso gut, wenn nicht sogar besser finden als der Ingenieur», erinnert sich Jean Jennings, «bis hin zu einer einzelnen kaputten Röhre.»[4]

Der ENIAC führt erst im November 1945 das erste Mal erfolgreich ein Programm aus, als der Zweite Weltkrieg bereits vorbei ist. Einige Monate später drängen sich am Mittag ein paar Dutzend Männer in Uniform und Anzügen in den Raum, in dem die Programmiererinnen Jean Jennings und Betty Snyder die letzten Monate an den vielen Steckern des ENIAC gearbeitet haben. Sie führen ihr Programm vor, das die Flugbahnen berechnen soll. Diese Vorführung vor den Militärs und Geldgebern wird entscheidend dafür sein, ob die Finanzierung der Maschine fortgesetzt wird. Die Lämpchen beginnen, an verschiedenen Positionen der Maschine zu leuchten. Dreißig Sekunden ist das Geschoss in der Luft, der Countdown wird heruntergezählt. Nach zwanzig Sekunden leuchtet aber schon keine Lampe mehr, der ENIAC liefert das Ergebnis der berechneten Flugbahn, noch bevor die Rakete am Boden einschlagen kann. Zwanzig Sekunden für eine Rechnung, die vorher mehrere Tage in Anspruch genommen hat. Applaus. Jean Jennings läuft zum Tabulator und druckt das Ergebnis der Rechnung für alle Anwesenden als Souvenir aus.

Danach bittet der Projektleiter die Männer zum Lunch. Betty Snyder und Jean Jennings sind nicht eingeladen. Ihre Namen werden auch nicht als Mitarbeiter des Projektes geführt und an die Presse gegeben, sie sind schließlich nur die *Operators.* Weder auf den Fotos in den Zeitungen sind sie zu sehen, noch werden sie in der Pressemitteilung erwähnt, die das Verteidigungsministerium später herausgibt. Sie handelt nur von den Erfindern der Maschine, den Ingenieuren John W. Mauchly und John Presper Eckert, die den ENIAC gebaut haben. Die Arbeit von Jennings und Snyder gerät in Vergessenheit.

Erst nachdem die Entwicklung des Computers für militärische Zwecke vorangetrieben wurde, werden der allgemeine Nutzen und das Potenzial der Universalmaschinen, das Ada in der Notiz A voraussagt, auch außerhalb des militärischen Bereichs erkannt. Es entsteht eine neue Branche, ein neuer Industriezweig, der sich so rasch entwickelt wie kein anderer zuvor. Der Nutzen der großen Rechenmaschinen steckt zunächst in der Zeit- und damit Geldersparnis sowie der verringerten Fehleranfälligkeit, die sich Unternehmen durch automatisierte Berechnungen versprechen. Das Verkaufsargument hat sich seit den 1830er-Jahren, als Babbage die Analytische Maschine bauen wollte, nicht wirklich geändert.

Und: In den ersten Jahren nach dem Krieg dominieren weiterhin Frauen den Bereich der Programmierung. Das Know-how, das sie in den Kriegsjahren gesammelt haben, ist jetzt unersetzlich.

In den 1950er-Jahren wird Grace Hopper eine der wichtigsten Figuren der Computergeschichte. Wie Ada Lovelace hat sie sich vor allem damit beschäftigt, wie man einem Computer Sprache beibringen kann, ausgehend von dem Problem, das Ada in den *«Notes»* beschrieben hat: Für einen Computer muss ein Programm in eine Sprache übersetzt werden, die er versteht. Die mathematische «Formelsprache» ist dafür ungeeignet. Grace Hopper entwickelte ein Programm, mit dem ein solcher Quellcode aus einer bestimmten Programmiersprache in einen Binärcode aus Nullen und Einsen übersetzt werden kann. Die Maschine kann diesen Code verarbeiten – die modernen Computer rechnen, anders als Babbages Dezimal-Zahnräder-Maschinen, mit dem binären Zahlensystem. Dieser sogenannte *compiler* erfüllt gewissermaßen die Rolle eines Dolmetschers. Er vermittelt zwischen Programmierer und Maschine. Erst durch diese Erfindung, die das Programmieren enorm erleichterte, wurden Computer für den alltäglichen Gebrauch tauglich. Wegen dieser Erfindung wird Grace Hopper auch *Queen of Software* genannt.

Die große Programmiererin war sich des Werks von Ada

Lovelace übrigens bewusst und erwähnte häufig ihre wichtige Rolle als erste Person, die ein Konzept für *Computing* vorlegte.

Die Mathematikerin hatte vor dem Krieg einen Doktor in Mathematik an der Yale University gemacht und dort auch als Professorin gearbeitet. Dann meldete sie sich bei der Navy und ging im Anschluss nach Harvard, um dort an einem weiteren militärischen Computerprojekt mitzuarbeiten, dem *Mark 1.* Die Maschine wird konzipiert, um Berechnungen durchzuführen, die dabei helfen sollen, Schiffe vor Seeminen mit Magnetzündern zu schützen. Auch Grace Hopper hat für diese Maschine die «Programme» entwickelt und das erste *Computer Manual* geschrieben, eine erste Anleitung, wie Computer programmiert werden können.

Nach dem Krieg kann Hopper sich aussuchen, wo sie arbeiten will. Auch die größte Computerfirma IBM will sie haben. Aber Hopper entscheidet sich für das kleinere Unternehmen *Eckert and Mauchly*, wo inzwischen auch Jean Jennings und Betty Snyder, jetzt Holberton, arbeiten. Das Unternehmen unterhält eine eigene Abteilung für Software-Entwicklung, und die Hälfte der Angestellten in diesem Bereich sind Frauen. Das Unternehmen stellt den UNIVAC *(Universal Automatic Computer)* her. Die ersten Unternehmen, die damit arbeiten, sind die US-Statistikbehörde, die Air Force und noch ein paar Versicherungsunternehmen.

Betty Holberton ist in der Firma eine Legende, und Grace Hopper nennt sie später in einem Interview die beste Programmiererin, die sie kennt. Holberton hat bereits den *operational code* geschrieben, auf dem der UNIVAC basiert. Als Hopper Betty Holberton kennenlernt, schreibt diese gerade das erste Programm, das selbst ein Computerprogramm entwickeln kann. Und: Durch ihren Einfluss bekommen Computer das typisch beige-sandfarbene Gehäuse, das über

Jahrzehnte Standard bleibt. Der Legende nach war es Holberton, die die Ingenieure überzeugte, dass Schwarz keine gute Farbe für das Gehäuse des ersten kommerziell vertriebenen Computers sei.

In den 1960er-Jahren gelingt ein weiterer Schritt in Richtung der individuellen Verwendung von Computern: Der LINC *(Laboratory Instrument Computer)* war ein direkter Vorläufer der Desktop-Computer. Nicht mehr über Lochkarten, sondern zum ersten Mal über eine Tastatur konnte der Benutzer die Befehle eingeben. Der LINC verfügte außerdem über einen kleinen Bildschirm. Die nationale US-Gesundheitsbehörde war nach einer Präsentation des Prototyps von dessen Nutzen überzeugt und finanzierte die Produktion von LINCS für zwölf biomedizinische Labore. Weitere rund hundert LINCS wurden anschließend für die medizinische Forschung gebaut, und erst dann wurde aus diesen Maschinen ein Universalrechner für einen größeren Markt entwickelt. Es ist Mary Allan Wilkes, die das Betriebssystem für den LINC schreibt – das sogenannte *LINC Assembly Program.* Zweieinhalb Jahre arbeitet sie mit einem Team aus Programmierern an der Software. «Wir schoben extrem lange Schichten; und aßen viel ungesundes Essen»,[5] sagt Wilkes. Sie seien alle Nerds gewesen, Frauen waren im Team akzeptiert, verdienten allerdings nicht so gut wie die Männer.

Der Zugang für Frauen in dem Feld bleibt bestehen, weil noch niemand so genau weiß, was Programmieren eigentlich ist. Einen formalen Studiengang gibt es noch nicht und deshalb auch keine Einstiegshürden für den Beruf. Das Einstellungskriterium für Mary Allan Wilkes Stelle beim MIT ist ein bestandener Logiktest. Wilkes, deren Hauptfach im College Philosophie war, hat damit etwas Erfahrung. Auch in der Philosophie werden Probleme schließlich formalisiert und in Gleichungen gefasst. Das hat gewisse Ähnlichkeit mit der Entwicklung abstrakter Entsprechungen für bestimmte Vorgänge, also der Entwicklung von Algorithmen. Der weitgehend ungeregelte Zugang macht den Beruf für Frauen attraktiv, die es sonst auf dem Arbeitsmarkt schwer haben.

27 Prozent der Computerjobs in den USA sind Mitte/Ende der 1960er-Jahre von Frauen besetzt. Mit ihrem Know-how aus den Kriegsjahren konnten die Entwicklerinnen ihre Anstellungen auch nach Kriegsende halten, anders als Frauen in anderen Branchen. Im Jahr 1990 wird die Zahl der weiblichen Beschäftigten mit 35 Prozent ihren Höchststand erreichen, im Jahr 2013 liegt er wieder bei 26 Prozent. Bei allen Veränderungen der Branche ist das auch heute noch der Anteil von Frauen in Tech-Berufen in den USA.

Schaut man sich an, welchen Beitrag Frauen zur Entwicklung von Computern geleistet haben, bekommt die Unterscheidung von Hardware und Software, die von Ada Lovelace rund hundert Jahre zuvor vorausgedacht wurde, eine weitere Bedeutungsebene: Die Hardware der ersten Computer stammt von Männern, die Software von Frauen. Obwohl die Assoziation von *hard* = männlich und *soft* = weiblich den traditionellen Genderrollen entspricht, liegt darin eine machtvolle Erkenntnis: Die Hälfte der Entwicklung von Computern geht auf die Arbeit von Frauen zurück.

Gemeinhin wird angenommen, dass Ada Lovelace konkret wenig Einfluss auf die Entwicklung von modernen Computern genommen hat. Sie sei mit ihren «*Notes*» einfach zu früh dran gewesen. Ihre Zeitgenossen hätten mit ihrem Computerprogramm noch nichts anfangen können, hätten nicht verstanden, was es bedeutet, und hundert Jahre – das sei eine lange Zeit für eine Idee. Als Väter der Computer gelten vor allem die Ingenieure, die wie Babbage die Hardware bauten. Sie gelten als die Pioniere der neuen Technik.

Dabei streift Ada in den *«Notes»* auch ein Thema, über das Computerwissenschaftler heute noch streiten und das durch Künstliche Intelligenz eine neue Dimension bekommt. Adas Name ist hier mittendrin.

Zurück zu Alan Turing: Im Jahr 1950 schreibt er seinen wahrscheinlich bekanntesten Aufsatz: *«Computing Machinery and Intelligence»*. Darin bespricht er die Frage, ob Maschinen «denken» können. Um sich nicht in Diskussionen darüber zu verlieren, wie «denken» zu definieren ist, entwirft Turing einen Test – das *Imitation Game*. Seine Frage: Kann ein Computer sein Gegenüber in einem Gespräch so sehr täuschen, dass der Mensch denkt, er habe es mit einem Menschen zu tun? Und wenn eine Maschine das Denken überzeugend nachahmen kann, denkt sie dann nicht eigentlich auch schon selbst? Im Kern dreht sich die Diskussion um die Frage: Ist das Ablaufen von Prozessen in einer Maschine, die dem Ablaufen von Prozessen im menschlichen Gehirn gleichen, ausreichend, um davon zu sprechen, die Maschine denke? Turing hält eine universelle Maschine prinzipiell für fähig, alle Vorgänge des menschlichen Gehirns auszuführen. Ada hätte es vielleicht so erklärt: Wenn man mathematische Äquivalente für die Vorgänge im Gehirn finden könnte und sie in eine Sprache übersetzt, die eine Maschine versteht, könnte diese Maschine mit diesem Programm eben auch «denken».

Turing geht dann auf einige Gegenargumente *(objections)* ein. Eines davon, Nummer 6, nennt er *«Lady Lovelace's Objection»*. Es bezieht sich auf einen Abschnitt aus Adas Notizen in Abschnitt G. Ada schreibt:

> Es ist wünschenswert, möglicherweise übersteigerte Vorstellungen in Bezug auf die Leistungsfähigkeit der Analytischen Maschine abzuwehren. Die Analytische Maschine

> erhebt keinerlei Anspruch darauf, irgendetwas *ins Leben zu rufen*. Sie kann ausführen, was immer wir ihr *an Aufgaben vorgeben können*.[6]

Turing zitiert diese Passage und führt als Gegenargument eine Frage an: Was, wenn es ein Programm gäbe, mit dem die Maschine «lernen» könnte? Wäre dann nicht ein Punkt vorstellbar, an dem sie auch selbstständig aus dem Gelernten Neues hervorbringen könnte, das vorher noch nicht existiert hat?

Dass Ada nicht selbst auf diese Idee gekommen sei, könne man ihr nicht vorwerfen, sagt er, und hält es für etwas zu viel verlangt, so weit vorauszudenken. Er interpretiert Adas Einwand wie folgt: «Eine Variante des Einwands von Lady Lovelace besagt, dass eine Maschine ‹nie etwas wirklich Neues vollbringen kann›.» Oder: «... dass eine Maschine uns niemals überraschen kann».[7] Dabei würden Maschinen ihn häufig überraschen, schreibt Turing, vor allem wenn er nicht vorher alle Möglichkeiten des Ergebnisses durchdacht habe. Warum die Überraschung einen «kreativen mentalen Akt» brauche, um als wirklich überraschend gesehen zu werden, verstehe er nicht, schreibt Turing. Ein Buch oder eben eine Maschine könnte uns ebenso überraschen wie ein Mensch. Philosophen und Mathematiker, die einen solchen mentalen Akt verlangten, führten eigentlich ein moralisches Argument ins Feld, eine Wertsetzung, indem sie menschliches Denken höher schätzten als die Tätigkeiten einer Maschine:

> Eine natürliche Folge davon wäre, dass man damit annimmt, dass es keinen Wert hat, bloß Folgerungen aus Daten und allgemeinen Prinzipien zu ziehen.[8]

Wie die Maschine etwas «Neues» hervorbringt, ist für Turing nicht so wichtig. Für Informatiker, die sich dieser Interpretation angeschlossen haben, ist es kein Problem zu sagen, eine Maschine «denke», wenn sie alle Vorgänge eines Gehirns ausführen kann.

Allerdings kann Adas Argument dahingehend interpretiert werden, dass es ihr um einen qualitativen Unterschied geht. Sie stellt die Frage, ob die rein mechanische Imitation von Gedanken wirklich als «Gedanke» bezeichnet werden kann. Oder ob nicht vielmehr eine fundamentale, menschliche Komponente fehlt – eine Frage, die einige Wissenschaftler nach ihr aufgegriffen haben.

Der «Streit» zwischen Ada und Turing ist bis heute nicht beigelegt, und Turings *Imitation Game* gilt mittlerweile als überholt, weil es zu eng gefasst sei, um Künstliche Intelligenz zu erkennen. Unbestritten bestanden hat den Turing-Test bisher kein KI-System oder Chatbot. Der einzige bekannte Fall aus dem Jahr 2014 ist der Chatbot Eugene Goostman. Er bestand den Test bei einem Wettbewerb. Allerdings nur durch einen Trick: Den Studienteilnehmern stellte sich Goostman als Dreizehnjähriger Junge aus der Ukraine vor, um seine sprachlichen Fehler und begrenztes Wissen zu rechtfertigen. Die im Turing-Test verlangten mehr als dreißig Prozent der Studienteilnehmer glaubten der Maschine, dass sie ein Mensch sei – und das produzierte Schlagzeilen. Es gebe jetzt denkende Maschinen. Experten bezweifelten allerdings, dass der Test ein vollständiger Turing-Test genannt werden konnte oder ob dem Bot nicht nur eine kurzfristige Täuschung gelungen war.

Danach entwickelte ein Team aus Forschern einen neuen Test, um Künstliche Intelligenz zu definieren – sie nannten ihn den «Lovelace-Test». Dieser will Maschinen danach testen, ob sie kreativ sein, also etwas bisher nicht Dagewesenes hervorbringen können, ohne dass sie darauf programmiert wurden. Es ist ein Test, der Adas Behauptung, Maschinen könnten nur ausführen, was man ihnen gesagt habe, also worauf man sie programmiere, prüfen soll. Eine Maschine gilt demnach als intelligent, wenn sie einen beliebigen Output produziert, den der Programmierer nicht erwartet hat, und wenn er im Code der Maschine nicht nachvollziehen kann, wie dieser Code entstanden ist. So hat Ada am Ende also nicht nur Babbage, sondern auch Turing überflügelt.

Doch auch mit dem Lovelace-Test ist die Diskussion noch nicht entschieden. Es wurden bereits erste Bedenken angemeldet: Selbst wenn ein Computer den Lovelace-Test bestehen sollte, können wir dann wirklich davon sprechen, dass er kreativ ist? Was bedeutet Kreativität überhaupt? Ist der Impuls für ein Kunstwerk, der innere Drang, menschliche Erfahrung in Form von Kunst zu verarbeiten, von einer Maschine nachahmbar? Statt zu fragen, ob eine Maschine denken kann, müssten wir nicht eher fragen: Kann eine Maschine fühlen? Und kann eine Maschine diese Gefühle in einem Bild oder einem Gedicht oder einem Song materialisieren?

Turing habe Adas Einwand nicht richtig verstanden, schreibt die Programmiererin, Feministin und Geschäftsführerin der *Ada Initiative* Valerie Aurora. Aber: «Zumindest brachte Turing Adas Namen wieder in Umlauf».[9] Wie Turing auf sie aufmerksam wurde, ist nicht klar. Im Jahr 1953 erscheinen Adas *«Notes»* jedenfalls in einer Neuausgabe. Im gleichen Jahr erscheint das Buch *«Faster Than Thought»* von B. V. Bowden mit Aufsätzen zur Geschichte der Computer- und Informationstechnologie. Bowden ist der Erste, der von Adas Werk als einem Computerprogramm spricht und Ada nicht nur die Rolle einer Übersetzerin und Interpretin von Babbages Maschinen zugesteht, sondern sie als Autorin des ersten Programms anerkennt. Doch umstritten bleibt diese Feststellung auch danach. Das liegt vor allem an der Ada-Lovelace-Biografie von Dorothy Stein, die im Jahr 1985 erscheint. Stein stellte Adas Talent und ihre mathematischen Fähigkeiten infrage. Sie versuchte zu belegen, dass sie kaum Übung im Umgang mit Algebra hatte, und stützte sich dabei auf den Briefwechsel zwischen Ada und ihren Lehrern. Diese enthielten ausschließlich Fragen und belegten laut Stein Adas Probleme, Mathematik zu verstehen. Dass diese Briefe Adas Können und ihre Fortschritte, die sie vor allem im Selbststudium machte, so nicht abbilden konnten und deshalb allein den Zweck hatten, offene Fragen aus dem Selbststudium zu klären, wurde lange nicht berücksichtigt, und Steins Aussagen blieben unwidersprochen.

Zu guter Letzt enthält Steins Biografie im Anhang auf achtzehn Seiten den Versuch einer posthumen Diagnose. Die Autorin attestiert Ada eine manische Depression und stellt infrage, ob Ada zu körperlichen und zu geistigen Höchstleistungen in der Lage gewesen ist.

Sie ist mit dieser Herangehensweise nicht allein. Aus Adas letzten Lebensjahren haben sich einige Legenden entwickelt, die Historikern genügend Stoff lieferten, um Ada persönlich anzugreifen: Sie sei *«mad as a hatter»* gewesen, also «komplett verrückt» (wörtlich: «verrückt wie ein Hutmacher»), schreibt der Historiker Bruce Collier im Jahr 1990: «Mit den großartigsten Wahnvorstellungen über ihre eigenen Talente [...] die am meisten überbewertete Figur in der Computergeschichte».[10]

Steins Buch zeigte Wirkung: Die Historiker um Ursula Martin, die 2017 versuchten, eine umfassende Einschätzung von Adas mathematischen Fähigkeiten abzugeben, bemerkten, dass nach dessen Erscheinen andere Historiker, wie zum Beispiel der Babbage-Experte Allan Bromley im Jahr 1982, noch neutral über Ada schrieben. Im Jahr 1990 kam dieser in einem Lexikon über Computergeschichte dann aber zu dem Schluss:

> Es gibt nicht nur keine Beweise dafür, dass Ada jemals ein Programm für die Analytische Maschine vorbereitet hat, sondern ihre Korrespondenz mit Babbage zeigt auch, dass sie nicht über das nötige Wissen verfügte, um dies zu tun.[11]

Adas Biografin Betty Toole, die sich acht Jahre lang durch Tausende Briefe und Dokumente gearbeitet hat, relativiert im Jahr 1992 zum ersten Mal viele insbesondere von Steins Behauptungen und belegt sie mit Originalquellen – ihr Buch besteht zum großen Teil aus den Briefen Adas und ist damit auch für jeden, der zu Ada recherchiert, von großem Nutzen.

Dennoch wird von manchen noch immer in Zweifel gezogen, ob man Ada Lovelace tatsächlich die «erste Programmiererin» nennen kann. Verstehen kann ich das nicht. Die Tabellen, mit denen sie ihre «*Notes*» schließt, enthalten «die Operationsschritte zur Ermittlung der Bernoulli-Zahlen, für ganz verschiedene miteinander interagierende Teile einer virtuellen Maschine».[12] Wir wissen, dass es lauffähig gewesen wäre, hätte es die entsprechende Hardware 1843 bereits gegeben. Und wir wissen: Ada Lovelace hat diese Tabelle selbst erstellt, nachdem Babbage ihr die entsprechenden Formeln als Grundlage geliefert hatte: «Es gibt eindeutige schriftliche Belege dafür, dass Ada Lovelace diese Tabelle erstellt hat (sie mit Bleistift niedergeschrieben hat).»[13]

Zuerst dachte ich, meine so entschiedene Meinung fußt darauf, dass mir bei der Arbeit an diesem Buch so viel Material zu Ada Lovelace zur Verfügung stand, was nicht auf alle Biografen über sie zutrifft. Aber schon Betty Toole kommt zu dem Schluss:

> Einige von Adas und Babbages Biografen stellen Adas Beitrag zu den *Notes* infrage, fast so, als hätte Babbage sie geschrieben und Ada sei lediglich seine Sekretärin gewesen.

Es ist schwer nachzuvollziehen, warum diese Frage überhaupt aufkam.[14]

Die Illustratorin Sidney Padua, die in ihrem Comicband die Geschichte von Ada und Babbage weiterspinnt, bemerkte, dass vor allem Historiker und Historikerinnen, die belegen wollten, dass Charles Babbage einen wichtigen Platz in der Geschichte einnahm, Adas Leistungen herunterspielten. Wie Dorothy Stein führten sie zu diesem Zweck Adas angebliche Spiel- und Opiumsucht ins Feld.

Betty Toole ist der Meinung, dass Lady Byron und vor allem Adas jüngster Sohn Ralph deren Hobby zu einer Spielsucht aufgebauscht haben. Einige Männer behaupteten nach Adas Tod, sie schulde ihnen Geld, und Lady Byron machte daraus ein großes Drama, obwohl beide Anwälte der Familie – Woronzow Greig und Lady Byrons eigener Anwalt Stephen Lushington – sie als Lügner bezeichneten. Greig versuchte nach Adas Tod, den trauernden William zu überzeugen, diese zu verklagen.

Von diesen Personen – John Crosse, ein gewisser Malcolm, ein Mann mit Nachnamen Childs und einer namens Fleming – sammelte Ralph Informationen und verfasste daraufhin einen Report über die angebliche Spielsucht seiner Mutter. Toole schreibt, dass einige Historiker diesen Report als eine primäre Quelle benutzten, als Zeugenaussage eines Beteiligten. Das ist er eindeutig nicht.

Bleibt die Frage, ob Ada Lovelace aus sexistischen Gründen in der Computergeschichte lange nicht beachtet wurde und ob heute mehr Menschen ihren Namen kennen würden, wenn sie ein Mann gewesen wäre?

Die Antwort lautet: Ja.

Wenn wir nur Adas Geschichte betrachten, fällt es schwieriger, zu dieser Antwort zu gelangen. Aber Ada ist nur eine von unzähligen Frauen in der Geschichte, die für ihre Leistungen kaum Anerkennung erhielten und deren Namen noch immer nur wenigen bekannt sind. Das ist Teil einer systematischen Unterdrückung der Stimmen von Frauen. Es ist jedoch ein Irrtum zu glauben, dass Frauen aufgrund des Unterdrückungssystems nicht in der Lage waren, die Welt zu verändern. Adas Leben und Werk und all die anderen Mathematikerinnen, die vor ihr und nach ihr kamen, beweisen, dass dies nicht der Fall ist. Das Patriarchat bewirkte jedoch, dass die Namen und Leistungen von Frauen weitgehend unsichtbar gemacht wurden und sie hinter jenen bedeutender Männer verschwanden.

Um die Mechanismen der Unterdrückung zu verstehen, müssen wir einen Schritt zurücktreten und ein letztes Mal Adas Lebensumstände betrachten, die Zeit, in der sie gelebt und gearbeitet hat – die Gesellschaft, die offensichtlichen und offen sexistischen Hindernisse, die Frauen davon abhalten sollten, Mathematikerinnen und Genies zu werden: Dass ihnen der Zugang zu Universitäten und Bibliotheken aufgrund ihres Geschlechts untersagt war, ist nur eines der offensichtlichen Beispiele.

Daneben gibt es noch eine Reihe von Verboten, die nicht offiziell waren, die nirgendwo niedergeschrieben sind. Sie zeigen sich meistens dann, wenn Menschen sagen, etwas «gehört sich nicht» oder etwas sei «unanständig». Vertreter dieser Verbote – man könnte sie auch «Gatekeeper» nennen – treten in Adas Leben als Personen auf. Da ist Dr. King, der Ada den «rechten Weg» weisen sollte und ihre Vorstellung von Weiblichkeit prägte, aber vor allem ihre Mutter, die darauf bestand, dass Ada ihre «weiblichen Pflichten» erfüllte. Die sie nur in einem gewissen Maß, sozusagen in ihrer Freizeit, Mathematikerin sein ließ. Natürlich waren die Beziehungen, die Ada mit diesen Personen hatte, komplexer als das, und besonders im Handeln von Adas Mutter scheint eine gewisse Ambivalenz auf. Sie machte Ada viel mehr möglich, als sich andere Frauen in dieser Zeit hätten träumen lassen, und ist damit gleichzeitig eine Stütze für Ada und ein Hemmnis. Auch ihre Absichten, ihre Tochter vor negativen sozialen Folgen zu schützen, sind erst einmal nicht verwerflich.

Die beste Zusammenfassung informeller Verbote, die Frauen davon abhalten sollten, ihr volles Potenzial in dem Maße auszuschöpfen, wie es Männer taten, hat Joanna Russ in ihrem Buch *«How to Suppress Women's Writing»* aufgeschrieben. Sie erklärt Männern ironisch, was sie tun müssen und über Jahrhunderte getan haben, um zu erreichen, dass Frauen und andere unliebsame Gruppen keine Bücher schreiben können. Und es sind nicht die offiziellen Verbote, die sich dabei als das effektivste Mittel erwiesen.

Der Vorteil der Unterdrückung bestimmter Gruppen in einer Gesellschaft, die dem Namen nach eine freie und liberale ist, liegt laut Russ darin, dass die Mitglieder dieser Gruppen offiziell die Freiheit haben, Literatur oder Kunst oder Mathematik zu betreiben, mit ihrem Unterlassen jedoch scheinbar beweisen, dass sie es nicht können. Dass sie durch gemachte Umstände wie fehlende Zeit oder fehlendes Geld daran gehindert werden, zählt nicht.[15]

Denn der Vorteil informeller Verbote: Sie können nicht komplett oder nur vermittelt als Ursache einer Unterlegenheit identifiziert werden. Sodass die unterdrückte Gruppe dazu gebracht wird, den Grund für ihr Scheitern anderswo zu suchen, nicht in den herrschenden Bedingungen, sondern am besten bei sich selbst. Der Trick besteht laut Russ darin, den Anschein von Freiheit so überzeugend wie möglich zu machen, dann aber Wege zu finden, die entstandenen Werke von Mitgliedern der unterdrückten Gruppen zu ignorieren, zu verteufeln oder zu schmälern.

Joanna Russ zählt diese Strategien auf. Sie alle wurden angewendet, um Ada Lovelace und ihr Werk zu ignorieren oder diskreditieren:

> … informelle Verbote (einschließlich Entmutigung und Unzugänglichkeit von Materialien und Schulungen), Verleugnung der Urheberschaft des betreffenden Werks (dieser Trick reicht von einfacher Fehlzuschreibung bis hin zu psychologischen Feinheiten, die einem den Kopf verdrehen), Herabwürdigung des Werks selbst auf verschiedene Weise, Isolierung des Werks von der Tradition, zu der es gehört, und daraus resultierende Darstellung anomaler Behauptungen, dass das Werk auf den schlechten Charakter des Autors hinweist und daher in erster Linie von skandalösem Interesse ist oder gar nicht erst hätte angefertigt werden dürfen (dies endete nicht im 19. Jahrhundert), und das einfache Ignorieren der Werke, der Arbeiter und der gesamten Tradition, die am häufigsten angewandte und am schwersten zu bekämpfende Technik.[16]

Sprechen wir über Frauen, die Herausragendes geleistet haben, müssen wir immer auch darüber sprechen, wie diese Leistungen trotz der Zugehörigkeit einer oder mehrerer marginalisierter Gruppen möglich wurden.

Sprechen wir über Frauen, die Herausragendes geleistet haben, verbringen wir zwangsläufig viel Zeit damit zu rechtfertigen, wie das möglich war. Wir verbringen viel Zeit damit zu beweisen, dass sie es tatsächlich getan haben. Das liegt daran, wie patriarchale Geschichtsschreibung über Jahrhunderte funktioniert hat und zum Teil noch immer funktioniert. Denn ich meine nicht, die Pflicht eines Historikers nachzuweisen, welche Leistung eine Person erbracht hat. Ich meine, gegen die systematische Diskreditierung von weiblichen

Leistungen in der Geschichte anzuschreiben. Gegen die Maßstäbe, nach denen in westlichen (und allen patriarchalen) Gesellschaften Ruhm verteilt und zugesprochen wird.

Trotz des Patriarchats ist es nie gelungen, Frauen davon abzuhalten, großartige Dinge zu tun, doch gelungen ist, dass die Nachwelt meistens wenig davon erfahren hat oder aber in einer Weise, die die bestehenden Machtstrukturen nicht gefährdet. So gelten Frauen, so gilt auch Ada Lovelace in Geschichtsbüchern noch häufig als Assistentin von Charles Babbage, als seine «Interpretin», die nur ausführte, was er ihr zulieferte.

Es ist entscheidend, die Traditionen und bestehenden Verbindungen unter weiblichen Denkern herzustellen, da die Ausklammerung aus dem historischen Kanon eines der Hauptwerkzeuge war, mit dem Männer die Werke von Frauen abtaten, schmälerten und ignorierten. Einfluss und Netzwerke bedeuten Macht. Denn wenn es weiterhin den Anschein hat, dass es nur alle paar Jahrzehnte einige wenige Frauen gibt, die gegen alle Widerstände Großartiges geschaffen haben, kann man diese weiterhin als Ausnahmen von der Regel hinstellen. Wenn wir aber ihre geistigen Mütter und Söhne und Töchter zeigen, wäre schnell ersichtlich, dass Frauen in der Geschichte weitaus mehr geleistet haben, als Männer uns glauben machen wollen.

QUELLEN

Anmerkung: Die meisten Übersetzungen aus Quellen in englischer Sprache sind in Zusammenarbeit der Autorin und der Lektorin entstanden. Die Auslassungszeichen in den Briefen sind […], wenn von der Autorin gekürzt, und …, wenn sie in den Briefen so verwendet wurden oder Stellen unleserlich waren.

1 Toole, Betty A.: Ada, the Enchantress of Numbers. A Selection from the Letters of Lord Byron's Daughter and her Description of the First Computer, Strawberry Press 1992, S. 203.

PROLOG

1 Sanyal, Mithu: Vulva – Die Enthüllung des unsichtbaren Geschlechts, Wagenbach 2009, S. 160.
2 Vgl. Russ, Joanna: How to suppress women's writing, Texas University Press 1983, neue Ausgabe 2018.
3 Young, Iris Marion: Justice and the Politics of Difference, Princeton University Press 1990, S. 39–65.
4 Zakaria, Rafia: Against White Feminism, Penguin 2022.
5 Young 1990, S. 39 ff.
6 Steidele, Angela: Poetik der Biografie, Matthes & Seitz 2019, S. 43.

DIE TRÄUME

1 Toole 1992, S. 145.
2 Ebd., S. 33.
3 Ebd., S. 32.
4 Ebd., S. 35.
5 Ebd., S. 35 f.
6 Ebd., S. 36.
7 Zitiert aus: Hollings, Christopher, Martin, Ursula, Rice, Adrian, 2017. The early mathematical education of Ada Lovelace, BSHM Bulletin: Journ. Brit. Soc. Hist. Math., in press, S. 226, abrufbar unter: http://dx.doi.org/10.1080/17498430.2017.1325297, zuletzt abgerufen: 19.05.2025.
8 Ebd.

9 Toole 1992, S. 38.
10 Ebd., S. 40.
11 Ebd., S. 39.
12 Woolf, Virginia: A Room of One's Own, Penguin Random House, London 2018, S. 93. Hier in einer Übersetzung von Vera Weidenbach. Die Originalausgabe von *«A Room of One's Own»* erschien 1929.
13 Toole 1992, S. 42 f.
14 Ebd.

DER VATER

1 Ebd., S. 215.
2 Essinger, James: A Female Genius: How Ada Lovelace Started the Computer Age, Gibson Square 2014, S. 26.
3 Ebd., S. 32.
4 Toole 1992, S. 7.
5 Byron, George: Ritter Harold's Pilgerfahrt, Gutenberg Edition 16, abrufbar unter: https://www.projekt-gutenberg.org/byron/harold/chap004.html, zuletzt abgerufen am: 02. 06. 2025.
6 Toole 1992, S. 22.
7 Ebd., S. 25.
8 Essinger 2014, S. 40.
9 Toole 1992, S. 7.
10 Zitiert aus: Seymour, Miranda: In Byron's Wake, Simon & Schuster 2019, S. 177 f.
11 Ebd.
12 Ebd., S. 177 f.
13 Toole 1992, S. 22.
14 Ebd., S. 47.
15 Byron, George: Don Juan, Gutenberg Edition 16., abrufbar unter: http://projekt-gutenberg.org/byron/donjuan/chap001.html, zuletzt abgerufen am 03. 06. 2025.
16 Zitiert aus Essinger 2014, S. 49.
17 Ebd.

DER ERFINDER

1 Toole 1992, S. 214.
2 Essinger 2014, S. 95.
3 Menabrea, Luigi Federico: Sketch of the Analytical Engine. Invented by Charles Babbage. With notes by Ada Augusta, Countess of Lovelace, in: Taylor's Scientific Memoirs, 1843, S. 666–731. Deutsche Übersetzung: Menabrea, Luigi Federico: Ein Konzept für die Analytischen Maschine. Eine Erfindung von Charles Babbage, übersetzt von Jürgen Buchmüller, abrufbar unter: http://www.mechrech.info/library/BabbageSketchUbers/sketch.html, zuletzt abgerufen: 19. 05. 2025.
4 Ebd.
5 Ebd.
6 Ebd.
7 Ebd.
8 Essinger 2014, S. 104.
9 Ebd., S. 92.
10 Ebd., S. 125.

DIE LEHRERIN

1 In: Misa, Thomas J.: Charles Babbage, Ada Lovelace and the Bernoulli Numbers, in: Hammermann, Robin, Russel, Andrew L.: Adas Legacy, Association for Computing and Machinery 2016, S. 19.
2 Toole 1992, S. 53 f.
3 Ebd., S. 54.
4 Ebd., S. 54.
5 In: Hollings et al., 2017, S. 9.
6 Ebd., S. 229.
7 Ebd.
8 Ebd.
9 Wollstonecraft, Mary: A Vindication of the Rights of Woman, 1792, abrufbar unter: https://www.gutenberg.org/cache/epub/3420/pg3420-images.html, zuletzt abgerufen: 19. 05. 2025.
10 Toole 1992, S. 72.
11 In: Pohlke, Annette: «Princess of Parallelograms» meets «Queen of Science». Mary Somerville als Lehrerin, Freundin, Vorbild, in: Krämer, Sybille (Hrsg.): Ada Lovelace, Wilhelm Fink Verlag 2015, S. 44.
12 Osen, Lynn M.: Women in mathematics, MIT Press 1997, S. 102.
13 Pohlke 2015, S. 42.
14 Ebd., S. 41.
15 Osen 1997, S. 104.
16 Pohlke 2015, S. 42.
17 Osen 1997, S. 104.
18 Ebd., S. 115.

DIE BERUFUNG

1 Toole 1992, S. 137.
2 Essinger 2014, S. 76.
3 Ebd.
4 Ebd., S. 131.
5 Toole 1992, S. 77.
6 Ebd.
7 Ebd.
8 Toole 1992, S. 108.
9 Ebd., S. 110.
10 In: Hollings, Christopher, Martin, Ursula and Rice, Adrian: The Lovelace-De Morgan correspondence: a critical re-appraisal, in: Historia Mathematica 2017, in press, S. 5, abrufbar unter: https://doi.org/10.1016/j.hm.2017.04.001, zuletzt abgerufen: 19. 05. 2025.
11 Essinger 2014, S. 148 f.
12 Toole 1992, S. 141.
13 Ebd., S. 171 f.
14 Ebd., S. 141 f.
15 Ebd., S. 137.
16 Ebd., S. 140.
17 Ebd., S. 137.
18 Ebd., S. 138.
19 Ebd., S. 143.
20 Ebd., S. 145.
21 Ebd.
22 Ebd.
23 Toole 1992, S. 147.
24 Essinger 2014, S. 144 ff.

DIE MASCHINE

1 Menabrea 1843.
2 Essinger 2014, S. 140.
3 Ebd.
4 Ebd.
5 Ebd., S. 142.
6 Menabrea 1843.
7 Ebd.
8 Ebd.
9 Essinger 2014, S. 152.
10 Menabrea 1843.

DER AUFSATZ

1 Toole 1992, S. 296.
2 Tristan, Flora: The London Journal of Flora Tristan, 1842: The Aristocracy and the Working Class of England, Virago, London 1982, S. 68 f.
3 Essinger 2014, S. 168 ff.
4 Ebd.
5 Ebd., S. 168 ff.
6 Ebd.
7 Ebd.
8 Ebd.
9 Toole 1992, S. 194.
10 Toole 1992, S. 198.
11 Essinger 2014, S. 177 ff.
12 Toole 1992, S. 209.
13 Ebd., S. 215.
14 Menabrea 1843.
15 Krämer, Sybille: Wieso gilt Ada Lovelace als die «erste Programmiererin» und was bedeutet überhaupt «programmieren»?, in: Krämer, Sybille (Hrsg.): Ada Lovelace, Wilhelm Fink Verlag 2015, S. 81.
16 Menabrea 1843.
17 Ebd.
18 Ebd.
19 Ebd.
20 Essinger 2014, S. 246.
21 Toole 1992, S. 203.
22 Krämer 2015, S. 84.
23 Menabrea 1843.
24 Ebd.
25 Toole 1992, S. 198.
26 Babbage, Charles: Passages from the life of a philosopher, in: The Works of Charles Bababage, bearbeitet von Martin Campbell-Kelly, Redwood Burn Limited 1989, S. 102.
27 Krämer 2015, S. 79.
28 Toole 1992, S. 199.
29 Ebd., S. 211.
30 Ebd., S. 213.
31 Ebd., S. 214.
32 Ebd., S. 212.
33 Ebd.
34 Carlucci Aiello, Luigia: The multifaceted impact of Ada Lovelace in the digital age, Artificial Intelligence 235, 2016, S. 58–62.

DER FEHLER

1 Toole 1992, S. 201.
2 Brontë, Charlotte: Biographical Notice of Ellis and Acton Bell, in: Brontë, Emily: Wuthering Heights, Penguin Books, London 1994, S. 5. Die Originalausgabe von *«Wuthering Heights»* erschien 1847.
3 Showalter, Elaine: Women

Writers and Double Standard, Ars Femina, abrufbar unter: https://arsfemina.de/woman-sexist-society/women-writers-and-double-standard, zuletzt abgerufen: 19.05.2025.
4 Ebd.
5 Gage, Matilda Joslyn: Woman as an Inventor, The North American Review, Vol. 136, No. 318, Mai 1883, S. 478–489, abrufbar unter: https://www.jstor.org/stable/25118273, zuletzt abgerufen: 19.05.2025.
6 Toole 1992, S. 201.
7 Ebd., S. 217.
8 Ebd., S. 227ff.

DIE SUCHE

1 Ebd., S. 291.
2 Ebd.
3 Toole 1992, S. 294.
4 Stein, Dorothy: Ada: A life and a Legacy, MIT Press, 1985, S. 285.
5 Toole 1992, S. 288f.
6 Ebd., S. 295.
7 Stein 1985, S. 143.
8 Toole 1992, S. 297.
9 Ebd.
10 Ebd., S. 298f.
11 Ebd., S. 305.
12 Toole 1992, S. 305.
13 Ebd., S. 307.
14 Ebd., S. 169.
15 Ebd.
16 Stein 1985, S. 207f.

DIE ROLLEN

1 Toole 1992, S. 319.
2 Ebd., S. 315.
3 Ebd., S. 281.
4 Toole 1992, S. 319.
5 Ebd., S. 322.
6 Ebd., S. 368.
7 Ebd., S. 368.
8 Ebd., S. 370.
9 Ebd., S. 369.

DIE KRANKHEIT

1 Ebd., S. 340.
2 Essinger 2014, S. 229f.
3 Toole 1992, S. 412.
4 Ebd.
5 Ebd., S. 421.
6 Ebd.
7 Ebd.
8 Essinger 2014, S. 227.
9 Dickens, Charles: Dombey und Sohn, Gutenberg Edition, abrufbar unter: https://www.projekt-gutenberg.org/dickens/dombey1/chap017.html, zuletzt abgerufen: 19.05.2025. Die Originalausgabe von «Dombey und Sohn» erschien 1848.
10 Essinger 2014, S. 230.
11 Ebd., S. 223.
12 Toole 1992, S. 422.

1 Menabrea 1843.
2 Abbate, Janet: Interpreten der Datenverarbeitung: Frauen im Zweiten Weltkrieg und die frühe Computerindustrie, in: Krämer, Sybille (Hrsg.), Ada Lovelace, Wilhelm Fink Verlag 2015, S. 101.
3 Abbate, Janet: Recoding Gender – Women's Changing Participation, in: Computing, MIT Press 2012, S. 23.
4 Ebd.
5 Thompson, Clive: The Secret History of Women in Coding, The New York Times Magazine 2019, abrufbar unter: https://www.nytimes.com/2019/02/13/magazine/women-coding-computer-programming.html, zuletzt abgerufen: 25.05.2025.
6 Menabrea 1843.
7 Turing, Alan M.: Computing Machinery and Intelligence. Können Maschinen denken? (Englisch/Deutsch), Reclam 2021, S. 53 f. der E-Book-Ausgabe.
8 Ebd., S. 55.
9 Aurora, Valerie: Rebooting the Ada Lovelace Mythos. in: Hammermann, Robin, Russel, Andrew L.: «Adas Legacy», *Association for Computing and Machinery*, 2016, S. 234.
10 Hollings 2017, S. 224.
11 Ebd.
12 Krämer 2015, S. 86.
13 Toole 1992, S. 195.
14 Ebd.
15 Russ, Joanna: How to Suppress Women's Writing, Texas University Press 1983, neue Ausgabe 2018, S. 3f.
16 Ebd., S. 3.